De
Jean LEMAIRE de BELGES
à
Jean GIRAUDOUX

De
Jean LEMAIRE de BELGES
à
Jean GIRAUDOUX

Mélanges d'histoire et de critique littéraire
offerts à
PIERRE JOURDA
Doyen honoraire de la Faculté des Lettres
et des Sciences Humaines de Montpellier
par ses collègues, ses élèves et ses amis

PARIS
EDITIONS A.-G. NIZET
1970

© by *Editions Nizet*, 1970

PIERRE JOURDA

L'hommage rendu par ses collègues au professeur Pierre Jourda à l'occasion de son soixante-dixième anniversaire s'adresse à la fois à l'homme, à son enseignement et à son œuvre.

*
* *

Né le 20 novembre 1898 à Narbonne (Aude), issu de deux vieilles familles héraultaises originaires de Bédarieux et de Béziers, le jeune Pierre Jean Marie Jourda fut d'abord, de 1902 à 1909, élève au Collège de Narbonne, puis, de 1909 à 1911, au Lycée Montaigne à Paris. Mais sa vocation intellectuelle s'affirma nettement au Lycée Louis-le-Grand, sous la direction de maîtres comme Paul Arbelet, André Bellessort, Gendarme de Bévotte, qui lui donnèrent, avec le goût des belles-lettres et des humanités classiques, l'exemple d'une méthode et d'un labeur scrupuleux. Il allait entrer en rhétorique lorsque éclata la guerre. Bachelier de l'Académie de Paris en 1915 et en 1916, il résolut de devancer l'appel et s'engagea le 26 décembre 1916 dans l'infanterie. Ce qui lui vaudra plus tard la Croix du Combattant volontaire.

Affecté au dépôt du 96ᵉ R.I., il fut, après trois mois d'instruction, envoyé au front, et servit pendant un an en Alsace au 81ᵉ et au 346ᵉ R.I. Le 24 mars 1918, il était désigné comme élève-officier au Centre d'Issoudun, d'où il devait sortir le 26 septembre avec le grade d'aspirant. Il participa à ce titre aux combats qui se déroulèrent en Champagne et en Lorraine jusqu'au 11 novembre. Il y gagna ses galons de lieutenant et ne fut démobilisé que le 26 décembre 1919.

Au cours des mois qui suivirent l'armistice, il avait pu rafraîchir à Strasbourg ses souvenirs universitaires. Inscrit comme étudiant libre à la Sorbonne, il y obtint aisément son diplôme de licencié ès-lettres en janvier 1920. Restait à préciser l'orientation de ses futures recherches ? Outre l'enseignement général de Daniel Mornet, les cours de Henri Chamard, de Gustave Cohen, de Paul Hazard semblent l'avoir attiré dans deux directions que nous retrouverons par la suite : la littérature française de la Renaissance et la littérature comparée. Son diplôme d'études supérieures, qui obtint la mention honorable en 1920, portait sur « Victor Brodeau et Marot ». Mais, pour l'instant, la carrière professorale qu'il envisageait supposait la préparation de l'agrégation : elle fut brève et fructueuse puisque, moins de trois ans après sa démobilisation, le lieutenant de réserve Pierre Jourda était reçu huitième au concours de l'agrégation des Lettres d'août 1922.

Son premier poste dans l'enseignement secondaire fut le lycée de Tourcoing, où il exerça ses fonctions du 25 octobre 1922 au 31 octobre 1923. Il eut la chance d'y découvrir un élève de qualité exceptionnelle, Maxence Van der Meersch, qu'il aiguilla vers la littérature ; et aussi le loisir de préciser une idée qui avait germé pendant son séjour en Sorbonne, celle d'une étude sur certaines corrélations entre la littérature italienne et la littérature française de la Renaissance. Entre autres, le problème des sources des contes de Marguerite de Navarre avait retenu son attention. Un séjour en Italie s'imposait. Le jeune agrégé sollicita donc et obtint sa nomination en qualité de chargé de cours à l'Institut français de Florence, où il exerça ses fonctions du 1er novembre 1923 au 15 juin 1924. Il put y confirmer la validité de ses projets et, sur vu de son plan de thèse, la Fondation Thiers lui ouvrit ses portes en octobre 1924. Il y passa un an, exclusivement employé à de laborieuses recherches qu'il y aurait certainement menées à bonne fin si un événements heureux n'était venu modifier le cours de sa carrière.

Fiancé et bientôt marié à Mlle Valentine Delpech, narbonnaise elle aussi, le nouvel époux ne pouvait rester « pensionnaire ». D'autre part, il aspirait à se rapprocher du Midi. On lui offrit un poste au lycée de Cahors, qu'il occupa effectivement du 1er septembre 1925 au 30 septembre 1927. Il y fit preuve de qualités pédagogiques qui lui valurent d'être nommé ensuite au lycée de Montpellier, où il eut à instruire successivement les élèves de troisième, de seconde et des classes préparatoires aux grandes écoles. Excellent éducateur, il réussit à mener de front cette tâche assez lourde, ses obligations familiales (cinq enfants sont nés de son mariage) et ses travaux personnels. Il put ainsi terminer et présenter à la Faculté des Lettres de Paris une thèse de doctorat ès-lettres sur « Marguerite d'Angoulême, duchesse d'Alençon, reine de Navarre », qui obtint le 20 décembre 1930 la mention très honorable.

Il était dès lors désigné pour l'enseignement supérieur ; et il aurait certainement pu y entrer au lendemain de cette brillante soutenance. Mais, fidèle à ses attaches languedociennes, il déclina des offres tentantes et dut patienter quatre ans pour qu'un poste de maître de conférences de langue et littérature françaises devînt vacant à la Faculté des Lettres de Montpellier. Il l'obtint sans coup férir et depuis cette date (1er décembre 1934) il n'a pas cessé d'y distribuer un enseignement dont nous essaierons de définir plus loin l'esprit. Cet attachement, disons mieux ! cet enracinement à la terre natale, coïncidant avec une culture largement ouverte et, comme nous le verrons, cosmopolite, méritait d'être souligné.

Il était normal que Pierre Jourda succédât au Doyen Vianey dans la chaire de littérature française ; ce fut chose faite le 21 novembre 1936. Il apporta dans cette fonction magistrale les mêmes vertus que son prédécesseur et l'organisation des études à l'intérieur de son département (beaucoup moins encombré qu'aujourd'hui) ne s'en trouva guère modifiée. J'eus à cette époque le plaisir de travailler à ses côtés, en pleine liberté d'esprit et dans une atmosphère de confiance réciproque.

Cette coopération fut interrompue par les douloureux événements de 1939-1940. Pierre Jourda, qui appartenait au corps des officiers de réserve du Service d'Etat-Major, fut mobilisé le 1er septembre 1939, avec le grade de capitaine. Affecté au G.Q.G., il participa aux opérations dans des conditions qui lui valurent plus tard d'être fait chevalier de la Légion d'honneur à titre militaire. Démobilisé le 23 juillet

1940, il réintégra sa chaire. Mais le champ de son activité devait après la guerre s'élargir considérablement.

D'abord dans le sens d'une collaboration culturelle internationale. De nombreuses universités étrangères firent appel à lui à titre de conférencier ou de professeur d'échange ; il effectua ainsi cinq voyages en Angleterre et fut nommé docteur honoris causa de l'Université de Birmingham ; en Italie, il participa à tous les congrès stendhaliens, à diverses missions inter-universitaires ; il est membre de l'Académie de Turin, docteur honoris causa de l'Université de Bologne ; au Portugal, docteur honoris causa de l'Université de Lisbonne.

D'autre part, sur le plan national, ses qualités d'administrateur le désignèrent pour présider pendant dix ans, de 1956 à 1966, en tant que doyen, à l'extension considérable de la Faculté des Lettres et Sciences humaines de Montpellier, dont les dimensions et les effectifs ont quintuplé en vingt ans. Membre du Comité consultatif et du Conseil de l'Enseignement Supérieur, il eut à intervenir dans tous les débats intéressant soit le choix des enseignants, soit les réformes projetées, à l'échelon ministériel, dans la discipline qu'il représente et dans la Faculté qu'il administrait.

Mais ces diverses sollicitations ne portèrent jamais atteinte à son attachement aux réalités régionales : membre de l'Académie des Sciences et Lettres de Montpellier, des Sociétés Archéologiques de Montpellier et de Narbonne, conseiller municipal de Montpellier, le Professeur Jourda a pris place parmi les personnalités languedociennes éminentes. Il s'efforça toujours de concilier les intérêts de sa « petite patrie » méridionale et les devoirs qu'il avait envers la grande, à laquelle il avait donné un de ses fils, le sous-lieutenant Yves Jourda, tué à l'ennemi, le 17 mai 1954, à Phuc-Yen (Tonkin), à l'âge de vingt-trois ans.

*
* *

Dès ses débuts dans l'enseignement supérieur, le Professeur Pierre Jourda, comme ses collègues, s'est trouvé en face d'une collection de bonnes volontés juvéniles disparates. Parmi ses auditeurs des deux sexes, les uns, les moins nombreux, étaient de simples curieux qui venaient chercher à la Faculté des Lettres un complément de culture ; d'autres, la majorité, postulaient les diplômes (certificats de licence, C.A.P.E.S., agrégation) qui leur permettraient d'entrer dans les cadres de l'Education Nationale ; d'autres enfin, les futurs « chercheurs », devaient être initiés aux méthodes d'une critique scientifique.

N'y avait-il pas cependant entre eux un terrain de rencontre, sur lequel on pourrait jeter les bases d'une formation commune ? Le *Guide de l'Etudiant en Littérature française,* dont la première édition date de 1936, en distingue deux, qui constitueront comme les deux piliers de l'enseignement inauguré en 1934 par Pierre Jourda : « Dans l'ordre sentimental, le plaisir spécifique que procure la lecture d'une œuvre littéraire ; dans l'ordre intellectuel, le désir d'approcher de plus près la vérité. » Et il poursuit :

> Il est indispensable que nos auditeurs ne soient pas imperméables aux émotions. Si leurs aptitudes sont forcément inégales, tous du moins doivent communier dans l'attrait de la beauté, telle qu'elle s'exprime dans l'œuvre des grands écrivains.

L'étude de la littérature est plus et mieux qu'une technique... Elle a pour point initial un plaisir, plaisir de l'esprit ou plaisir des sens, qui sera rendu seulement plus vif et plus sûr par l'application de méthodes scientifiques. Ce plaisir tournera finalement au bénéfice de la personne humaine tout entière, et, par suite, de la collectivité ; mais il doit rester présent à toutes les étapes de ce progrès. Il faut donc aimer la littérature : elle n'existe que pour l'agrément, la jouissance que l'on y trouve ; il ne convient pas d'apprendre pour apprendre, mais d'apprendre pour mieux comprendre et pour mieux goûter.

La littérature exprime les mêmes idées que le commun de l'humanité, mais avec une exactitude, une intensité, qui ne sont pas à la portée de chacun, et sous une forme qui les met en valeur : elle ajoute donc à des idées, à des sentiments qui sont les nôtres, une force, une beauté génératrices d'émotions — et la raison d'être de l'écrivain est de provoquer cette émotion. Qui ne ressent pas, ou qui néglige l'émotion intellectuelle ou esthétique passe à côté de l'élément essentiel de la littérature.

Fondé sur la sensibilité littéraire et la sympathie rétrospective, l'enseignement du maître restera donc toujours « vivant », parfois chaleureux, toujours entraînant. Mais le désir d'approcher au plus près la vérité lui imposera, et imposera à ses élèves, des exigences sur lesquelles il s'exprime ainsi :

Etudiants libres ou professionnels se préparent donc, en entrant dans l'enseignement supérieur, des satisfactions délicates et rares. Mais si l'on y ménage libéralement leur plaisir en maxime universelle, on limite les prétentions de l'impressionnisme ; on introduit la relativité dans le domaine des jugements esthétiques — en montrant par exemple combien les opinions des critiques ont pu varier — et la notion de vérité dans celui de la critique — en montrant à quelles erreurs a pu conduire l'ignorance. A ce titre, l'enseignement supérieur de la littérature devient, en tant que discipline spirituelle, un des éléments essentiels de l'Education Nationale. Sans doute l'impressionnisme pur est inattaquable. Mais il n'y a guère d'impressionnisme pur : chacun prétend, non seulement *sentir*, mais *juger* et *savoir*.

En pratique, tout dogmatisme s'appuie sur des données historiques, même lorsqu'il fait profession de nier la méthode historique. Or, il y a des faits vrais et des faits faux, des rapprochements factices et d'autres réels ; autrement dit un minimum de vérité en matière de littérature ; et c'est l'objet propre de l'histoire littéraire de dégager si possible ce fonds de certitudes. L'histoire littéraire exige d'abord la modestie, la prudence, mais suppose la vigilance critique. Cette discipline n'est qu'un des multiples moyens d'atteindre le Beau, mais un moyen qui s'impose à qui veut enrichir sa sensibilité, à qui veut porter un jugement loyal et didactique. On peut toujours *sentir*, plus ou moins bien, mais on ne peut *affirmer* qu'au prix d'une étude préalable. L'enseignement littéraire supérieur, loin de dessécher les cœurs, cherche à concilier harmonieusement ces deux tendances également fondamentales de l'esprit.

A cette discipline, le maître doit se plier, quelque labeur qu'elle implique. Il lui appartient de donner l'exemple. Et c'est pourquoi deux générations d'étudiants ont pu apprécier dans la préparation, non seulement des cours publics ou magistraux du Professeur Jourda, mais dans les moindres exercices qu'il dirigea, une documentation quasi exhaustive, un scrupule constant dans le choix des faits, une impartialité absolue dans leur interprétation. Servies par une parole aisée, une technique d'exposition faite essentiellement de régularité et de clarté, une éloquence naturelle dédaigneuse des effets artificiels et des fioritures rhétoriciennes, ces qualités se sont imposées aussi bien à de vastes auditoires, comme ceux que le conférencier devait rencontrer à l'étranger, qu'à la petite élite, choisie et exigeante, des candidats au Diplôme d'Etudes Supérieures, au C.A.P.E.S. ou à l'agrégation.

La tâche devint plus difficile, sinon ingrate, lorsqe, au lendemain de la guerre, nos facultés convalescentes (celle de Montpellier, fermée en mars 44 sur l'ordre des occupants, avait dû se limiter à un enseignement par correspondance semi-clandestin) se trouvèrent confrontées avec les effets de la poussée démographique et l'afflux des bacheliers dans l'Enseignement supérieur. Il fallut, on s'en souvient, improviser une « Propédeutique », à l'usage des nombreux candidats aux certificats qui ouvraient obligatoirement le cycle de la « licencia docendi ». J'eus à ce moment-là le plaisir de coopérer avec le titulaire de la chaire de Littérature française à l'établissement d'un plan d'études qui entra en application et fonctionna de façon satisfaisante, en dépit de moyens très limités en fait de locaux et de personnel. Ces difficultés devaient d'ailleurs s'aggraver au cours des années suivantes, celles du décanat de Pierre Jourda. Il y fit face sur le plan administratif, comme en témoigne l'édification d'une nouvelle Faculté des lettres et sciences humaines, ainsi que l'accroissement sensationnel de ses effectifs. Mais la lourde charge qu'il assuma n'a jamais porté préjudice à son propre enseignement qu'il continua à assurer avec le même zèle et la même régularité.

Il y avait même ajouté depuis longtemps la direction d'un Institut réservé aux étudiants étrangers, dont le succès n'avait cessé de grandir et dans lequel ses propres cours étaient particulièrement appréciés. Ainsi, du bas au plus haut de l'échelle des connaissances, l'efficacité de ses principes pédagogiques, la souplesse de ses méthodes d'exposition et la solidité de ses conclusions ont fait leurs preuves tout au long d'une carrière professorale exemplaire.

La plupart de ces qualités se retrouvent dans l'œuvre écrite de Pierre Jourda, dont on trouvera plus loin la bibliographie détaillée. Mais il y faut ajouter les mérites du « chercheur », dont l'apport s'est avéré considérable dans deux principaux domaines, l'un fort étendu, l'autre initialement plus limité : d'une part l'étude des écrivains de la Renaissance, d'autre part la critique stendhalienne.

Parti, comme nous l'avons vu, d'un projet de thèse sur Marguerite de Navarre qui l'a amené à Florence, le jeune érudit y a rencontré le souvenir de l'auteur de « Rome, Naples et Florence », de cet « Henri Beyle Milanese », dont Paul Arbelet, le fondateur du Stendhal-Club, lui avait sans doute déjà vanté les attraits. Sollicité ainsi dans deux directions, il n'a pas opté pour un itinéraire unique ; il a suivi les deux à la fois, mais les a progressivement élargis. Si ses travaux sur la « Marguerite des Princesses » font toujours autorité, ceux sur les contemporains de la reine de Navarre, Marot, Rabelais, Calvin entre autres, constituent un ensemble imposant, auquel on pourrait même rattacher une étude sur le rénovateur au

XIXe siècle des techniques de la Pléiade, le poète Jean Moréas, fondateur de l' « Ecole romane ». Si d'autre part la contribution de Pierre Jourda au beylisme se manifeste dès 1930 avec « Stendhal raconté par ceux qui l'ont vu », « Etat présent des études stendhaliennes », et « Stendhal, l'homme et l'œuvre », ce sera bientôt le mouvement romantique qui sera évoqué tout entier dans les deux volumes de « L'exotisme dans la littérature française après Chateaubriand » ; cependant qu'une curieuse et originale étude réhabilitait la figure d'un adversaire de la nouvelle école, le Bitterrois J.-P. Viennet.

Il va sans dire que ce tracé général de la courbe d'une production féconde est loin de résumer une activité qui s'est manifestée dans une foule d'articles, comptes rendus, communications, etc., touchant à divers sujets de critique et d'histoire littéraire. Je ne puis que renvoyer à la bibliographie établie sous sa direction. Il ne saurait être question non plus de faire en quelques lignes le bilan d'une contribution dont la valeur a été unanimement appréciée par des spécialiste autrement compétents : le présent « Hommage » prouve assez dans quelle estime ils la tiennent.

Emile BOUVIER

BIBLIOGRAPHIE DES TRAVAUX DE P. JOURDA

1. — THESES

Marguerite d'Angoulême, duchesse d'Alençon, reine de Navarre (1492-1549). Etude biographique et littéraire. Paris, Champion, 1930, 2 vol. in-8° (Ouvrage couronné par l'Académie française : Prix Thiers).
Répertoire analytique et chronologique de la correspondance de Marguerite d'Angoulême, duchesse d'Alençon, reine de Navarre. Paris, Champion, 1930, un vol. in-8°.

2. — LITTERATURE FRANÇAISE DE LA RENAISSANCE

LIVRES

Une princesse de la Renaissance : Marguerite d'Angoulême, reine de Navarre. Paris, Desclée de Brouwers, s. d. [1932]. Un vol. in-16.
Marot, l'homme et l'œuvre. Boivin, 1950, in-16 (2ᵉ édition, Hatier, 1967).
Le Gargantua de Rabelais. Paris, S.F.E.L.T., s. d. [1948], un vol. in-16. Réédition Nizet, 1968.
« Calvin et le Calvinisme », dans : *La Crise religieuse du seizième siècle. Histoire de l'Eglise,* publiée sous la direction d'A. Fliche, t. XVI, p. 167-278.

ARTICLES

« La Vie de Saint Guilhem dans la légende et dans l'histoire », dans : *Saint Guilhem le désert, vallée inspirée du Languedoc.* in-4°, 1947.

« Récents écrits italiens sur Marguerite de Navarre ». *Revue du seizième siècle*, 1924.

« Tableau chronologique des poésies de Marguerite de Navarre », *ibid.* 1925.

« Sur la date du Dialogue en forme de vision nocturne », *ibid,* 1927.

« Un document sur les idées religieuses de Marguerite de Navarre ». *Bulletin de la Société d'Histoire du Protestantisme français*, 1927.

« Notes sur la versification de Marguerite de Navarre ». *Revue de Philologie française*, 1930.

« Le Mécénat de Marguerite de Navarre ». *Revue du seizième siècle*, 1931.

« La Xe Nouvelle de l'Heptaméron », *Mélanges Vianey*, 1934.

« L'Heptaméron, livre préclassique ». *Studi in onore di Carlo Pellegrini*, 1963.

« La première nouvelle de l'Heptaméron ». *Mélanges R. Lebègue*, 1970.

« Marguerite de Navarre vue par Scribe ». *Revue Universitaire*, 1951.

« Un disciple de Marot : Victor Brodeau ». *R.H.L.F.*, 1921.

« Sur quelques poésies faussement attribuées à Saint-Gelais », *ibid.*, 1924.

« Les Annonces de l'Esprit et de l'Ame fidèle ». *Mélanges Laumonier*, 1935.

« Lettres inédites de Victor Brodeau », *Mélanges Lefranc*, 1936.

« Un précurseur de Maurice Barrès : B. Poissenot et les Assassins ». *Revue du seizième siècle*, 1923.

« Le Narbonnais vu par un romancier du XVIe siècle ». *Bull. de la commission archéologique de Narbonne*, 1924.

« Rabelais à Montpellier », *L'Education nationale,* 16 avril 1953.
« Rabelais peintre de la France de son temps ». *Assoc. Guillaume Budé,* Congrès de Poitiers, sept. 1953. *Actes du Congrès,* p. 132-136.
« La bibliothèque d'un régent calviniste », 1577. *Mélanges H. Chamard,* 1951.
« Un humaniste italien en France, Theocrenus », *Revue du seizième s.,* 1929.
« Une traduction inédite d'Isocrate », *ibid.,* 1929.
« La bibliothèque d'un juge à Narbonne au début du XVII° siècle ». *Humanisme et Renaissance,* t. IV, 1936.
« L'Humanisme européen ». *Bull. de l'Université et de l'Académie de Toulouse,* 1943.
« L'Humanisme français au XVI° siècle », dans : *Quelques aspects de l'humanisme médiéval.* Les Belles-Lettres, 1943.
« Le Problème de l'incrédulité au XVI° siècle », *Revue d'Histoire de l'Eglise de France,* juil.-déc. 1943.
« Glanes ronsardiennes : Auger Gaillard et la Pléïade ». *R.H.L.F.,* 1929.
« La Pléïade et les poètes antiques ». Association Guillaume Budé, Congrès de Lyon, sept. 1958. *Actes du Congrès,* 1960, p. 378-408.

EDITIONS DE TEXTES

MARGUERITE DE NAVARRE. « Dialogue en forme de vision nocturne », *Revue du seizième siècle,* 1926.
— « Epîtres et Comédie inédites ». *Ibid.* 1926.
— « Lettres inédites ». *Ibid.* 1928.
— « Poésies inédites ». *Ibid.* 1930.
— « Comédie de la Nativité ». Boivin, 1939, in-16.
RABELAIS, *Œuvres complètes,* Garnier, 1962, 2 vol. in-16.
M. SCÈVE, *Arion ; Saulsaye, Blasons ;* RONSARD, *Les Elégies.* Paris, Mazenod, 1959, in-8°.
Conteurs du seizième siècle, Gallimard [La Pléïade], 1965, in-16.

3. — LITTERATURE CLASSIQUE

« Un poète correspondant de guerre : Racine aux armées ». *Bull. de l'Académie des Sciences et Lettres de Montpellier*, 1941.
« La bibliothèque d'un magistrat montpelliérain en 1709 ». *Ibid.*, 1943.
« Tartufe était-il janséniste ? » *Bull. de la Société d'Histoire du Théâtre*, 1946.
« J. J. Rousseau à Montpellier ». *Bull. de l'Académie des Sciences et Lettres de Montpellier*, 1937.
« Les avatars d'une troupe de comédiens au XVIIIe siècle ». *Ibid.* 1941.
« Les avatars d'une troupe théâtrale en Languedoc et Béarn (octobre 1770-juillet 1777) ». *Société des historiens du théâtre. Travaux*, 1940-1941.
« Une saison théâtrale à Pau en 1777 ». *Bull. de la Société des Sciences, lettres et arts de Pau*, 1944.
« Une saison théâtrale à Perpignan (1774-1775) ». *Annales de l'Université de Montpellier*, 1943.
« Notes sur l'histoire du théâtre à Montpellier ». *Mélanges Mornet*, 1951.

4. — LITTERATURE DU XIXe SIECLE

LIVRES

Etat présent des Etudes stendhaliennes. Paris, Belles-Lettres, 1930, in-16.
Stendhal raconté par ceux qui l'ont vu. Paris, Stock, 1931, in-16.
Stendhal, L'homme et l'œuvre. Paris, Desclée de Brouwer, 1934, in-8°.
L'Exotisme dans la littérature française depuis Chateaubriand.
   T. I : *Le Romantisme.* Boivin, 1938, in-8°.
   T. 2 : *Du Romantisme à 1939.* P.U.F., 1956, in-8°.

ARTICLES

- « Vieusseux et ses correspondants français ». *R.L.C.* 1926. Edit. du Stendhal Club, 1926, in-8°.
- « Stendhal en Italie ». *Revue des Cours et Conférences,* 1924.
- « Stendhal inspiré par Destutt de Tracy ». *Annales de l'Université de Grenoble,* 1924.
- « Le modèle de Mathilde de La Mole ». *Le Divan,* juillet 1929.
- « Un centenaire romantique : Le Rouge et le Noir ». *Rev. C. et C.,* 1931.
- « Stendhal et la littérature italienne ». *Mélanges Hauvette,* 1933.
- « L'émotion stendhalienne et le Corrège ». *Etudes italiennes,* 1934.
- « Les corrections de la Chartreuse de Parme ». *R.H.L.F.,* 1935.
- « Stendhal et Canova ». *Rev. des Etudes italiennes,* 1937.
- « Le paysage de la Chartreuse de Parme ». *Ausonia,* 1941.
- « Pour ou contre Stendhal ». *Ausonia,* 1942.
- « Variations stendhaliennes ». *R.H.L.F.,* 1948.
- « L'art du récit dans les Chroniques italiennes », dans : *Journées stendhaliennes internationales de Grenoble,* Paris, 1966.
- « Les anticipations de Stendhal » dans : *Communications présentées au congrès stendhalien de Cività Vecchia,* Florence-Paris, 1966.
- « L'Italie napoléonienne vue par Stendhal ». *Studi napoléonici,* 1969.
- « Petites notes stendhaliennes », dans : *le Divan,* de décembre 1930 à avril-juin 1955, passim.
- « Zampa et la Vénus d'Ille ». *Le Divan,* avril-juin 1945.
- « Actualité de P. Mérimée ». *R.L.C.,* 1963.
- « Chateaubriand part et ne part pas pour Montpellier ». *Mercure de France,* févr. 1961.
- « Le Nemrod de J.J. Ampère et la Fin de Satan ». *R.H.L.F.,* 1925.

- « Hugo et Garibaldi ». *Rivista di letterature moderne e comparate,* 1960.
- « Narbonne vu par les romantiques ». *Bull. de la commission archéologique de Narbonne,* 1928-1930.
- « Un théoricien du romantisme : Junius Castelnau ». *R.H.L.F.,* 1932.
- « Un cabinet de lecture en province en 1832 ». *Ibid.,* 1937.
- « Quatre saisons théâtrales à Narbonne (*1810-1814*) ». *Bull. de la société des historiens du théâtre,* 1939.
- « Témoignages sur le roman noir ». *Bull. de l'Académie des Sciences et Lettres de Montpellier,* 1939, et *Mélanges Huguet.*
- « Souvenirs de la vie militaire de Viennet ». *Carnet de la Sabretache,* 1929.
- « Les souvenirs de Viennet ». *Revue des Deux Mondes,* juillet 1929.
- « Un ennemi du romantisme : Viennet ». *Bull. de la commission archéologique de Narbonne,* 1935.
- « Un successeur de Ronsard : La Franciade, de Viennet ». *Revue universitaire,* 1953.
- « Une source de Leconte de Lisle ». *R.H.L.F.,* 1933.
- « Une source possible de Qaïn ». *Ibid.,* 1937.
- « L'Evolution de Jean Moréas ». *Revue des Cours et Conférences,* avril-mai-juin 1935.
- « La Venise de Maurice Barrès », dans : *Venezia nelle letterature moderne,* Venise-Rome, 1961.
- « Les souvenirs sont cors de chasse... ». *Revue des Sciences humaines,* juillet 1958.
- « Les tendances du roman français (1919-1939) ». *Annales de l'Université de Montpellier,* 1944.
- « Les premiers débuts d'un romancier : Maxence Van der Meersch lycéen ». *Bull. de l'Académie des Sciences et Lettres de Montpellier,* 1943.

ÉDITIONS DE TEXTES

STENDHAL : *De l'Amour* (en collaboration avec D. Müller). Champion, 1926, 2 vol. in-8°.
Le Rouge et le Noir. Paris, F. Roches, 1929, 2 vol. in-16.

La Chartreuse de Parme. Paris, Les Belles-Lettres, 1931, 2 vol. in-16.
Chroniques italiennes. Ed. Diderot. 1946, in-8°.
Mérimée : *Portraits historiques et portraits littéraires.* Paris, Champion, 1928, in-8°.
Deux portraits de Stendhal par Mérimée. Ibid., 1928, in-8°.
La Jaquerie. Paris, Champion, 1931, in-8°.
Colomba. Paris, Droz, 1947, in-16.

5. — LITTERATURE OCCITANE

« La vie intellectuelle à Narbonne ». *Commission archéologique de Narbonne. Comptes rendus des fêtes du centenaire,* 1934.
« Le paysage de Montpellier et la littérature ». *Revue historique et littéraire du Languedoc,* 1944.
« Le mouvement littéraire des origines au Second Empire », dans : *Languedoc méditerranéen et Roussillon d'hier et d'aujourd'hui.* [Editions folkloriques régionales de France, s. d. (1947)].
« Les préparatifs d'un voyage princier en Languedoc au XVIIIe s. », dans : *Bull. de la commission archéologique de Narbonne.*
« Le Languedoc dans la littérature française. Les Chansons de Geste ». *Annales de l'Institut d'Etudes occitanes,* 1949.
« Mistral poète guerrier », dans : *Mélanges mistraliens,* P.U.F., 1955.
« Préface à Mireïo », dans : *Mélanges pour le centenaire de Mireille,* P.U.F., 1960.
« Le centenaire d'un peintre italianisant [F.X. Fabre] ». *Revue des Etudes italiennes,* 1938.

6. — ENSEIGNEMENT

Guide de l'Etudiant en littérature française. Paris, P.U.F., 1938, in-16 (en collaboration avec E. Bouvier, 6e édition, 1968).

« Le problème des Universités ». I. Les effectifs. II. Le climat. *Revue des Jeunes,* 1943.
« Le programme des agrégations littéraires ». *Revue Universitaire,* 1950.
« Réformer ou réorganiser ? » *Ibid.,* 1953.
« L'Histoire littéraire et la littérature », dans : *Annales du Centre universitaire méditerranéen,* 1950-1951.
« Au temps d'Henri Graillot », dans : *Commémoration du cinquantenaire de l'Institut français de Florence, Grenoble* 1963.
« Notices diverses » dans le *Dictionnaire des Lettres françaises.*
Comptes rendus dans la *R.H.L.F., la Revue du seizième siècle, Humanisme et Renaissance, la Revue des Langues romanes, la Revue d'Histoire de l'Eglise de France, la Revue Universitaire, la Revue Critique, la Revue des Etudes italiennes, le Bulletin critique du livre français.*

7. — *UN PECHE DE JEUNESSE...*

Des galons, des permissions... Revue en un prologue et quatre tableaux. Issoudun, 1918 [Mise en scène et jouée par Pierre Fresnay.]

LA TIERCE EPISTRE DE L'AMANT VERD
DE JEAN LEMAIRE DE BELGES

La fin de la vie de Jean Lemaire de Belges est entourée de mystère. Il entra au service d'Anne de Bretagne vers 1511. Sa *Concorde des Deux Langages* semble avoir été composée dans cette même année de 1511[1], et *Les Illustrations de Gaule et Singularitez de Troie* en 1511, 1512 et 1513. Après la mort de sa protectrice, en 1514, on ne sait plus rien sur lui ; même les témoignages nous manquent. Marot, il est vrai, parle de lui dans la préface de l'*Adolescence Clementine* publiée le 12 août 1532 :

... la commancerons par la première Eglogue des Bucoliques Virgilanes, translatée (certes) en grande jeunesse, comme pourrez en plusieurs sortes congnoistre, mesmement par les couppes femenines, que je n'observoys encor alors, dont Jehan le Maire de Belges (en les m'aprenant) me reprint[2].

---

1. Le ms. 412 de la Bibliothèque Inguimbertine de Carpentras date cette œuvre de 1511. La première édition en fut donnée en 1513, à Paris, par G. de Marnef.
2. *Les Epîtres*, éd. C.A. Mayer, Londres, The Athlone Press, 1958, p. 96.

mais il est difficile d'assigner une date à cette leçon de poésie. Si on se rappelle que Marot naquit en 1496, rien ne s'oppose à la placer vers 1510-1514, d'autant plus que Marot parle de sa « grande jeunesse ».

Nous sommes par contre parfaitement renseignés sur la composition de l'ouvrage le plus populaire de Jean Lemaire, c'est-à-dire les deux *Epîtres de l'Amant vert* en 1505 [3]. Leur succès fut énorme, et il y en eut plusieurs éditions. Il est donc extrêmement surprenant de trouver l'existence jusqu'ici à peu près inconnue d'une « tierce epistre de l'Amant verd ».

Cet ouvrage semble avoir paru pour la première fois en 1537, sortie des presses de l'imprimeur lyonnais François Juste, dans une édition au titre :

> *Lamant verd / envoye ses Epistres a ma Dame / Marguerite Auguste, Reveues / & remises en leur entier par / Clement Marot. / Ensemble plusieurs lettres missives / amoureuses. Avec Ballades & / Rondeaulx. / M.D.XXXVII. / On les vend a Lyon chez Francoys / Juste devant Nostre Dame de confort.*

L'unique exemplaire de cette curieuse édition se trouve conservé à la Bayerische Staatsbibliothek à Munich [4]. Bien que signalée dans une courte notice par A. Haemel [5], l'édition n'est pas mentionnée par K. Munn dans son ouvrage sur Jean Lemaire, *A con-*

---

3. L'édition originale de ces deux épîtres parut chez Etienne Baland, à Lyon, en 1511.
4. Sous la cote P.o. gall. 1381.
5. *Clément Marot und François Juste*, Zeitschrift für *französische sprache und Litteratur*, t. 50 (1927), pp. 131-134.

tribution to the study of Jean Lemaire de Belges [6], ni par J. Frappier dans son édition des *Epîtres de l'Amant vert* [7].

A vrai dire la notice de Haemel ne mentionne la *Tierce Epistre de l'Amant verd* qu'en passant : « Zunächst fügt er den ursprünglich nur zwei Episteln eine dritte hinzu [8]. » Ce fait, de même que le titre un peu vague de cet article, est sans doute la raison pour laquelle K. Munn —et après elle J. Frappier — n'a pas eu connaissance de l'édition de 1537 ni de l'existence d'une *Tierce Epistre de l'Amant verd*. Il existe, il est vrai, une réimpression, datée de 1552, publiée par Pierre de Tours [9]. Cette dernière édition est décrite par Munn [10], mais seulement d'après Lachèvre [11]. La *Tierce Epistre de l'Amant verd* n'est pas mentionnée par elle.

Le problème reste donc entier ; la *Tierce Epistre de l'Amant verd* n'a apparemment jamais été décrite ; son authenticité n'a jamais été discutée.

La *Tierce Epistre* se trouve, sans autre titre, et sans la moindre introduction ou glose au f° Di v°. Elle consiste en deux cent quatorze décasyllabes à rimes plates. En voici le texte :

---

6. Kathleen M. Munn, *A contribution to the study of Jean Lemaire de Belges,* Faculty of Philosophy, Columbia University, New York, 1936.
7. *Textes Littéraires Français,* Paris, Droz, 1948.
8. *Art. cit.,* p. 133.
9. Voir ma *Bibliothèque des Œuvres de Clément Marot,* Genève, Droz, t. I, *Manuscrits,* t. II, *Editions,* n° 276.
10. *Ouvr. cit.,* p. 141.
11. F. Lachèvre, *Bibliographie des recueils collectifs de poésie du seizième siècle,* 1922, p. 141-142.

La tierce Epistre

Devant les Dieux protecteurs de pitié,
Vengeurs certains de rompue amytié,
Devant amours qui sçait ta conscience,
4 En verité, ayant pleine science
De nostre cas et qui seul en atteste,
Des maintenant je denonce & proteste
Que si depart d'entre nous deux se faict,
8 Ce ne sera par aulcun mien forfaict,
Ne par exces d'envieuse fortune,
Ne par deffault de saison opportune,
Ne par raison de lieu mal disposé,
12 Mais seulement fault qu'il soit imposé,
A ton vouloir rigoureux et contraire
Aux loix d'amour piteux et debonnaire ;
Car tu sçais bien que j'ay faict mon debvoir
16 Pour avec toy durable amour avoir ;
Et si as veu ma force esvertuer
Plus d'une foys pour la perpetuer ;
Et pour ce faire, employer & choysir
20 Tous les moyens où tu prenoys plaisir ;
En me fondant es gratieux propos
Qui m'ont tollu le sommeil & repos.
Mais (o cueur sainct) tu as eu en la bouche
24 Parler qui faict à tes effectz reproche
Tu as monstré, mieulx que table pourtraicte,
Comme du dire au faire a longue traicte ;
Tu as voulu me guider & hauser
28 Pour puis apres d'hault en bas me poulcer ;
Et pour couvrir tes espines de roses,
Pour coulorer tes entremetz tu oses,
(Sans fort rougir) nommer meschanseté
32 De ferme amour la vraye seureté.
Tu ne crains point tant amour revaller
Que sciemment cas facheux appeller
Son plus cher bien, son tresor & le don
36 Lequel il garde aux amans pour guerdon.
Qui telle erreur t'a mis en fantasie ?
Où as tu prins ceste neufve heresie ?
Je suis deceu, & mes livres sont faulx,

40 Ou tu verras que lourdement tu faulx
   Par les discors que orras cy manier.
   En premier lieu tu ne sçauroys nyer
   Que chascun art & chascune action
44 Dont les humains on[t] faict election
   Ne tasche & myre à une fin certaine
   Où l'on pretend felicité mondaine
   De tous vivans tant appetée & quise
48 Que là sur tout est leur pensée assise.
   Apres te fault par force confesser
   Que qui les fins vouldroit faire cesser,
   Toute action & toute art devant dicte
52 Demoureroit ainsi comme interdicte,
   N'aucun seroit qui se mist à pener
   S'il ne pensoit sa peine à fin mener ;
   Et par tel cas sans doubte conviendroit
56 Que oyseux le monde & confiz deviendroit ;
   Dont ensuyvroit par resolution
   Bien tost apres la dissolution
   Pour de quoy faire ouverture plus ample
60 Donner t'en vueil en brief langaige exemple.
   Les vertueulx tendent à fin de gloire,
   Les combatans à triumphe & victoire.
   Qui gloire oster du monde ordonneroit,
64 Nul à vertu jamais s'addonneroit ;
   Et qui vouldroit les victoires suspendre,
   Qui seroient ceulx qui vouldroient armes pren-
                                              [dre
   Nul pour certain voulentiers s'excercite
68 En quelque exploict s'on luy tolt son merite.
   Ainsi tu voys quand ce lieu auroit eu,
   Qu'on resteroit sans armes ne vertu.
   En pareil sens est tout aultre artifice
72 Tenant le monde en beaulté & police ;
   Car c'est par force oster tous les principes,
   Et les meilleurs si les fins tu dissipes.
   Or ne peulx tu ne dire ou soustenir
76 Qu'amour pretende à aultre fin venir
   Que seulement au bien de jouyssance,
   Ne quelle employe aultre part sa puissance,
   Et tout le fondz de sa capacité,

80 Pour en ce monde avoir felicité,
   Car tout ainsi que ilz sonnent les helas
   En celle aussi commencent ses soulas
   En la voulant doncques du monde oster
84 (Comme tu faictz quand tu l'oses noter
   De tiltre infame & de surnom immunde)
   Tu veulx amour forbannir de ce monde
   Et à par toy penses ung monde faire
88 Ou n'aura lieu amour pour se retraire.
   O gentil monde, o mansion tresbelle,
   De deduictz plains les habitans d'icelle
   Qui vont menant une vie admirable
92 Sans amytié seure, ferme & durable,
   Et sans sçavoir que c'est du bien d'aymer ;
   Quant est à moy, trop me seroit amer
   Et contre cueur demourer en cartier
96 Où amytié n'ait son cours tout entier ;
   Car il me semble estre moins grief dommage
   Au monde oster du cler Soleil l'usaige
   Que de estrangier vraye amour cordialle,
100 Comme sont ceulx qui sa fin principale
    Tant necessaire, honnorable & utile
    Tiennent à lieu de meschanseté vile
    En ensuyvant les obstinez devis ;
104 Mais je croy bien que tel n'est ton advis
    En cueur secret, & que ton sentement
    N'est si privé de juste jugement
    Qu'en une erreur tu sois seulle aheurtée
108 De tous (fors toy) mauldicte & reboutée.
    Il est bien vray que tu l'as voulu dire
    Pour en ce poinct soubz un doulx escondire
    Honestement de moy te despecher,
112 Imaginant que te pourroit fascher
    Au long aller si te convenoit vivre
    Avecques moy ; plusieurs en ont ung livre
    Faict pour toy seulle & duquel la teneur
116 Eust consacré ton renom à honneur.
    Et pour autant ce moyen as songé
    Entre plusieurs pour me donner congé ;
    Puis qu'ainsi veulx maulgré moy je l'accepte,

120 Sans faire plus ne mise ne recepte
    Du temps perdu, des pas envain gastez
    Et des labeurs en ce pourchas hastez,
    Dont je reçoy pour retribution
124 Larmes aux yeulx, au cueur affliction,
    Avec regretz d'avoir faict en toy preuve
    Où miel en bouche & fiel au cueur je treuve.
    Mais puis qu'il fault que ce depart je face,
128 A celle fin que memoire s'efface
    Entierement à tous deux tous ensemble
    Des faictz passez, raison veult, ce me semble,
    Que ce que l'ung a eu de l'autre à prendre,
132 Il soit tenu doulcement à le rendre.
    Pour ce, rends moy le cueur plain de douleur
    Qui me ravit ta prisée valeur,
    Cueur destiné pour consommer ses jours
136 A souspirer & complaindre tousjours
    Et à t'aymer en pure loyaulté
    Se n'eust esté ta grande cruaulté.
    Apres rendz moy l'estat de ma franchise
140 Qui par toy fut en servitude mise
    Lors que jouys ta bouche souhaiter
    Que fusses digne assez pour m'accointer
    En servitude à moy beaucoup plus chere
144 Que liberté tant que me monstras chere
    De prendre en gré mon service ordonné
    A te servir sans estre guerdonné,
    Fors d'amertume a ma part advenue
148 Pour t'avoir trop (o bien par trop) congneue.
    Rendz moy aussi le repos bien heureux,
    Où sans soulcy, sans ennuy langoreux,
    Mon temps en ayse a part moy je passoye
152 Lors qu'en lasseur mes desirs compassoye
    Avant que fusse en espoir eslevé
    De tes douleurs estre ung jour abbrevé,
    En lieu de quoy le faulx amour m'offrit
156 Lasseur de corps & travail d'esperit.
    Si tu as chose aultre qui soit du mien,
    Je suis content que ne m'en rendes rien.
    Bien te requiers que le vueilles brusler

160 Pour à jamais la memoire aveugler
    De moy qui t'ay en joye ung temps servie ;
    Et maintenant me faictz hayr ma vie,
    Voyant à l'œil que me tiens homme indigne
164 A qui soit faict tour d'amytié benigne.
    Du tien je n'ay emporté chose aucune,
    Sinon rigueur & rudesse importune.
    Pardonne moy si tes faictz nomme ainsi.
168 J'aymasse mieulx les appeller mercy ;
    Mais je suis seur que trouverroys estrange
    Que l'on mentist pour te donner louenge.
    Puis que n'ay rien, rendre rien ne me fault ;
172 Et toutesfoys, pour ne causer deffault
    De quelque chose au depart de ceste heure,
    Rendre je veulx tout ce que me demeure.
    Au dieu d'amours je quicte & rends les armes
176 Et ne retiens de son train que les larmes
    Pour m'en servir à plorer mon malheur,
    Et jecter hors par mes yeulx ma chaleur,
    Le suppliant que mieulx il se contente
180 De mes travaulx que moy de son attente.
    A Apollo je rends ses instrumentz
    Lucz, Harpe & Lyre, & ses habillementz
    Appropriez à dechasser ennuytz
184 Dont je me veulx accoustrer jours & nuyctz,
    Prenant congé des bonnes compaignies
    En leur quittand sons, chantz & armonies,
    Invention de fureur poetique,
188 Parler aorné de trace rhetorique,
    Plaisans devis & jouyeuses parolles.
    A moy ne fault que dolentes violles
    Pour enchanter quelques foys laitz de plaincte
192 En attendant qu'ayt mort ma flamme estaincte.
    Finablement je rendz comme prescript
    Aux muses l'art de coucher par escript
    Les beaulx traictez de prose mesurée
196 Et les façons de rithme coulourée
    Où j'ay trouvé si trespeu de secours
    Que plus ne veulx en avoir de recours ;
    Pource chansons, ballades, trioletz,

200 Mottez, rondeaulz servant es virelaitz,
Sonnetz, strambotz, barzelotes, chapitres,
Lyriques vers, champs royaulx & epistres
Où consoler mes maulx jadis souloye,
204 Quand serviteur des dames m'appelloye.
Puis que je n'ay de vous que repentence,
Allez ailleurs querir vostre accointance.
Avecques moy demeurent invectives
208 Pour accuser les personnes chetives
De nostre siècle & des gens y estant,
Sur tout de fraude & dol se delectans,
Et de l'ung dire & de l'autre exploicter,
212 Pour de l'ennuy des simples soy hayter.
Sur lequel poinct feray fin en ce lieu
A mes excriptz, en te disant à Dieu.

 Une première constatation, assez étonnante : cette épître n'a aucun rapport véritable avec les deux épîtres de l'Amant vert. On n'y retrouve ni le « papegay », ni la duchesse Marguerite, ni le « tombel », ni l'Enfer des animaux. Il s'agit au contraire d'une simple épître d'amour malheureux où un amant du reste anonyme fait ses adieux à sa bien-aimée dure et cruelle.
 On peut donc être certain que cette *Tierce Epistre* n'a rien à voir avec les deux épîtres de l'Amant vert, et qu'elle n'a de ce fait rien d'authentique. Sans que je sois arrivé à l'attribuer à un poète connu, il est improbable qu'elle soit l'œuvre de Jean Lemaire.
 Cette constatation confirme de façon décisive l'hypothèse de Haemel [12], à savoir que cette édition ne fut pas procurée par Clément Marot. Haemel, il est vrai, n'avait étayé cette hypothèse d'aucun argument probant, se contentant de supposer que Juste s'était servi

---
12. *Loc. cit.*

du nom de Marot pour des raisons commerciales.
Notons ici qu'aucune des assez nombreuses éditions
de Clément Marot procurées par François Juste[13] n'a
été donnée avec la collaboration ou même le consentement de Marot, preuve le nombre de pièces apocryphes qui se trouvent dans ces recueils. Quoiqu'il en
soit, il est certain que ce n'est pas Marot qui peut
avoir attribué à Jean Lemaire cette épître pour l'intituler *La Tierce Epistre de l'Amant verd*. Bien que
l'épigramme liminaire de Marot :

> *Clement Marot sur la devise de Jan*
> *le Maire de Belges qui est De peu*
> *assez*[14]

De peu assez a cil qui se contente
De prou n'a riens celluy qui n'est content,
Estre content de pue est une rente
Qui vault autant qu'or ny argent contant.

se trouve imprimée dans cette édition[15], il est certain
que Marot n'y fut pour rien.

C.A. MAYER.

---

13. Voir *Bibliographie des Œuvres de Clément Marot*, *ouvr. cit.*, t. II, nᵒˢ 13, 14 *bis*, 24, 25, 26, 31, 34, 35, 48, 61, 62.

14. *Clément Marot, Les Epigrammes*, éd. C.A. Mayer, Londres, The Athlone Press, 1970, CCLXXVIII.

15. Elle avait été publiée pour la première fois dans *Le Miroir de tres chestienne princesse Marguerite de France, Royne de Navarre*, Paris, Augereau, 1533 (*Bibliographie, ouvr. cit.*, t. II, nᵒ 240).

TERENCE ET LE THEATRE NEO-LATIN

Au-dessous des grandes manifestations artistiques, il y a toujours des tâtonnements, des grouillements relativement obscurs sur lesquels il vaut la peine de jeter de temps en temps un petit coup d'œil. Le théâtre de la Renaissance ne fait pas exception, et au-dessous, si l'on ose dire, il y avait eu et il y avait pendant toute la période les tâtonnements et les grouillements du théâtre néo-latin. Quelques-unes des pièces néo-latines, bien qu'elles n'aient pas eu d'édition française, ont pu pénétrer en France. Comment les humanistes et les pédagogues (les termes ne sont pas nécessairement interchangeables !) qui composaient ces pièces, religieuses, profanes, scolaires ou autres, utilisaient-ils les découvertes qui ne cessaient pas d'être faites dans le champ des lettres antiques ? Pour le moment contentons-nous de jeter ce petit coup d'œil sur la façon dont ces savants ont utilisé les six comédies de Térence. Certes la chose a été faite il y a quarante ans (que le temps passe vite !) par notre confrère Raymond Lebègue, surtout en ce qui concerne le théâtre religieux. Nous ne voulons pas répéter (sauf pour mémoire) ce qu'il nous a révélé à ce moment. Nous allons regarder surtout des pièces profanes et deux ou trois pièces religieuses qui ne rentraient pas dans les limites qu'il s'était posées. Le champ est vaste et nous n'allons faire que des sondages pour voir s'il y a vraiment eu du progrès dans la façon dont les auteurs comprenaient et utilisaient les comédies térentiennes, en suivant un ordre approximativement chronologique.

L'Allemand Jacob Wimpfeling, humaniste très réputé de son temps, fit paraître en 1470, probablement à Venise [1], sa comédie intitulée *Stylpho*. Il s'agit, semble-t-il, de la première comédie latine écrite en Allemagne d'après le modèle de la comédie antique [2] depuis les curieuses pièces de Hroswitha [3]. Le sujet n'a rien à faire avec la comédie térentienne (Wimpfeling s'attaque à l'ignorance du clergé) et il n'y a que le nom d'un seul personnage, Stylpho lui-même, qui paraît avoir été emprunté au *Phormion* de Térence ; et cela sans qu'il y ait aucune ressemblance entre les

---

1. Brunet, *Manuel*, V, 1392, cite une édition in-4° de Venise, vers 1470. Holstein, *Jacobus Wimphelingius Stylpho*, Berlin, 1892, l'édition que nous avons consultée cite p. xv une édition de 1470 sans indication de lieu. La comédie est en prose, sans division en actes, mais divisée en scènes.
2. Holstein, *op. cit.*, p. viii.
3. Voir notre *Térence en France*, Paris, 1926, p. 28-30 pour Hroswitha ; et pour le *Philodoxius* de Léo Battista Alberti, *ibid.*, p. 41.

personnages homonymes [4]. Un éditeur moderne cependant a compté dans le texte du *Stylpho* vingt et un parallèles verbaux avec le texte de Térence [5]. Wimpfeling emprunte des tournures de phrases, des sentences, mais l'art de Térence en ce qui concerne la structure dramatique, le développement de l'intrigue ou des personnages est introuvable.

Pour sa comédie *Calphurnia et Gurgulio*, imprimée à Schussenried en 1476 et souvent réimprimée [6], Leonardo Bruni choisit comme sujet une aventure amoureuse qui rappelle beaucoup d'autres pièces, y compris celles de Térence et, par anticipation, la *Celestina* de Rojas qui va être composée quelques années plus tard. Un jeune homme Gracchus, amoureux de la jeune et belle Polyxena, invoque l'aide de Gurgulio, personnage qui fait penser au Gnathon de l'*Eunuque*. Lui, à son tour, demande la collaboration de la vieille Tharatantara qui déploie d'abord en vain toute son habileté contre la chasteté de Polyxena. Enfin la jeune fille succombe à la pitié lorsque Tharatantara lui raconte les souffrances et l'amour extrême du soupirant. La dernière scène nous apprend que Gracchus a violé Polyxena, mais que leur mariage a été arrangé par les parents.

---

4. Holstein, *op. cit.*, p. x.
5. Wimpfeling fait 2 emprunts à l'*Andrienne* ; 12 à l'*Eunuque* ; 3 à l'*Heautontimorumenos* ; 1 au *Phormion* ; 3 aux *Adelphes*. Holstein, *op. cit.*, p. xviii.
6. *Calphurnia et Gurgulio comedia*. Au V° dern. f. : *Finit feliciter leonardus Aretinus in monasterio Sorteñ. Anno dñ M° quadringentesimo septuagesimo octauo*. Cf. Brunet, *Manuel*, I, 397, qui cite une réimpression à Leipsig en 1500. La comédie est en prose sans division en actes et scènes.

Dans les noms et dans l'intrigue, assez peu de Térence, sauf le viol de Polyxena qui ressemble un peu à certaines scènes de l'*Eunuque*. Le soliloque du père de Gracchus sur la vie dure qu'il mène n'est pas sans rapports avec la scène de l'*Heautontimorumenos* (I, 1) où Ménédème raconte à Chrémès comment il est devenu « bourreau de soi-même ». Les souvenirs verbaux, cependant, sont assez nombreux ; sans peut-être avoir recueilli tous les exemples de cette imitation textuelle, nous avons pu trouver plus de vingt phrases empruntées littéralement, ou à peu de chose près, aux comédies de Térence. En voici quelques spécimens :

- *a*) R° f. 3 : Gracchvs : mihi uisa est praeter ceteras formosissima.
  And., 122-3 : ... et quia erat forma praeter ceteras honesta ac liberali.
- *b*) R° f. 4 : Gvrgvlio : Ceterum equidem scio si quid praeter spem euenerint (sic) hanc in me dumtaxat fabam cudere oporteret.
  Ph., 246, 251 : quidquid praeter spem eueniat (251 : eueniet).
  And., 436 : praeter spem euenit, sentio.
  Eun., 381 : at enim istaec in me cudetur faba.
- *c*) V° f. 4 : Tharatantara : ... pollicebit aureos montes offerens.
  Ph., 68 : modo non montis auri pollicens.
- *d*) R° f. 6 : Gracchvs : fac periculum !
  Ph., 933 : fac periclum.
- *e*) R° f. 9 : Tharatantara : Conueniunt mores.
  And., 696 : conueniunt mores.
- *f*) V° f. 10 : Tharatantara : Verum obdo pessulum ostio.
  Eun., 603 : pessulum ostio obdo.
  Heaut., 278 : foribus obdit pessulum.
- *g*) R° f. 11 : Tharatantara : res ipsa indicat.
  Eun., 658 : res ipsa indicat.

h) R° f. 13 : Tharatantara : arrige aures, Graccche.
And., 933 : arrige aures, Pamphile.

Souvent ces emprunts sont des sentences :

i) V° f. 4 : Tharatantara : ... quod uulgo dici solent : Summum ius saepe summam esse imprudentiam.
Heaut., 796 : dicunt : ius summum saepe summast malitia.

j) V° f. 4 : Tharatantara : Otio etenim ac uictu splendido calescit Venus.
Eun., 732 : sine Cerere et Libero friget Venus.
Eun., 265 : uiden otium et cibus quid facit alienus.

k) R° f. 5 : Gvrgvlio : nam ex aliarum ingeniis eius nunc spectatum ingenium uelim.
And., 646 : heu me miserum qui tuom animum ex animo spectaui meo.

l) R° f. 6 : Gvrgvlio : Tritum prouerbium est, Gracce : uah credin me etiam adeo humanarum rerum imperitum ut quid amor poscit (sic) nesciam.
Eun., 880-1 : non adeo inhumano ingenio sum, Chaerea, neque ita imperita, ut quid amor ualeat nesciam.

On rencontre aussi des paraphrases très libres, où cependant le style de Térence se reconnaît facilement :

m) R° f. 3 : Gvrgvlio : Timeo quorsum haec suspiria euadant.
And., 127 : quam timeo quorsum euadas.
And., 264 : misera timeo « incertumst » hoc quorsum accidat.

Admettons que quelques-unes de ces phrases ne sont que des lieux communs qui peuvent avoir des parallèles dans les œuvres d'autres auteurs ; mais en trouvant une telle quantité de passages pareils, nous croyons avoir le droit de penser qu'ils proviennent d'une source commune.

En 1483, probablement à Venise, parut l'*Epirota* de Thomas Medius [7]. Cette « fabella » en prose, divisée en scènes, en a une seule, celle entre Harpage (*lena*) et Erotium (*meretrix*), qui rappelle, par son sujet plutôt que par des ressemblances verbales, une scène térentienne : celle entre Syra et Philotis au commencement de l'*Hécyre*. Quant au reste, certains noms de personnages : Pamphila, Clitipho, Antiphila sont empruntés aux comédies du poète antique.

Vers le commencement du seizième siècle parut à Venise une comédie latine par Joannes Harmonius Marsus (Giovanni Armonio) intitulée *Stephanium* [8]. C'est une pièce en vers, divisée en actes et dont le prologue donne une petite histoire de la comédie citant, bien entendu, le nom de Térence. Dans l'action il y a certains éléments que l'auteur peut devoir à Térence. Au IVe acte Geta (nom térentien) est lié par Doryphorus selon les ordres de son maître, comme

---

7. *Thomae Medii Patricii Veneti Fabella Epirota*, 1483, pet. in-f°. Cf. Brunet, *Manuel*, III, 1574. Nous avons consulté l'édition de Mayence, 1547, imprimée par par Schoeffer.

8. *Ioannis Harmonii Marsi Comoedia Stephanium urbis Venetae genio publice recitata.* V° dern. f. : *Impressum Venetiis per Bernardinum Venetum De uitalibus.* Sans date. Cf. Brunet, *Manuel*, III, 1474 et aussi P. Bahlmann, *Die lateinischen Dramen von Wimphelings Stylpho bis zur Mitte des sechzenten Jahrhunderts*, Münster, 1893, p. 24.

dans l'*Andrienne* Dave est lié par Dromon selon les
ordres de Simon (860 et suiv., surtout 865) ; au
V° acte, la scène où deux amis se reconnaissent rappelle la scène de l'*Andrienne* (V, IV) où Chrémès reconnaît Criton. Dans le dialogue il y a des emprunts assez
fréquents, comme par exemple au commencement de
la première scène du *Stephanium* :

> NICERATVS : Pergin adhuc mecum ita tam perplexe loqui ?
>
> *Eun.*, 817 : Pergin, scelesta, mecum perplexe loqui ?

Plus tard (II, II) Geta se plaint de ce qu'il est forcé
de courir sans cesse par-ci par-là, comme le Parménon de l'*Hécyre* (815). Le jeune Niceratus, lui aussi,
se sert de phrases qu'on trouve dans des scènes et
situations semblables chez Térence pour avouer à son
père Haegio (nom térentien) ses amours de jeunesse
et ses escapades

> dum tempus fuit, dum aetas sustulit.
> Cf. *And.*, 188 : dum tempus ad eam rem tulit...
> *And.*, 443 : ... dumque aetas tulit.

Dans l'allégorie dramatique en prose de Remacle de
Florennes, *Palamedes,* publiée à Londres en 1512 [9], un
seul passage (V, III) possède une ressemblance textuelle avec Térence :

---

9. *Remacli Arduenne florenatis Palamedes.* V° du titre :
*Ex museo nostro exiguo Londoñ. Anno Christiani ortus
supra sequimillesimum duodecimo Kalendis Ianuariis.* Cf.
Brunet, *Manuel,* I, 391. La pièce est divisée en actes.

> PALAMEDES : O phylota in id redactus sum loci ut
> si omnia omnes sua consilia afferant : et huic
> malo salutem quaerant : non inueniant.
> *Ad.*, 229-300 : nunc illud est, quom, si omnia om-
> nes sua consilia conferant atque huic malo salu-
> tem quaerant, auxili nil adferant.

Ce seul emprunt, dans cette lourde composition, sert toutefois à illustrer de quelle façon Térence pouvait servir à toutes sortes de fins littéraires et morales.

Térence est presque entièrement absent des comédies de Reuchlin [10]. Il semble n'avoir rien contribué ni à la construction dramatique ni à la psychologie des personnages. Reuchlin ne lui doit ni sentence ni proverbe, et si l'emprunt du nom du domestique Dromo dans la *Progymnasmata* était tout ce qu'il y avait de Térentien dans ses pièces, nous aurions pu nous en taire. Cependant dans la comédie de *Sergius* (acte II) nous trouvons Térence parmi les prophètes — avec Ménandre, Arate et Epiménide :

> ... Num uox dei Terentium
> Spreuit ? ne ad stimulum (inquientis) calcitres.
> Paulus Menandrum, Aratum, Epimenidem inuocat
> Testes, prophetes, atque ueri conscios.

Cette allusion au vers 78 du *Phormion* a sans doute plus de rapports sérieux avec l'étude des textes sacrés qu'avec celle de Térence, mais Reuchlin eût pu mieux utiliser les œuvres du prophète !

---

10. *Ioan. Reuchlin. Phorcensis Sergius uel capitis caput. comoedia*, Tubingen, Th. Anshelm, 1513, in-4°. Nous avons consulté aussi l'édition de Cologne, Gymnicus, 1540, qui contient les deux comédies (*Progymnasmata* et *Sergius*) sous le titre *Comoediae duae*. Cf. aussi Brunet, *Manuel*, IV, 1254.

Le régent Ravisius Textor lui aussi est très connu. Dans son dialogue *Diues et Adulatores,* les scènes où les flatteurs s'abaissent à toutes sortes d'adulations semblent être calquées sur les discours de Gnathon, le parasite de l'*Eunuque* [11] ; et les deux fanfarons de la pièce *Mistyllus, duo Thrasones, Taratalla* empruntent leur nom au soldat de la même pièce, bien que leur psychologie soit plus proche de celle du Pyrgopolinice de Plaute. Térence figurait parmi les auteurs antiques que Ravisius, dit-on, aimait le plus [12]. Nous aurions pu nous attendre à en apercevoir des évidences dans ses textes.

Christophorus Hegendorffinus essaya d'imiter Térence dans ses *Comoediae duae... quarum una est de duobus adolescentibus. Alter et noua de sene amatore* [13]. Ces deux pièces en prose, divisées en scènes que l'auteur appelle « actes », sont assez pauvres. La seconde, qui a pour sujet un vieillard amoureux, a comme seul mérite un dialogue vif mais grossier, comme seul emprunt à Térence le nom de Syrus. L'autre pièce ne vaut pas grand-chose, mais si le reste de la pièce valait les emprunts faits à Térence, nous aurions pu avoir un petit chef-d'œuvre. Voici un résumé très bref de l'action :

> Acte I : Chérémon demande à son fils Philothimus ce que fait son frère jumeau, Philothimus lui

---

11. J. Vodoz, *Le théâtre latin de Ravisius Textor, 1470-1524*, Winterthur, 1898, p. 73.
12. *Ibid.,* p. 134, 136. Voir aussi Massebiau, *De Ravisii Textoris comoediis*, 1878 et Bahlmann, *op. cit.,* p. 31. C'est peut-être chez Térence que Ravisius a appris son style limpide. Vodoz, *op. cit.,* p. 134.
13. *Lipsiae*, 1521, pet. in-4°. Cf. Brunet, *Manuel*, III, 80.

aussi, mais Philothimus II arrive et dit qu'il vient de quitter des amis.

Acte II : Philothimus II raconte à Syrus son amour pour Thays.

Acte III : Chérémon a noté la conversation entre son fils et Syrus ; il revient en apprendre le sujet. Philothimus II et Syrus insistent que ce n'était qu'une chanson que le jeune homme chantait.

Acte IV : Une vieille femme vient prier Philothimus II de se rendre chez Thays.

Acte V : Soliloque de Thays sur l'inconstance des amants.

Acte VI : Philotimus II arrive chez Thays, qui lui dit qu'elle est enceinte de son fait et près d'accoucher. La vieille est envoyée chercher la sage-femme.

Acte VII : Chérémon a vu Philothimus II qui quittait Thays. Il a entendu celle-ci invoquer Junon Lucine. Il raconte ses soupçons à Syrus.

Acte VIII : Syrus prévient Philothimus II des soupçons de son père.

Acte IX : La sage-femme porte un enfant nouveau-né dans ses bras. Syrus lui demande où elle le porte. Chez Philothimus, dit-elle.

Acte X : La sage-femme dit à Chérémon que l'enfant est le fils de Philothimus. Chérémon demande à Philothimus I si l'enfant est à lui. Philothimus I le nie. La sage-femme insiste et Chérémon est convaincu de la paternité de Philothimus I.

Acte XI : Syrus dit à Philothimus (I ?) qu'il doit garder l'enfant et qu'alors il épousera Thays.

Acte XII : Philothimus (I ?) dit qu'il veut épouser Thays. Chérémon, plein de joie, lui donne une « dot » magnifique et accueille Thays dans sa maison.

Notons d'abord les noms de Syrus et de Thays. L'acte II rappelle diverses scènes térentiennes : celle où Chéréa raconte à Parménon sa passion (*Eun.* II, III) ; celles de l'*Andrienne* (II, III et al.) où Pamphile et Dave parlent des amours du jeune homme ; et il y a des scènes pareilles dans l'*Heautontimorumenos* et dans le *Phormion*. L'acte III a des rapports avec la scène de l'*Andrienne* (II, IV) où Simon rentre en disant

Reuiso quid agant aut quid captent consilii...

L'acte IV rappelle encore l'*Andrienne* (I, v) où Mysis invite Pamphile à se rendre chez Glycère. L'acte V est un développement du vers 460 de la même pièce :

fidelem haud ferme mulieri inuenias uirum.

L'acte VI est une répétition et variation d'une scène (II, v) de la même comédie, tandis que l'acte VII est une variation assez libre de cette scène de l'*Andrienne* (III, II) où Simon voit partir la sage-femme de chez Glycère et l'entend qui donne des conseils de puériculture. L'acte VIII fait songer encore une fois aux dialogues entre Pamphile et Dave (surtout *And.*, II, III). L'acte IX est imité de la célèbre scène (*And.*, IV, III et IV) où Dave, avec l'aide de Mysis et l'enfant, trompe Chrémès. A partir de là, Hegendorff quitte Térence, mais la dette est déjà considérable. Toutefois, malgré cette imitation de situations térentiennes pour laquelle l'*Andrienne* surtout a été mise à contribution, la pièce de l'humaniste reste bien inférieure au modèle à tous les points de vue.

L'*Acolastus* de Gulielmus Gnapheus (Wilhelm de Volder) fut très goûté en France comme ailleurs ; à partir de 1529 cette pièce eut de nombreuses éditions et fut traduite en plusieurs langues [14]. C'est l'histoire de l'enfant prodigue « reduitte et estendue en forme de comédie », comme le définit son traducteur Antoine Tiron en 1564. L'édition parisienne du texte latin, publiée en 1554 avec un ample commentaire par Gabriel du Préau, porte un titre qui reconnaît la dette de Gnapheus envers Térence [15]. Il serait long de dresser la liste des parallèles détaillés entre le texte de l'*Acolastus* et celui des six comédies. Heureusement cette comparaison a été faite par un savant allemand qui a trouvé deux cent douze ressemblances verbales [16] et aussi une allusion à la définition de la comédie attribuée à Cicéron par Donat, dont le traité *De tragoedia et comoedia* accompagnait presque toutes les éditions de Térence au seizième siècle. Il y a des emprunts à d'autres auteurs antiques, mais c'est Térence qui est la source la plus importante pour les sentences, les tournures de phrases et le dialogue. Une foule de figures des comédies antiques s'agitent au centre de la pièce [17], du IIe jusqu'au IVe acte : le parasite, descendant du Gnathon de l'*Eunuque*, le louche aubergiste

---

14. *Gulielmus Gnapheus Acolastus*, herausgegeben von Johannes Bolte, Berlin, 1891. Bolte donne une bibliographie complète. La première édition du texte latin est d'Anvers, 1529 ; la première édition parisienne, Wechel, 1530. Bolte, *op. cit.*, p. xv-xvi. Cf. Bahlmann, *op. cit.*, p. xxiv.

15. ... *sententiis a Terentio et Plauto petitis, ut iisdem ipsis authoribus interpretandis, potissimumque Terentio...* Le titre intégral est donné par R. Lebègue, *La tragédie religieuse en France. Les débuts (1514-1573)*, Paris, 1929, p. 165, n. 1.

16. Bolte, *op. cit.*, p. xvi-xxiv, compte 40 emprunts à l'*Andrienne* ; 39 à l'*Eunuque* ; 40 à l'*Heautontimorumenos* ; 9 à l'*Hécyre* ; 31 au *Phormion* ; 53 au *Adelphes*.

17. Bolte, *op. cit.*, p. v-vi.

Sannio, la prostituée Laïs, avide d'argent, le domestique voleur Syrus, la domestique Syra. Les noms des personnages qui sont tous significatifs sont pris dans Térence, Plaute, Horace... De Térence viennent les noms de Sannio, Syrus, Syra et Chrémès. Le poète veut-il montrer avec insistance l'amour soucieux d'un père, les conversations de Ménédème avec son voisin Chrémès dans l'*Heautontimorumenos* (I, 1 et III, 1) lui servent de modèles. De même Simon et Micion de l'*Andrienne* et des *Adelphes* ont prêté quelques traits de caractère à Pelargus [18]. L'imitation fructueuse de Térence est plus profonde ici, peut-être, que dans les autres pièces que nous avons étudiées jusqu'ici.

On trouve dans le *Christus Xylonicus* de Barthélémy de Loches [19] des noms térentiens : Sannio, Dromo, Syra, Syrus. Ajoutons que dans l'édition de 1531 un autre apparaît : Storax, tandis que deux noms que Lebègue attribue à Plaute peuvent également provenir de Térence : Dorus et Parmeno. La plainte de la domestique cité par notre savant confrère est l'écho de plusieurs passages chez Térence et ce n'est pas la première fois qu'un dramaturge néo-latin se soit servi de ce lieu commun térentien [20].

Joannes Hasenbergius, dans le prologue de sa moralité *Ludus ludentem Luderum ludens* (1530), s'excuse d'avoir renoncé pour sa « fable tragique » aux beautés et aux charmes de Plaute et de Térence. Sa pièce contient, surtout au premier acte, des sou-

---
18. Bolte, *op. cit.*, p. VII.
19. Pour les *Momiae*, voir Lebègue, *op. cit.*, p. 170 ; pour le *Christus Xylonicus*, p. 178, 189, 474 et suiv.
20. E.g. *And.*, 420 ; *Hec.*, 814-815. Cf. Lebègue, *op. cit.*, p. 187 et n. 4. Mais voir aussi plus haut sur le *Stephanium* pour un emploi antérieur de ce lieu-commun.

venirs assez nombreux mais bien vagues de notre auteur ancien [21]. Dans les comédies de Macropedius l'influence de Térence est très faible malgré la plainte de l'auteur, faisant écho à Gnapheus, que son époque ne produit plus de Ménandre ni de Térence [22]. En 1538 le *Joseph* de Crocus a des phrases qui semblent provenir de Térence, bien que dans son prologue Crocus déclare qu'il ne s'agit point d'une pièce lascive de Plaute ou de Térence [23].

Rappelons ici certaines constatations faites par Lebègue qui s'insèrent convenablement dans notre schéma chronologique. Les *Comoediae ac tragoediae aliquot ex nouo et uetere testamento desumptae* (Bâle, 1540) promettent dans une préface un nouveau Térence « qui servira aux théâtres, aux écoles chrétiennes, et aux bibliothèques [24] ». Dans le théâtre de

---

21. Publié à Leipsig, 1530. Cf. Brunet, *Manuel*, III, 56. La pièce a 4 actes en prose.
22. Pour les éditions de Macropedius, voir *Georgius Macropedius Rebelles und Aluta*, herausgegeben von Johannes Bolte, Berlin, 1897, p. xxiv-xxv. Pour les autres comédies nous avons consulté les éditions suivantes : *Bassarus*, Anvers, 1541 ; *Andrisca*, Cologne, 1539 ; *Petriscus*, Cologne, 1540 ; et aussi *Rebelles et Aluta*, Cologne, 1540. Dans une épître « ad pueros bonarum litterarum studiosos », Macropedius (*Rebelles*) s'exprime ainsi : Miratur quidem (et ipsa profecto doleo) inter tot saeculi nostri uiros doctissimos nullos Menandros, nullos Terentios reperiri, sed hoc scribendi genus paene ab ipsis Terentii aut certe Lucilii temporibus oblitteratum esse et antiquatum, quod tamen prae ceteris scriptum generibus pluris merito foret aestimandum. Cf. Gnapheus, *Acolastus*, prologus : Habet haec aetas nostra suos Tullios et Livios... Menandros et Terentios non habet.
23. *Comoedia sacra, cui titulus Ioseph... Antuerpiae, in aedibus Ioan. Steelsij, anno M.D.XXXVIII*.
24. Lebègue, *op. cit.*, p. 166, n. 1.

Buchanan, peu de Térence : dans le *Baptistes* le prologue est prononcé, comme chez Térence, par un personnage anonyme, et la discussion entre le sévère Malchus et l'indulgent Gamaliel peut être une réminiscence des *Adelphes*. Dans le *Jephthes*, parmi des phrases bien familières, une seule, *flocci pendere*, semble provenir de Térence [25]. Le prêtre allemand Schoepper fit paraître en 1550 et 1551 ses deux pièces la *Monomachia Dauidis* et le *Tentatus Abraham*. Dans le prologue de celle-là il se vante d'avoir conservé quelque chose de l'élégance de Térence ; dans celui-ci il y a un esclave paresseux qui se plaint toujours [26]. Une comédie de Calmus, imprimée en 1555, imite Térence de très loin [27]. Dans le *Salomon* de Bernard Evrard d'Armentières (Douai, 1564) le personnage de Ménédème, dont le nom est pris dans l'*Heautontimorumenos,* parle une langue de comédie pour se plaindre de la conduite de deux courtisanes ses voisines [28]. Roillet n'emprunte pour ses pièces que peu d'expressions térentiennes, mais une faible imitation peut être devinée dans quelques détails : dans la *Philanira* un personnage nommé Sanga ; la *Catharina* emploie deux personnages « protatiques » comme ceux de Térence, que Donat explique dans son traité et dans ses commentaires sur Térence [29].

Les *Studentes* de Stummelius (1560 ?) [30] sont une

---

25. *Ibid.*, p. 206 et n. 1, 222-223, 242. Pour *flocci pendere, Eun.*, 411.
26. *Ibid.*, p. 162.
27. *Ibid.*, p. 159.
28. *Ibid.*, p. 162-163.
29. *Ibid.*, p. 277.
30. Brunet, *Manuel*, V, 572, cite une édition de 1560 (?) que nous n'avons pu trouver. Nous avons consulté l'édi-

comédie en vers, divisée en cinq actes, chacun terminé par un chœur, et en scènes ; l'épilogue parle de Térence et de Plaute, de leur élégance et de leur *uis comica*, de leur peinture de la sagesse des vieux, de la folie des jeunes, des tromperies des domestiques et des tricheries des courtisanes, ce qui rappelle l'*Epitaphium Terentii* imprimé dans la plupart des éditions de Térence à cette époque et aussi le prologue de l'*Heautontimorumenos* qui donne une liste pareille. L'argument, avec son histoire d'une jeune fille enceinte des œuvres d'un jeune amoureux pendant l'absence du père de celui-ci, semble basé sur des données offertes par la situation semblable dans le *Phormion* ; de même dans l'*Eunuque* Chéréa viole une jeune fille pendant que son père à lui est absent ; et dans l'*Andrienne* et les *Adelphes* il y a des jeunes filles enceintes à l'insu de leurs futurs beaux-pères.

Les phrases imitées de Térence dans le dialogue des *Studentes* sont loin d'être rares, mais l'imitation se voit surtout dans la scène où le jeune amoureux, Acolastus, prie son père Eubulus de lui permettre d'épouser la jeune fille (V, IV). En voici un exemple :

> ACOLASTVS : Pater si me uiuum uis miserum, ab hac ne me abstrahe.
> EVBVLVS : Habeas ualeas oblectes te cum illa. ACOLASTVS : Sine te exorem pater.
> EVBVLVS : Age ducas. ACOLASTVS : O lenissimum patrem, nunc te geram in sinu... etc.

Ce passage est une contamination des vers suivants de Térence :

---

tion de 1577 : *Studentes Comoedia de uita studiosorum, nunc primum in lucem edita, authore M. Christophoro Stummelio... Coloniae Agrippinae, Apud Petrum Horst. Anno M.D.LXXVII.*

Ph., 201-202 : quod si eo meae fortunae redeunt.
Phanium, abs te ut distrahar, nullast mihi
uita expetenda.
Heaut., 1051-1052 : si me uiuom uis, pater, ignosce.
And., 889 : immo habeat, valeat, uiuat cum illa.
And., 901 : sine te hoc exorem.
Ad., 696 : duces uxorem hanc.
Ad., 709 : hicine non gestandus in sinu ?

et ainsi de suite. Des souvenirs du dialogue de Térence se pressent sous la plume de Stummelius.

Pour terminer notre coup d'œil, un phénomène curieux. Frischlinus (Philipp Nikodemus Frischlin), humaniste allemand dont la vie paraît avoir été loin d'exemplaire, assimile les pièces de Térence à des histoires tirées de la Bible. Il s'explique dans une préface [31] :

> Nam olim iam delineaui pro Terentio profano (non quidem ut illum e scholiis exterminem, sed ut mea cum illo coniungam) delineaui, in quam EVNVCHVM, ADELPHOS, & HEAVTONTIMORVMENOS (*sic*), tres Comoedias nouas & sacras : in quibus omnis historia Iosephi continetur. Nam in Eunucho exponitur historia Iosephi, uenditi a fratribus : sollicitati & proditi ab uxore Putipharis, coniecti in carcerem, liberati a Pharaone, & constituti in principem locum, in regno Aegypti. In Adelphis negotiantur fratres in Aegypto : Symeon luditur a Serapeone, seruo Iosephi, & eiusdem Graecè loquentis, inter-

---

31. Nous avons consulté l'édition de Strasbourg, 1604 : *Operum poeticorum Nicod. Frischlini Balingensis, pars scenica, in qua sunt comoediae sex, Rebecca, Susanna, Hildegardis, Iulius redeuiuus, Priscianus uapulans, Heluetio-Germani ; tragoediae duae, Venus, Dido... Argentorati, Tobias Jobinus*, 1604. La première édition que nous ayons pu trouver est celle du *Priscianus uapulans*, Strasbourg, 1580.

prete : idem conijcitur in uincula : adducitur Beniamin : ad extremum Iosephus, summa cum gratulatione a fratribus agnoscitur. In Heautontimorumeno, Iacobus propter Iosephum, iam olim amissum, & propter Simeonem captiuum, & propter abductum Beniaminem, seipsum excruciat : filii, reuersi ex Aegypto, patrem laetissimo nuncio exhilarant. Dubius pater de profectione suscipienda, confirmatur a Iehora : & tandem a Iosepho, & a Pharaone senex pater, summo cum applausu omnium Aegyptiorum excipitur. Concinnnaui et iam Hecyram, in qua omnis historia Ruth explicatur.

Cette assimilation des comédies de Térence à des histoires sacrées appartient plutôt aux habitudes médiévales qu'à la mentalité plus éclairée de l'humanisme. Mais voici un exemple de la méthode de Frischlin.

La première scène de sa *Rebecca* commence :

ABRAHAMVS : Vos caeteri rus hinc abite ; Eleasare
Adesdum : paucis te uolo. EL : Dictum puta :
Nempe ut curentur recte haec. AB : Immo aliud.
 EL : Quid est
Quod tibi mea ars efficere hoc possit amplius ?
AB : Nihil is thac opus est arte, ad hanc rem, quam paro,
Sed his, quas semper in te intellexti sitas,
Fide et sedulitate. EL : Expecto quidnam uelis.
AB : Ego, postquam Sara fato defuncta est, memor
Humanae fragilitatis, et aeui lubrici,
Paucos ante dies ,ut nosti, rem familiae
Constitui : ut lites inter liberos meos
Cauerem... etc.

Jusqu'au huitième vers, c'est presque textuellement le commencement de l'*Andrienne*. Tout la pièce est à l'avenant ; le texte de Térence s'introduit partout où la chose est possible. Abraham veut-il parler à

Eleasare de la conduite d'Isaac, l'*Andrienne* s'offre de nouveau :

> Postquam Isacus ex ephebis excessit meus
> Et aetatem uirilem iamdudum attigit :
> Nunc rebus, ut uolui, compositis omnibus,
> Hoc superest unum : ut de uxore illi commoda
> Prospiciam... etc.

Les mêmes remarques — imitation verbale ou imitation moins servile mais reconnaissable du style de Térence — s'appliquent à la *Suzanna* et à l'*Hildegardis Magna*. Les autres pièces de Frischlin ne semblent rien devoir à Térence.

Oserait-on tirer des conclusions de cette revue, évidemment loin d'être complète, du théâtre néo-latin ? A première vue, on ne trouve pas de développement régulier, constant. Les auteurs qui utilisaient les six comédies prenaient ce qu'ils voulaient, peut-être ce qu'ils comprenaient : des noms de personnages, souvent sans emprunter aussi le caractère de ces personnages ; des bribes de dialogue, des tournures d'expression qu'ils jugeaient élégantes ou utiles à leurs élèves ; plus rarement des procédés dramatiques ou des éléments structuraux. Et quand ils s'en servaient, il s'agissait le plus souvent de choses qu'ils auraient pu apprendre plus facilement dans le traité de Donat ou dans ses commentaires que par l'étude des comédies elles-mêmes : division de la pièce en protase, épitase et catastrophe (la division en cinq actes provient plutôt d'Horace) ; le prologue anonyme ; les personnages « protatiques ». Quand même certains jeunes amoureux, certains domestiques, certains vieillards sévères ou indulgents doivent leurs traits à des personnages térentiens. Quant aux situations qui ont quelque ressemblance à celles de Térence, on en voit déjà dans la comédie de *Calphurnia et Gurgulio*, quoique celles-ci appartiennent souvent au répertoire comique universel ; ou dans le *Stephanium* et encore mieux dans la pièce *De duobus adolescentibus* de Hegendorff, où la ressemblance aux situations dans l'*Andrienne* est remarquable. Au contraire, la théorie de Frischlin, plutôt que sa pratique, semble battre en retraite vers les curiosités de la tropologie médiévale.

Toutefois, à certains points de vue, un développement plus clair s'esquisse. La comédie néolatine paraît abandonner la prose en faveur des vers approximativement au moment où les recherches des grands humanistes révèlent la versification de Térence. Parmi nos exemples, c'est le *Stephanium*, au commencement du xvie siècle, qui est le premier écrit en vers [32]. La même remarque s'applique, *mutatis mutandis*, à la division de la pièce en actes et en scènes. L'addition de chœurs à des pièces comiques, phénomène qui a attiré l'attention de Bolte [33], est sporadi-

---

32. Pour la reconstitution des vers du texte latin, voir notre *Térence en France*, p. 297 et suiv., et, dans le catalogue des éditions (p. 63 et suiv.) les n°s 2, 7, 8, 65, 96, 190. En effet la situation est confuse. Une édition de Venise, 1471 (n° 2) est imprimée déjà avec distinction des vers, mais l'impression des comédies comme de la prose continue, même en Italie, longtemps. Une édition parisienne de 1489 (n° 65) observe les mètres ; en 1499 une autre édition parisienne (n° 96) est imprimée en prose bien que presque chaque scène soit précédée d'un précis des mètres ! La distinction des vers de façon assez régulière ne s'établit en France qu'à partir de l'édition de 1526 par Robert Estienne.

33. *Gulielmus Gnapheus Acolastus*, p. ix.

que ; parmi nos spécimens, le premier exemple se trouve chez Reuchlin, où non seulement les paroles du chœur mais aussi la notation musicale sont imprimées ; Hegendorff a des chœurs de temps en temps dans *De duobus adolescentibus* ; Macropedius a un chœur à la fin de chaque acte ; Stummelius aussi, et parfois des morceaux lyriques éparpillés dans ses *Studentes*. Confusion des genres ? Essai de rehausser la nobilité de la comédie ? On trouve souvent chez les auteurs comiques la défense de la dignité du genre.

Quant au théâtre français de l'époque, avouons avec Lebègue que beaucoup de ces pièces n'ont pu exercer aucune influence là-dessus. Toutefois certaines pièces, même venues de loin, ont pu avoir leur petit public dans les écoles françaises ou dans les cercles instruits (car le milieu humaniste était toujours international) et ont pu apporter à l'esprit des auteurs futurs du répertoire français quelques éléments de l'art de Térence.

Harold W. Lawton.

SUR
LES AMOURS D'EURYMEDON ET DE CALLIREE

Il est entendu que ces *Amours* sont de ceux qui ont été forgés « sur le commandement des Grands ». Il se peut, cependant, qu'un poète « royal », soucieux de conserver son rang, devance le commandement de son maître ; il se peut que ce poète, tout en souhaitant répondre au goût de ce maître et de son entourage, à une date assez précise, (1572-1573 ?) fraye une voie nouvelle. Un vrai poète se quitte-t-il jamais, met-il jamais ses dons entre parenthèse ? Mais cette invention, pour une part conditionnée, nous éclairera sur l'esthétique semi-implicite d'une époque.

Les *Amours d'Eurymedon et de Calliree* [1] se composent de six pièces qui constituent un ensemble homogène. A deux pièces en alexandrins, de mètre semblable (a.a.b.c.c.b.), simplement intitulées *Stances*,

---

1. J'ai attiré l'attention sur ces textes dans *Baroque et Renaissance poétique*, Paris, Corti, 1955, p. 136-140, et dans *La Pléiade et le Maniérisme*, in *Lumières de la Pléiade*, Paris, Vrin, 1966.

succèdent un poème en alexandrins suivis, *Le Baing de Calliree, Eurymedon parle*, puis une *Elegie du Poète à Eurymedon*, « élégie » devant être pris au sens d' « épître », également en alexandrins. L'ampleur de ces quatre pièces oscille entre quatre-vingt-seize, cent-quatorze, quatre-vingts et cent-trente-quatre vers. Deux pièces plus brèves complètent cet ensemble, une *Chanson par Stances*, de six strophes de quatre décasyllabes (a.b.b.a.), et un sonnet en alexandrins où *Calliree parle contre la chasse*.

On remarquera que les vers des *Stances* I sont prononcés par Eurymedon, lequel reprend la parole dans le *Baing de Calliree* et dans la *Chanson par Stances* qui est une prière amoureuse. Les *Stances* II offrent le récit fait par le poète à son roi, de la vengeance de Diane, jalouse de ce « nouvel Actéon » qui tourmente « les repos des forests ». Dans l'*Elegie du poete à Eurymedon*, Ronsard entre en scène à visage découvert, compagnon de son maître « à la chiorme amoureuse ». Quant à Calliree, elle n'intervient que dans le sonnet de tendresse inquiète qui clot de façon incertaine, par une sorte de délicat suspens, ce petit livre d'amour. A la réserve de quelques développements mythologiques et du fragment d'un genre épique sur la chasse (*Stances* II), un ton s'impose au long des six pièces, celui de l'élégie (au sens moderne) qui venait de triompher en France, du moins dans les cercles de la Cour, avec Desportes et le néo-pétrarquisme. Mais un « sujet » ancestral transparaît partout, celui de l'amour et de la guerre, dans la forme atténuée de l'amour et de la chasse, noble jeu où la proie est finalement conquise. L'unité s'accorde ainsi avec la diversité.

I

Dans les *Stances I,* le jeune roi, que Ronsard, quelques années plus tôt, avait « institué » en sagesse et raison (*Institution pour l'adolescence de Charles IX*), avoue, en une suite prolongée de vers-sentences où se resserre et s'isole l'expression du désordre contradictoire d'un cœur amoureux, que sa vertu est serve, que sa nature a changé (v. 39). Le destin désormais le gouverne, et aussi bien la Fortune, qui semblent se confondre — comme au début du discours à Villeroy (1580) — et s'identifier à une fatalité astrale comme dans l'*Hymne des Etoiles* et en maints autres lieux. L'imagerie mythologique à laquelle Ronsard recourt plus d'une fois, en particulier dans les *Stances* II et dans *Le Baing de Calliree,* semble dès lors subordonnée à une puissance supérieure. Appartenant encore à la sphère du jeu, cette imagerie implique une crédibilité restreinte. Mais bientôt apparaît le thème majeur des *Amours d'Eurymedon et de Calliree,* thème de la lévitation, de l'envol céleste et de la métamorphose :

Mon corps est plus leger que n'est l'esprit de ceux
Qui vivent, en aimant, grossiers et paresseux.

Ici s'appellent trois ordres de comparaisons de même nature : 1° le corps, « alembiqué d'amour », est assimilé au mercure qui s'évapore « au feu d'un alchimiste » ; 2° le corps, « distillé par l'amour », est réduit à la ressemblance d'un démon,

Pareil à ces vapeurs subtiles et menues,
Que le Soleil desseiche aux chauds jours de l'Esté.

3° l'amoureux est la proie d'un amour ailé « plumeux comme un oiseau »,

> Non pour estre inconstant, léger ne vicieux
> Mais comme nay du ciel pour retourner aux cieux...

La prééminence de Vénus Uranie et celle de l'Eros platonicien s'affirment ainsi, l'amour purifiant, allégeant la matière corporelle, l'esprit tendant vers le haut pour rejoindre sa source. Et la danse du roi et d'Anne d'Aquaviva, transfigurée par le mythe de l'Androgyne, éveille l'espoir d'une métamorphose astrale :

> Si vous suiviez mon vol, quand nous ballons au soir
> Flanc à flanc, main à main, imitant l'Androgyne :
> Tous deux dansans la Volte, ainsi que les Jumeaux,
> Prendrions place au sejour des Astres les plus
> [beaux,
> Et serions dicts d'Amour à jamais le beau Signe.

Du motif de la danse, marqué d'une touche sensuelle, au thème de l'envol et de la métamorphose céleste, le glissement est aisé. Il faut ajouter, toutefois, que l'entrée imaginaire « au sejour des Astres » ne déborde pas la sphère du grand jeu poétique. Mais Calliree pèse trop lourd, aime imparfaitement et l'amant se décourage :

> Las, que feroy-je au ciel assis entre les Dieux
> ....
> Le ciel me sembleroit un grand desert sauvage.

Eurymedon demeurera fidèle à la terre et à celle qu'il a choisie et les premières *Stances* se terminent par un serment de convention, le serment par l'impossible : le monde se renversera, « le jour sera la nuict » plustost que...

II

Les *Stances* II, poème mythologique, supposent une incursion du poète dans le passé puisque il est le récit des événements fabuleux qui ont abouti à *l'innamoramento* du roi chasseur. Le lecteur descend du plan du destin et du déterminisme astral au monde des Dieux, lesquels, d'ailleurs, peuvent être appelés à réaliser, sciemment ou non, la volonté du destin. Il « ensanglante les bois de mes Cerfs », dit Diane du roi chasseur qu'il faut punir de sa faute qui est la démesure : de condition mortelle il entend, par ses exploits, s' « accomparer aux Dieux ». Et la déesse suscite devant son regard : « d'une nymphe des eaux le visage et la forme », Calliree. Destinés à s'aimer, les deux jeunes gens sont présentés symétriquement (v. 37 et 67) par une fraîche allusion à la nature :

Eurymedon entroit aux jours de son printemps...
Comme un printemps d'Avril, tout son corps estoit
[beau...

La dernière partie du poème développe, sans originalité, les effets désastreux de l'amour dans le cœur du roi, incapable de « desméler » sa langue.

Les *Stances* II s'ordonnent autour d'un morceau de bravoure et de virtuosité, qui est un peu l'équivalent de la cadence d'une pièce musicale (v. 43-60), soit le récit de la chasse qui fait du roi un nouveau Méléagre. Si le poème est inspiré dans son ensemble par les *Stanze per la Giostra* d'Ange Politien, ce passage dérive en droite ligne, comme il a été prouvé[2], de la Vènerie de Jacques du Fouilloux. Ici se pose un problème qui intéresse la poétique de Ronsard. D'un examen attentif, il résulterait que le poète a accumulé invraisemblablement « des termes qui se suivent et se pressent à la queue leu leu... », que jamais « aucun veneur n'a pu parler et écrire de la sorte ». Un chasseur tout au plus, la chasse consistant à « s'emparer du gibier par n'importe quel moyen », tandis que la vénerie est une guerre loyale. La conclusion du philologue est que le procédé de Ronsard est « extrêmement faux » et qu'il a cédé au goût du « clinquant verbal ». Car il est clair qu'il n'a pas compris le sens de quelques-uns des termes de l'art qu'il loge dans ses vers, qu'il invente même au besoin des vocables : « empaumeure » (v. 54) et, plus haut « embrunisseure », ce dernier mot fabriqué d'après brunir et bruni, qui signifie poli en vénerie. Mais le mot « embrunisseure », observe le philologue, doit représenter ici l'idée du noirci, non celle du poli (les deux significations s'excluent-elles ?). Citons Ronsard :

    Et comme s'il fust nay d'une Nymphe des bois,
Il jugeoit un vieil Cerf à la perche, aux espois,
A la meule, andouillers & à l'embrunisseure,
A la grosse perleure, aux goutieres, aux cors,
Aux dagues, aux broquars bien nourris & bien forts,
A la belle empaumeure & à la couronneure.
    Il sçavoit for-huer & bien parler aux Chiens,

---

2. François Remigereau, *Ronsard sur les brisées de La Vénerie de Jacques du Fouilloux.* Rev. du Seizième Siècle, 1932-1933.

>   Faisoit bien la brisée & le premier des siens
>   Cognoissoit bien le pied, la sole & les alleures,
>   Fumées, hardouers & frayoirs, & sçavoit
>   Sans avoir veu le Cerf, quelle teste il avoit,
>   En voyant seulement ses erres & fouleures.

Admettons que Ronsard s'est trompé plus d'une fois quant au sens, qu'il s'est sans doute peu soucié de le préciser dans sa pensée. Admettons qu'il n'a pas manqué de désinvolture (allait-on dans l'entourage de Charles IX le prendre en faute ?), et même que cette accumulation de vocables empruntés à un « art », si elle est conforme au programme de la Pléiade, n'est pas une pleine réussite. Mais de quoi s'agit-il, sinon de postposer l'*invention* à l'*élocution* ? Par simple goût du formalisme pur, du clinquant ? Plutôt par un besoin de faire *sentir*, sans nulle intention « didascalique ». Les labiales, dentales, palatales sont alors d'un secours précieux. Rappelons-nous quelle vertu Ronsard reconnaît aux lettres « r », « vrayes lettres heroïques » qui font « une grande sonnerie et baterie aux vers » (préface de la *Franciade*). Plus loin règnent les sifflantes. Mais ce qu'il convient de faire sentir, ce sont « les vives énergies de la nature » (Du Bellay), et cela à l'aide de ces figures que le même auteur, dans la *Deffence et Illustration* nomme des *energies* (livre I, chap. V). Henri Chamard nous renvoie à deux mots grecs contigus, *energeia* et *enargeia*, la première figure consistant « à rendre les choses pour ainsi dire animées et vivantes par un style tout en *action* », la seconde « à rendre les choses sensibles aux yeux par un style tout en *images* ». Celle-ci est assimilable à l'hypotypose. Les vers de Ronsard rappellent la première de ces figures, car on n'y voit rien de net. Par la force du langage, qui se substitue à la réalité, le poète tend à promouvoir, audacieusement, une réalité d'un autre ordre, qui voudrait se suffire. Considérons un instant la beauté des mots *embrunisseure, empaumeure, couronneure* (plus loin se répondent *alleure* et *fouleure*). Dans l'*Hylas*, le lecteur est invité à se pencher sous *l'entrelasseure* ombreuse des rameaux. A couronne, à entrelac, la terminaison ajoute une frange d'incertitude et aussi comme une légère rugosité *en mouvement*. Le langage poétique n'est pas composé de signes d'institution, des éléments d'un code abstrait, il prend appui sur le sens (vague) et déborde le sens.

III

Le vœu de métamorphose, qui occupe la majeure partie du *Baing de Callirée*,

> Je voudrois ce jourdhuy par bonne destinee
> Me changer d'homme en femme...

ce vœu peut être regardé, avec un peu de complaisance, comme l'expression d'une pulsion onirique, puisque la pièce précédente s'achève par la plongée du roi chasseur dans le sommeil. L'érotisme convient au rêve et la Venus animatrice du poème n'est pas la Venus céleste. Calliree est devenue Cythérée dans son bain, entourée de ses mignons. L'incantation de l'eau tourne à l'incantation du feu. L'eau du bain s'enflamme, nouvelle métamorphose. Cependant le roi-femme est transmué en un « ministre bien-heureux d'une si douce estuve ». Le voici à l'ouvrage dans l'eau qui est éprise de la belle dont on ne sait si elle est Calliree ou Cythérée à l'ouvrage dans le feu qui puise sa force aux yeux de la beauté :

> Tantost je verserois de l'eau tiede en la cuve,
> Et tantost de la froide, & d'un vase bouillant
> L'eau chaude dans la froide ensemble remeslant,
> Je laverois son corps, & dirois bien-heureuse
> Telle eau, qui deviendroit de la belle amoureuse,
> Et le feu amoureux, qui deviendroit plus chaut
> Par l'autre de ses yeux, qui jamais ne defaut.

De ce feu amoureux il est dit toutefois qu'il est immatériel comme celui des cieux, par analogie avec le mouvement ascendant de l'esprit qui purifiait l'amour dans les *Stances* I (v. 60 et suivants).

> Que n'ay-je maintenant autant de loy qu'un
> [Dieu ?
> J'attacherois la Cuve et la Cruche au milieu
> Des astres les plus beaux, & en ferois un Signe,
> Comme l'enfant Troyen des astres le plus digne.

Dans les *Stances* I signe rimait à Androgyne, la métamorphose astrale donnait aux deux danseurs (dans la pensée rêveuse du roi) l'apparence des Gémeaux. Ce sont ici les attributs de Calliree-Cythérée à sa toilette, soit la cuve et la cruche, qui trouveraient place au ciel si seulement Eurymedon avait sa nature pour un jour « en femme transformée ».

Sortant du songe, qu'il m'a semblé utile d'imaginer, le roi chasseur s'adressant à Calliree, puis à lui-même, associe l'image de deux déesses, Pallas et Diane, qui furent surprises, alors qu'elles se baignaient nues, par deux enfants trop audacieux Tiresias et Acteon, dont l'un perdit la vue, dont l'autre fut transformé en cerf. Punition légère au gré d'Eurymedon : « La corne sur le front ne fait ny mal ne bien » (est-ce un trait d'ironie ?). Toutefois, la cécité est un moindre mal :

> Qu'on me creve les yeux pour ne voir plus ma Dame.
> Le regard m'est un feu qui me consume l'ame...

IV

L'Elegie du poete à Eurymedon ramène le lecteur à la terre. Il est vrai qu'on y trouve incorporé (v. 37-69) un récit mythologique, pendant de celui qui ouvre les *Stances* II, le récit des enfances d'Amour, alimenté par l'aigre lait des bêtes forestières. Amour essaie le pouvoir de ses flèches, *premier contre les Cerfs & les Biches errantes*, puis contre les hommes et même contre les Rois. Mais s'agit-il d'autre chose que d'une vignette plaisante ? De plus, l'idée du destin s'est évanouie pour faire place à celle du « saint jugement », du « prudent jugement » (v. 99 et 103) d'un jeune roi qui a su « choisir », « élire », « sur toutes la plus belle ». Ainsi, l'amoureux n'est plus entraîné par sa folie, il prend figure de sage, le change ne l'a pas arraché à sa nature première.

Mais ce qui fait l'originalité de l'élégie, épître respectueuse et familière de Ronsard à Charles IX, c'est l'affirmation d'une sorte de compagnonnage du prince et du poète, dont une sociologie de la littérature tirerait parti. Tout d'abord, Ronsard atteste que, prompt à s'enflammer, il n'a pas laissé de contenter ses yeux de la beauté de Mlle d'Aquaviva :

Aussi bien que les Rois les pauvres ont des yeux.

Peut-il en être autrement,

> *S'il est vray que l'amour se face par les yeux ?*
> (*Le Baing de Calliree*, v. 75.)

Interprète du chagrin d'un autre Valois, Ronsard ne brûlera-t-il pas pour Marie de Clèves, vivante ou morte ? Dans l'*Elégie à Eurymedon*, son dessein principal est de faire du roi un homme parmi les hommes, de montrer l'égalité du maître et du serviteur devant l'amour. Mais il va plus loin, jusqu'à témoigner que le poète est plus à l'aise dans le monde, car la poésie l'apaise, le libère, le dire allège le poids du vivre. Si le roi subit son mal, le poète, lui, est « soulagé par le bien de [sa] plume ». Avec des mots, où passe le souvenir du sonnet I des *Regrets*, la plume est célébrée, elle

> *Emporte dans le vent toutes mes passions.*
> *Elle est mon Secretaire : & sans mendier qu'elle,*
> *Je luy dy mes secrets...*

On soulignera l'hémistiche : « & sans mendier qu'elle. » Le poète est son maître, dans l'amitié de sa Muse qui « enchante l'Amour ». On peut croire que Ronsard parle d'expérience, tout en proposant discrètement une extension à la poésie lyrique de la doctrine de la *catharsis*. Mais peut-être ce à quoi Ronsard tient le plus, et qui fonde l'égalité des hommes devant l'amour, c'est la certitude de leur nature charnelle :

> *Les hommes ne sont faits de matieres contraires :*
> *Nous avons comme vous des nerfs & des arteres,*
> *Nous avons de nature un mesme corps que vous,*

> *Chair, muscles & tendons, cartilages & pouls,*
> *Mesme cœur, mesme sang, poumons & mesmes*
> [*veines,*
> *Et souffrons comme vous les plaisirs & les peines.*

On perçoit ici l'écho du sonnet au prince de Condé, antérieur de peu (1565) :

> *Tandis que nous aurons des muscles & des veines*
> *Et du sang, nous aurons des passions humaines.*

Ainsi le poète, devant les princes, prend à la fois sa distance et sa hauteur. Face au royaume de l'imaginaire, celui du mythe, de l'opinion même, il établit fortement l'assise terrestre et charnelle de l'amour, non sans se donner néanmoins le droit de jouer sur les divers claviers de l'amour, d'éclairer plus d'un de ses aspects, de faire ressortir ses ambivalences. Si l'homme, fût-il roi, est serf de ses muscles et de ses veines, l'illusion lui est octroyée de céder à un « beau désir » (v. 69), d'aimer une femme « parfaite et divine » (v. 77). Au reste le sonnet à Condé nous dévoile en son dernier vers une philosophie plus riche et plus angoissante :

> *Et l'homme cependant n'est sinon qu'une fable.*

V

Dans la *Chanson par stances*, Eurymedon adresse une supplication à Calliree, en nouant ensemble, dans une même volonté de métamorphose, le symbole de l'eau et celui du feu. Elle est « eau vive », eau pure, sortie du rocher, et il voudrait la boire ou se fondre en elle : *Eau devenu, en ton eau je vivray*

Plongé dans toy...

Des désirs de même sorte, une semblable imagerie, d'essence érotique, onirique, se faisaient jour dans le sonnet 20 des *Amours de Cassandre :*

> *Je voudroy bien pour alleger ma peine*
> *Estre un Narcisse et elle une fontaine*
> *Pour m'y plonger une nuict à séjour...*

Calliree résisterait-elle, le roi frustré imaginerait alors une autre métamorphose en un feu vengeur, qui consumerait cette eau impénétrable.

VI

La dernière pièce, *Calliree parle contre la chasse*, est un sonnet très beau qui unit de la façon la plus heureuse le sentiment de la nature et le sentiment mythologique :

> *Celuy fut ennemy des Deitez puissantes,*
> *Et cruel viola de nature les lois,*
> *Qui le premier rompit le silence des bois,*
> *Et les Nymphes qui sont dans les arbres naissantes :*
> *Qui premier de limiers & de meutes pressantes,*
> *De piqueurs, de veneurs, de trompes & d'abois*
> *Donna par les forest un passetemps aux Rois*
> *De la course du sang des bestes innocentes.*
> *Je n'aime ny piqueurs, ny filets, ny veneurs,*
> *Ny meutes ny forests, la cause de mes peurs :*
> *Je doute qu'Arthemis quelque sangler n'appelle*

> *Encontre Eurymedon, pour voir ses jours finis,*
> *Que le dueil ne me face une Venus nouvelle,*
> *Et la mort ne le face un nouvel Adonis.*

Le lecteur ignorait jusqu'à ce point les sentiments de la jeune fille. Aimait-elle ? Seuls se faisaient entendre le prince et le poète, et le prince semblait guéri de sa passion pour la chasse, tout à l'amour. Une voix féminine, charmée, se plaint ici sur un ton qui est celui de la confidence, mais d'une diction parfaite, subtilement cadencée. Cette voix italienne semble s'inquiéter des goûts un peu grossiers d'un roi un peu barbare. Dans le premier quatrain, elle prend le parti des dieux et des déesses contre le chasseur outrecuidé. Tel un bucheron aveugle ne viole-t-il pas à la fois le silence

> *Et les Nymphes qui sont dans les arbres naissantes...*

Art étrange, admirable, d'accorder le verbe être et l'adjectif verbal de mouvement, renvoyé à la fin du vers. Dans le second quatrain, Calliree prend la défense des « bêtes innocentes » contre le chasseur impitoyable. Par ces deux détours, elle voile d'abord sa peur, qu'elle découvre ensuite et qui se concrétise poétiquement par une allusion délicate, enveloppée, à l'histoire de Vénus et d'Adonis. Mais la mort est présente in extremis, comme un serpent sous les fleurs, la mort qui pose sa touche froide au terme de ces chants d'amour et de grandeur mondaine.

Ronsard a parlé au nom d'un roi et d'une demoiselle d'honneur. Sa maîtrise s'est affirmée dans sa manière de disposer ces divers registres de la poésie d'amour, tout spécialement de ceux qui correspondent à l'esprit de la cour. Peut-être devrait-on s'étonner qu'un poète aussi parfaitement viril soit entré avec une telle aisance dans les sentiments de crainte un peu effarouchée d'Anne d'Aquaviva. Mieux vaut marquer sa surprise devant le monde si naturellement artificiel, où l'artifice est si bien passé en nature, que suggèrent *les Amours d'Eurymedon et de Calliree*. Je pense à l'imagerie mythologique, transparente et presque toujours compréhensible au premier abord ; davantage à l'élocution, aux trouvailles stylistiques (vers isolés ou laisses), à la charpente souple et solide de l'alexandrin, à une virtuosité et sûreté dans le jeu verbal qui contribuent à engendrer, au-delà de tout « mauvais goût », un discours poétique s'imposant au lecteur comme un noble exercice et comme l'expression d'un état de culture qui est celui du poète s'accommodant au milieu royal.

L'amour a sa racine dans le corps. La poésie, de son côté, s'alimente dans une nature forestière. A partir de là, toutes les transfigurations sont possibles, qui tendent à une allégorisation totale de la vie de cour, à une divinisation de cette vie — non sans protestation de la part des dieux, laquelle rend plus éclatante la grandeur des princes. Parmi les allusions à Vénus et à Diane, le thème de l'eau et celui du feu établissent leur empire. Née d'une source, Calliree est rêvée dans une « douce étuve ». Le feu est matière et esprit, et le feu du regard, qui est celui de l'amour, rejoint le feu du ciel. Mais c'est toute la poésie qui subit une poussée ascendante, qui cède à un mouvement d'effervescence et d'incandescence. Le thème des contradictions de l'amour, partout présent dans la poésie depuis Pétrarque, importe moins que celui de la métamorphose, sous ses diverses formes. Le roi se voudrait femme-mythologique et astrale. Ce serait passer les limites de cette esquisse que de montrer comment viennent converger en ces poèmes quelques reflets de l'art maniériste de Fontainebleau ou de l'Italie.

Marcel R<small>AYMOND</small>

A PROPOS DE RONSARD

UN DERNIER MOT
SUR LA QUESTION DE L'AUTOCORRECTION

C'est la dernière fois, j'en prends l'engagement, que je reviens sur un problème que j'ai déjà traité à trois reprises au moins [1]. L'occasion m'en est offerte par la publication récente de l'importante thèse pour le doc-

---

1. A la fin du Livre Premier de mon *Ronsard poète de l'amour*, sous-intitulé *Cassandre*, Bruxelles, Palais des Académies, 1952, cf. in chap. v, « Le Premier livre des *Amours* », p. 232-259 et, pour les notes 94-150, p. 266-270 ; à la fin du Livre II, qui porte le sous-titre *De Marie à Genèvre*, du même ouvrage, *ibidem*, 1954, cf. tout le chap. v, « Ronsard autocorrecteur », p. 253-300 et, pour les notes au nombre de 121, p. 301-309 ; dans l'article *Ronsard autocorrecteur des « Sonets pour Helene »* du recueil d'essais sous forme d'hommages à Marcel Raymond, *De Ronsard à Breton*, Paris, Librairie José Corti, 1967, cf. p. 17-34. Il m'était arrivé avant de rédiger cet article, mais incidemment, d'examiner quelques retouches apportées par Ronsard, entre 1578 et 1584, aux poèmes dédiés à Mlle de Surgères ; cf. les notes, *passim*, des chap. VIII, IX et X du Livre III du *Ronsard poète de l'amour, ibidem*, 1959.

torat ès lettres présentée en Sorbonne par M. Louis Terreaux, chargé d'enseignement à la Faculté des Lettres de Poitiers, *Ronsard correcteur de ses Œuvres : les variantes des « Odes » et des Deux Premiers Livres des « Amours »* [2].

Il me plaît d'abord de louer sans réserve l'admirable conscience de cet *opus magnum*. A l'heure où les « thésards » de la stricte observance sont contestés, voire ridiculisés, en France par des révolutionnaires préoccupés avant tout de laisser couler l'eau par le plus bas et de se cacher la tête sous le mol oreiller d'une démagogie facile, il est réconfortant de constater qu'une grande tradition ne s'est pas perdue. La tradition qui veut qu'à l'exemple des élèves de Dorat à Coqueret, lesquels ne quittaient la chandelle la nuit que pour se réchauffer une heure ou deux sous la couette encore tiède de l'empreinte qu'y avait laissée le corps du compagnon de studieuse veille, le maître commence par l'apprentissage, d'aventure le plus ingrat.

M. Terreaux a voulu, comme il le dit en toute modestie dans une « Conclusion générale » (p. 697-699) qui me paraît un modèle d'objectivité et de mesure, fournir à qui veut s'interroger sur le véritable visage de Ronsard autocorrecteur (« Qui est l'auteur authentique ? Celui du premier jet ? Celui de la *recréation ?* », p. 697 ; c'est M. Terreaux qui souligne) « des faits et des critères ». Il manie ses balances avec une rigueur inflexible. Il souligne, à bon droit, que nous ne pouvons ni négliger ni minimiser l'importance d'un travail d'autocorrection, sorte de passage au crible continuellement repris sur nouveaux

---

2. Genève, Librairie Droz, 1968, 752 p.

frais, qui ne dure pas moins de trente et un ans ; il montre que, suivant les époques, la revision a été plus ou moins poussée (les *Odes* sont le plus retouchées dans la réédition de 1555, le Premier Livre des *Amours* dans la cinquième édition collective de 1578, les *Continuations des Amours* dans la première et dans la cinquième édition collective, respectivement en 1560 et en 1578) ; il remarque finement que l'opération de *rifacimento* se révèle plus systématique, selon les époques, sur tel ou tel point particulier (c'est ainsi qu'en 1555, lors de la troisième édition des quatre premiers livres des *Odes*, le remanieur s'attaque aux répétitions de synonymes, qu'en 1567, date de la deuxième édition collective, il poursuit de sa traque attentive les pronoms *il*, *elle*, le *relatif lequel*, qu'en 1578 il s'en prend aux interjections qui faisaient le halètement des *Amours* à Cassandre, qu'en 1578 et en 1584, date de la sixième et dernière édition collective, il élimine les adverbes en -*ment*) ; il fait ressortir avec bonheur que, suivant les recueils, la revision « n'a pas toujours eu exactement la même orientation », les variantes lexicologiques ou grammaticales se présentent moins fréquemment dans les *Continuations...* que dans les *Odes* et les *Amours*, les *Continuations...* — on s'en serait douté — étant seules à poser des problèmes relatifs au « stille bas ».

Quant à son sentiment personnel, M. Terreaux le suggère de façon nuancée [3]. Certes, Ronsard aura éprouvé le besoin de « *normaliser* une langue à la fois

---

3. *Une Révision nuancée,* tel est d'ailleurs le titre de son Livre Premier (p. 47-477), qui se termine sur une conclusion ainsi présentée : « Une rhétorique plus prudente ».

archaïsante et neuve » dont il redoute et le vieillissement et les risques inhérents à toute manœuvre langagière par trop hardie en ses trouvailles. Mais le vrai problème ne se poserait pas en ces termes : langue démodée ou en avance sur son temps, langue fidèle à un usage qui s'établit ? Le vrai problème est celui de la création d'un langage poétique, de ce que M. Terreaux appelle assez joliment « un langage *à part* ». Nous touchons à l'autonomie du français littéraire dans le champ de la poésie. Quand il restreint — *volens nolens* peut-être — la liberté de l'imagination au profit des exigences de la logique, quand il sacrifie tout ce qui lui paraît « marginal ou anomal » pour se rapprocher le plus possible d'une *koïnè* où se reconnaîtraient tous les tenants de la Pléiade et leurs innombrables épigones, Ronsard ne remet-il pas en question la doctrine qu'il avait exaltée sur l'originalité du *vates* et sur la valeur sacro-sainte de l'inspiration ?

Il y a bien, si je ne m'abuse, un arrière-goût d'amertume dans cette « Conclusion générale », elle-même très prudente, de M. Terreaux. Conclusion à laquelle je me rallierais, avec une insistance sur le regret que pareille sagesse de la part du Grand Pan de la Renaissance nous donne, si M. Terreaux, mû par un scrupule d'honnêteté qui l'honore, ne se croyait tenu de déclarer que « cette attitude (de Ronsard) eut sa grandeur et n'autorise pas de verdict hâtif », si, de surcroît, il n'avait décoché ce dernier trait qui me fait l'effet de la flèche du Parthe et me laisse pantois : « ... l'exemple du poète travaillant comme s'il pressentait l'esthétique classique n'est-il pas, quand on y songe, simplement audacieux et révolutionnaire[4] ? » Il me faut

---

4. L'épithète à la mode.

réagir. Les choses étant ce qu'elles sont, je me sentirais trop malheureux — et je commettrais un péché par prétérition — si je laissais s'accréditer cette légende que Ronsard autocorrecteur préfigure la technique de Malherbe. M. Terreaux ne va pas jusque-là ; il s'en défend même expressément ; mais d'autres, moins avisés, plus soucieux de casser des vitres, pourraient bien déboucher sur pareil paralogisme.

Je suis d'autant plus décidé à relever le gant que M. Terreaux n'a pas connu (il n'aurait pas pu le connaître, même dans les *Additions et Corrections*) mon article déjà cité du recueil d'hommages à Marcel Raymond, où je crois avoir fait la preuve qu'en 1584, s'agissant des *Sonets pour Helene,* Ronsard qui de l'avant-dernière à la dernière édition publiée de son vivant se corrige peu (dans cinquante-deux pièces seulement sur cent quarante-neuf) se corrige mal : trente retouches vraiment heureuses sur cent quatre-vingt-sept, l'hésitation étant permise entre la leçon originale et la version remaniée pour une soixantaine de cas ; ce qui revient à dire, dans la meilleure hypothèse pour les tenants de l'opinion que je n'ai cessé de combattre, textes affrontés, que la plume du « regratteur » se serait à peine révélée heureuse une fois sur trois.

M. Terreaux me fait l'honneur, auquel je suis sensible, je l'avoue, de m'appeler « le fougueux porte-parole de l'opposition » (p. 15), de cette opposition qui rassembla les Et. Pasquier, les Cl. Dupuy, les G. Colletet, les G. Ménage et qui, après Sainte-Beuve (avec des nuances) et Blanchemain, a trouvé de valeureux champions comme H. Vaganay, P. de Nolhac et G. Raybaud. Il veut bien déclarer, ce dont je me sens à la fois confus et ravi, qu'il répute mon goût « indiscutable » (*ibidem*). Il souscrirait volontiers « à bien des conclusions » (p. 18) que je propose sur la foi de mes pesées. Pourtant, une hésitation le retient de se ranger à son tour sous l'étendard du « camp hostile ». (Pour le dire en passant, je ne comprends pas pourquoi les partisans, à la suite de Cl. Binet, de l'opinion selon laquelle Ronsard, correcteur sagace, aurait atteint à « l'excellence et perfection de bien dire » : les J. Vianey, P. Laumonier, H. Chamard, A. Feugère, Ch. Guérin, R. Lebègue auraient le droit de se réclamer de je ne sais quelle orthodoxie.)

C'est une analyse subtile de mon excellent collègue Henri Weber qui l'a mis en défiance contre mes conclusions jugées trop péremptoires. En 1961, soit deux ans après l'achèvement de mon *Ronsard poète de l'amour,* le professeur de « mon » Université montpelliéraine nous livrait les résultats d'une étude sur *Les corrections de Ronsard dans les « Amours » de 1552* [5]. On connaît, depuis les deux volumes *La création poétique au seizième siècle en France de Maurice Scève à Agrippa d'Aubigné* [6], la position de l'historien des idées et des formes qui, par-delà l'examen des rapports entre les données de l'histoire et la création poétique, se préoccupe des relations entre les procédés de style, comme l'image, l'antithèse, le rythme, et, d'une part, les caractères essentiels d'une nation à chaque moment de son développement, d'autre part, le tempérament du poète saisi lui-même dans son évolution. Quand il introduit ainsi le facteur historique dans le jugement de valeur esthétique à porter sur les étapes de l'aventure amoureuse dont rend

---

5. In *Studi in onore di Vittorio Lugli e Diego Valeri,* Venezia, Neri Pozza, t. II, p. 989 et sqq.
6. Paris, Nizet, 1956, 774 p.

témoignage la *Délie,* sur les thèmes et leur traitement de la poésie amoureuse de la Pléiade, sur les élégies et les satires de Joachim du Bellay, sur l'inspiration cosmique et philosophique qui va du *Microcosme* de Scève à la *Première Semaine* de du Bartas, sur les *Discours...* de Ronsard poète engagé, sur le sens de l'apocalypse et sur le symbolisme des sensations chez l'Agrippa d'Aubigné des *Tragiques,* Henri Weber renouvelle la critique dans la mesure où la dynamique de l'histoire prend le pas sur la contemplation statique de l'œuvre de beauté considérée comme achevée, parfaite.

J'ai toujours cru au jeu des connivences, qui, pour moi, ne sont jamais le fait du hasard. Il me plaît que M. Henri Weber ait entrepris de colliger les articles que ses nombreux amis, collègues, disciples affectionnés offrent à Pierre Jourda, doyen honoraire de la Faculté des Lettres de Montpellier, au moment où il va prendre dans ses vignes de Saint-Félix l'*otium cum dignitate*. Comment pourrais-je oublier que je dois à mon très cher Pierre Jourda de porter l'épitoge d'une des plus vieilles universités du monde ? Tout se tient. L' « Œuf » de Ronsard, l'œuf symbolique offert en une sorte de jeu galant à une destinataire inconnue, ce sonnet d'allure assez hermétique qui se rattache au courant de pensée de l'Encyclopédie traditionnelle rajeuni par les néo-platoniciens n'est qu'un prétexte pour Ronsard amoureux de la forme ronde à une nouvelle démonstration de la loi secrète de l'univers : la sphéricité absolue [7]. Des corrections de Ronsard à

---

7. Le curieux sonnet « Je vous donne des œufs. L'œuf en sa forme ronde... » a paru pour la première fois sous le n° LVI dans les *Amours diverses* qui suivent les *Sonets*

Pierre Jourda en passant par Henri Weber qui aiguillonna la pensée de Louis Terreaux, quelle jolie application de la merveille de la sphère !

*
* *

Il est temps d'en venir à mon propos.

Attentif à mes jugements sur les corrections des *Amours* de 1552, M. Henri Weber fait remarquer non sans finesse : « Il ne suffit pas de calculer le nombre des répétitions exclamatives ou des reprises de mots supprimées, il faudrait examiner la valeur de chaque exemple et la relation entre les rythmes et les mots pour que le jugement soit équitable [8]. » Ce qui signifie en termes clairs que les dénombrements statistiques n'ont que faire avec la catégorie du goût. En vérité, pourtant, l'esprit de finesse est ici une toile d'araignée sur laquelle on ne peut rien construire. M. Weber me fera la charité de n'exiger point, du « peseur de mots » que je me suis condamné à être, qu'il sépare à chaque cas d'espèce les brebis d'avec les boucs. Une édition retouchée d'un recueil de Ronsard, une édition collective forme un tout. Comment pourrait-on, en 1968, retomber dans le travers de maints éditeurs de textes médiévaux, lesquels, piquant un mot dans tel manuscrit, un hémistiche dans tel autre, corrigeant

---

pour *Helene* de l'édition originale de 1578 ; il passera plus tard (1584) dans les *Sonnets à diverses personnes.* Cf., à ce sujet, mon *Ronsard poète de l'amour,* Livre III, p. 193 et la n. 42, p. 198-199 ; mais surtout l'excellent commentaire d'André Chastel sous le titre *L'Œuf de Ronsard,* in *Mélanges d'Histoire littéraire de la Renaissance offerts à Henri Chamard,* Paris, Nizet, 1951, p. 109-111.

8. *Loc. cit.,* p. 1014.

une rime qu'ils estimaient jurer avec leur propre *rimarium,* déplaçant un décasyllabe, interpolant une glose, n'aboutissaient qu'à ce résultat (peut-être secrètement cherché) : faire parade de leur virtuosité à écrire dans la langue d'un Béroul ou d'un Chrétien de Troyes ?

Le reproche que m'adresse Henri Weber va plus loin, et M. Terreaux s'en est parfaitement rendu compte : « D'une manière plus générale, ne convient-il pas, avant de juger les corrections, de les expliquer d'abord à la lumière de ce que nous savons sur *le mouvement de la langue, les fluctuations du goût* (c'est moi qui souligne) chez les contemporains de Ronsard et chez Ronsard lui-même ? » (p. 18). La « Conclusion » de la première partie du Livre II de M. Terreaux renchérit sur l'exigence d'une critique diachronique : « Voilà pourquoi on ne peut examiner les variantes de façon fragmentaire : il faut les situer dans le plan général de révision, *sans omettre les tendances du style contemporain* (c'est encore moi qui souligne) dont Ronsard sent bien qu'il porte la responsabilité » (p. 637). Nous tombons à pieds joints dans la linguistique évolutive.

Pour ma part, en dépit des conseils de prudence que je découvre à travers les mises en garde de M. Weber et les réticences d'ailleurs aimables de M. Terreaux, je vais délibérément brûler mes vaisseaux, quitte à paraître brutal dans cette « querelle des variantes ». Non, non et non, Ronsard lyrique n'avait pas à se corriger quand, les feux éteints de la dévorante passion dont il brûla pour Cassandre, il réédita ses *Amours* de jeunesse. J'ai fait la démonstration, tout du long de mon *Ronsard poète de l'amour* (*passim*) — et j'y suis revenu dans mon article *Les variétés métriques de Ronsard poète de l'amour* incorporé au recueil « Lumières de la Pléiade [9] » — d'une vérité d'évidence : le vers propre à chanter la Salviati, Ronsard a voulu qu'il fût le décasyllabe, non l'alexandrin. M. Terreaux en convient plus d'une fois [10] ; je lui en sais gré. Il me fournit lui-même, au demeurant, ce que je considère un peu comme un tremplin pour mon nouveau bond en avant lorsqu'il observe que je suis « intéressé essentiellement à l'étude des mouvements lyriques [11] ». Grands dieux, à quoi s'intéresser d'autre quand on a choisi pour objet de son étude « le premier auteur Lirique François [12] ?

J'ose affirmer aujourd'hui que mes pesées rigoureuses de 1952 et de 1954, mes confrontations accidentelles de 1959, mon étude récente sur les corrections intervenues en 1584 dans les *Sonets pour Helene* étaient, à le bien prendre, efforts inutiles, peines d'amour perdues. Pour la seule et suffisante raison qu'un poète lyrique *ne peut pas se corriger* ; ou, s'il se corrige, il nous propose un autre poème.

Qu'on m'entende bien. Je ne nie pas l'intérêt, du point de vue psychologique ou du point de vue historique, de certaines corrections, dans certains poèmes. Corrections de décence, par exemple. On doit admettre que l'homme sur l'âge, même s'il vit

---

9. In *De Pétrarque à Descartes*, t. XI, contenant les communications présentées au Neuvième stage international d'études humanistes, organisé à Tours en 1965, sous la direction de Pierre Mesnard, p. 363-390.
10. Cf. *op. cit.*, par exemple, p. 11 et n. 15, ou la n. 59 de la p. 262.
11. Cf. *op. cit.*, p. 15.
12. In préface *Au lecteur* de l'édition originale (1550) des *Quatre Premiers Livres des « Odes »*.

> ... comme au Printemps de nature amoureux,
> (*Sonets pour Helene*, II, 10, v. 10).

éprouve le besoin de mettre la sourdine sur la lyre à la corde de boyau. Je concède aussi de bonne grâce que le contexte historique soit de nature à modifier certaines perspectives. Pour ne pas alourdir cet article de références, je me bornerai à proposer deux échantillons prélevés chez le *Ronsard poète engagé* [13]. Dans les *Responses* (...) *aux Injures et Calomnies de je ne sçay quels Predicans, et Ministres de Geneve*, on pouvait lire cette délicieuse profession de foi :

> J'ayme à faire l'amour, j'ayme à parler aux femmes,
> A mettre par écrit mes amoureuses flames,
> J'ayme le bal, la dance, et les masques aussi,
> La musicque et le luth, ennemis du souci ;

suppression en 1578 : correction de décence [14]. Le texte original de l'*Elegie à Guillaume Des Autels...*, le gentilhomme charolais catholique, qui paraît à la fin du 5ᵉ Livre des *Poëmes* de 1560, se bornait à prêcher la tolérance, la pacification des esprits et des cœurs ; aux ballots séditieux de propagande introduits clandestinement de Genève qu'on réplique seulement par la bonne parole :

> Car il fault desormais deffendre noz maisons,

---

13. C'est le titre d'une communication que j'ai présentée à mes confrères de l'Académie royale de langue et de littérature françaises, le 8 janvier 1966. Pour le texte, cf. *Bulletin de l'Académie royale de langue et de littérature françaises*, Bruxelles, Palais des Académies, t. XLIV, n° 1, 1966, p. 5-22.
14. Pour le dire en passant, décence s'appelle ici pudibonderie.

Non par le fer trenchant mais par vives raisons ;

or voici que deux ans plus tard, en 1562, au plus aigu de la guerre de religion, une correction significative :

Et par le fer trenchant *et* par vives raisons

marque le passage de la bataille des idées à l'action directe, de la contestation à la violence ; correction d'un vif intérêt historique, mais à l'écart du lyrisme.

**
* **

Je dirai un mot rapidement pour finir sur les enseignements que peuvent tirer des corrections d'un écrivain linguistes et historiens et d'abord historiens de la langue. Nous sommes avec Ronsard amoureux ou pindarique en poésie, nous ne voulons pas — nous ne pourrions pas — sortir du lyrisme. Lyrisme = mouvement, je l'ai dit, répété aux pages de mon *Ronsard poète de l'amour*[15]. Singulièrement, on ne comprend rien au gentilhomme vendômois chantre passionné de l'amour qu'il ressent pour Cassandre si on n'entre pas en connivence avec ce lyrique véhément, torrentiel, débordant de cadences, ruisselant d'harmonies dont l'allure à nulle autre pareille est la loi.

Pour fortifier ma position, qui n'est pas de repli après les critiques qui m'ont été adressées mais d'audace, volontiers ferai-je appel à trois autorités : un poète qui n'a cessé de réfléchir sur les mystères de l'action créatrice qu'est le poème, un critique de goût, un lyrique très fin.

---

15. Cf. surtout Livre I, p. 75 et sqq., ou encore Livre III, p. 349.

Si on s'est cassé les dents à prétendre définir la poésie, on peut tomber assez facilement d'accord sur la notion de poème. Nul ne s'en est mieux expliqué que Paul Valéry dans cette page dont on n'aura jamais fini d'épuiser la richesse, *L'amateur de poèmes* [16] :

> « Un poème est une durée, pendant laquelle, lecteur, *je respire une loi qui fut préparée ;*...
> « *Je m'abandonne à l'adorable allure* : lire, vivre où mènent les mots. *Leur apparition est écrite. Leurs sonorités concertées. Leur ébranlement se compose d'après une méditation antérieure*, et *ils se précipiteront* en groupes magnifiques ou purs, *dans la résonance*. Même mes étonnements sont assurés : ils sont cachés d'avance, et *font partie du nombre*.
> « *Mû par l'écriture fatale,*...

et cette cauda qui est une clef :

> « ... je pense par artifice, *une pensée toute certaine, merveilleusement prévoyante*, — *aux lacunes calculées, sans ténèbres involontaires, dont le mouvement me commande et la quantité me comble* : *une pensée singulièrement achevée* ».

Tout commentaire rayerait ce pur diamant. Que penser, après cela, des corrections d'un *lyrique,* sinon pour les déplorer avec Ronsard en personne ? De Ronsard qui, d'après une confidence rapportée dans les *Perroniana* [17], remontait à quelque aristarque l'encourageant à émonder ses *opera omnia* : « Mon

---
16. Se reporter à l'édition des *Œuvres* dans la « Bibliothèque de la Pléiade », Paris, Gallimard, 1957, t. I, p. 95. — Les soulignages sont de moi.
17. Genève, 1699, article « Ronsard », p. 284.

bon amy, il fasche bien à un pere de coupper les bras à ses enfans. »

Le critique averti à qui je ferai référence, c'est mon regretté collègue et ami Servais Etienne, de qui toute la carrière universitaire se sera résumée, peut-on dire, en une patiente leçon d'initiation à l'art de lire les poèmes, leçon qu'il proposait pour leur plus grand profit à ses élèves devenus presque tous ses disciples. J'ai rappelé son visage, l'exercice qu'il pratiqua de sa vocation d'émondeur, dans un récent *in meroriam*[18]. La langue d'Etienne avait quelque chose d'exemplaire, par la justesse du propos, par la fermeté du ton, par l'articulation du raisonnement. On pourrait extraire de ses compendieuses réflexions bien des aphorismes :

> Lire, c'est obéir au pouvoir significatif des mots (...) ; obéir au pouvoir significatif des mots, c'est être fidèle au poète, celui-ci ayant choisi, parmi tous les moyens artistiques, les mots d'une langue dont il a la maîtrise,...
>
> ... seule la page blanche n'a pas de sens et seule elle est prête pour tous les poèmes que l'on voudra ; mais dès le titre, un poème est déjà orienté : le premier mot déjà écarte la foule des autres poèmes qui commencent autrement, le second mot et les suivants chacun à son tour redressent les hésitations de l'esprit.
>
> ... un mot a plusieurs sens dans le dictionnaire, mais dans un contexte donné il n'en a qu'un[19].

---

18. *Servais Etienne (1886-1952)*, in *Liber Memorialis* de l'Université de Liège de 1936 à 1966, Notices biographiques, Liège, Rectorat de l'Université, t. II, p. 150-159.

19. Se reporter à la deuxième réédition de *Défense de la philologie* que nous avons procurée, Robert Vivier et moi, Bruxelles, La Renaissance du Livre, Collection « La Lettre et l'Esprit », 1965, 209 p. Les passages cités (p. 176,

Vous corrigez un poème, vous dérangez les mots, l'ordre et le « signifiant » des mots : vous faites un autre poème.

Ma troisième autorité sera Marcel Thiry, l'ami fraternel. Poète à l'état pur, « un poète ingénu », comme il se définit lui-même, « un ilote un peu désenivré par l'âge, mais encore assez près de l'ivresse pour en dire sans apprêt les leçons rapportées [20] ». *Le poème et la langue,* une suite de subtiles variations, nous introduit dans les arcanes du Temple. Marcel Thiry n'hésite pas à déclarer que « le don du poète est de changer la nature de ce qu'il touche ». « Le poète modifie, c'est sa fonction. » Cela l'amène à s'interroger sur « les rigueurs de l'ordre dans l'invention d'une forme libre ». L'exemple qu'il produit est, d'après la fameuse *Genèse d'un poëme*[21], une mise en formule de la structure métrique et du système de rimes du poème *Le Corbeau* de Poe. Formule qui n'est pas brève : « *Le Corbeau comporte dix-huit strophes de six vers trochaïques, soit cinq octamètres et un tétramètre final. Dans chaque strophe, les deuxième, quatrième et cinquième octamètres et le tétramètre sont catalectiques, c'est-à-dire qu'ils ne comptent respectivement que sept pieds et demi et trois pieds et demi. Les dix-huit*

180-181) sont extraits du discours de réception à l'Académie royale de langue et de littérature françaises, le 15 octobre 1936, publié dans le *Bulletin de l'Académie...,* t. XVII, 1938, n° 3, p. 44-52.

20. Se reporter à l'Avant-Propos de l'essai *Le poème et la langue,* Bruxelles, La Renaissance du Livre, 1967, 164 p. Le passage de l'Avant-Propos se lit p. 10. Les autres citations et l'analyse métrique et des rimes du *Corbeau* se trouvent dans le chap. I : « Le poète modifie », p. 13-20.

21. Cf. in « Bibliothèque de la Pléiade », Edgar Allan Poe, *Prose,* Paris, Gallimard, 1956, p. 991-1009.

tétramètres se terminent par le même mot, qui fait ainsi refrain à la fin de chacune des dix-huit strophes. Ce mot rime avec les deuxième, quatrième et cinquième vers de chaque sizain, de sorte qu'une seule rime dominante revient soixante-douze fois sur les cent huit vers du poème. Dans chaque strophe, le mot à la rime du quatrième vers est répété à la rime du cinquième. Le premier et le troisième vers ne riment pas entre eux ni avec aucun autre. Mais le premier vers rime avec son propre hémistiche ; le troisième vers rime avec son propre hémistiche et avec le premier hémistiche du quatrième, de sorte qu'en fait, si l'on constitue en vers autonomes les hémistiches rimant entre eux, chaque strophe commence par un distique de tétramètres qu'un octamètre catalectique sépare d'un tercet de tétramètres. »

De Ronsard à Edgar Poe c'est toute la distance qui sépare l'aventure lyrique de l'ordre ; la leçon est la même. Elle nous est donnée par le poète du *Corbeau* : « ... rien de ce qui peut ressembler, même de loin, à cette combinaison, n'a été tenté jusqu'à présent » (*loc. cit.*, p. 1005). Et que les partisans des *rifacimenti* en prennent leur parti. Robert Vilier l'a dit excellemment : « Il y a poème quand aucun mot ne peut plus être changé ni changé de place. »

*
* *

« Bien entendu, sur tout cela ne me faites pas dire ce que je n'ai pas dit », pour parler à peu près comme Montherlant. Si je me place un instant sur un terrain qui n'est pas le mien, il y a beaucoup à retenir de la thèse magistrale de M. Louis Terreaux, surtout pour ce qui regarde son Livre Premier, consacré en ordre principal à des faits de grammaire ou de vocabulaire.

Il nous montre successivement un Ronsard respectueux de la grammaire quand il débarrasse l'expression de ce qui pourrait l'alourdir, choquer l'oreille, quand il corrige (par exemple, un singulier par un pluriel) des emplois que conditionnent les exigences de la métrique, quand il renonce à des archaïsmes, voire à des néologismes déjà obsolètes, à des valeurs désuètes, ou même à des valeurs nouvelles insuffisamment affermies. L'historien de la langue n'aura plus qu'à faire son miel ; et, malgré le *Dictionnaire*... de mon vieux maître Huguet souvent dépassé, il y aura lieu, dans la ligne de M. Terreaux, de revoir de près le livre de mon bon maître Ferdinand Brunot sur l'*Histoire de la langue française* au Seizième Siècle, celui dont j'écris toujours le nom avec les deux majuscules (de déférence) à l'initiale.

Sur le chapitre du style M. Terreaux, l'avouerai-je, m'a paru beaucoup moins convaincant. Pour ne choisir que ce cas, je ne suis pas du tout sûr que le remanieur ait eu raison de « pourchasse(r) avec tant de zèle les interjections, les exclamations et surtout les reprises de mots ». En agissant de la sorte le lyrique vieillissant ne se souciait pas le moins du monde de l'équilibre — un équilibre difficile — entre la poésie et le naturel : il se châtrait [22].

Fernand DESONAY,

---

22. L'expression n'est pas de moi, mais d'Etienne Pasquier : « Ronsard fut grand Poëte entre les Poëtes, mais très-mauvais juge et Aristarque de ses œuvres : car deux ou trois ans avant son decés (*il ne s'agit donc pas de l'édition posthume*), estant affoibly d'un long aage (...), cette verve poëtique l'ayant presque abandonné, il fit réimprimer toutes ses Poësies en un grand et gros volume, dont il reforma l'oeconomie generale, *chastra* son livre de plusieurs belles et gaillardes inventions... », in *Recherches de la France,* VII, VI, *in fine,* éd. de 1723.

MARGUERITE DE NAVARRE
ET LE BARON DE JARNAC
d'après une correspondance inédite de la reine

I. Une lettre et sa date

« Mon cousin, j'ay receu par le gentilhomme présent porteur les lettres que vous m'avez escriptes, lequel vous advertira de la depesche qu'il a eue par deçà, vous asseurant qu'il me desplaist que je n'ay meilleure occasion de m'employer à vous faire plaisir selon la bonne affection que j'ay de long temps portée à vostre maison. Cedict porteur vous comptera de noz nouvelles et comment le Roy de Navarre et moy sommes sur nostre partement pour retourner devers le Roy, comme il luy a pleu le nous mander par le sieur Dessay.

Sur ce, mon cousin, je prie Dieu qu'il vous ait en sa saincte garde.

Escript de Pau le premier jour de mars.

Vostre bonne cousine,
Marguerite. »

(Adresse.) « A mon cousin Monsr. de Jarnac. »

C'est ici une lettre inédite de Marguerite. Elle provient de la dispersion d'un lot éminent des archives Chabot-Jarnac, récent événement considérable pour les seiziémistes [1].

Cette lettre [2] est l'une des très rares qu'il faut aujourd'hui ajouter au répertoire de la correspondance de la princesse, si bien dressé (comme on sait) par Pierre Jourda, il y a pourtant déjà des années [3].

L'épître est du « 1er mars ». On peut préciser : 1535, comme l'indique, sur le document, une mention non contemporaine mais ancienne [4]. J'entends 1535 n. st. Car, à la même saison de l'an 1536, Marguerite voyage dans une tout autre région, elle est à Lyon ou aux environs [5]. En revanche, courant les premiers mois de 1535, elle est bien dans sa région du sud-ouest [6]. Séjour où s'inscrit au moins un événement digne de remarque, rappelant que l'évangélisme restait toujours la grande préoccupation : Gérard Roussel (abbé de Clairac : il ne sera évêque d'Oloron que l'année suivante) est, dans l'hiver 1534-1535, auprès de Marguerite : il prêche au

---

1. Hôtel Drouot, vente du 18 mai 1966 ; n° 158 *bis*.
2. Cf. L'Abbaye, catal. de 1966, n° 140. Je publie l'original, aujourd'hui dans une coll. partic.
3. *Répertoire de la correspondance de Marguerite d'Angoulême*, 1930.
4. La mention de réception indique : reçue « en mars ». La mention « premier mars 1535 » est ultérieure, et relève du classement des archives. — Le 1er mars ou environ, Marguerite semble être à Pau également en 1549 ; mais tout décourage de préférer cette date.
5. Voir Pierre Jourda, *Marguerite d'Angoulême*, 1930, t. I, p. 199-201.
6. Voir *ibid.*, p. 187.

château de Pau devant les souverains de Navarre [7].

Nous n'avions à peu près rien, dans la correspondance de la reine, pour toute l'année 1535 [8]. Le présent document est de ceux qui contribueront à préciser utilement l'itinéraire.

Ajoutons, à ce propos, puisque Marguerite parle ici d'aller retrouver le roi [9], que, vague ou ferme, ce projet n'eut pas de suite immédiate. Au moment où nous sommes, François Ier se trouve à Paris (première quinzaine de février), puis à Saint-Germain-en-Laye (deuxième quinzaine du mois) ; en mars, il est à Mantes et Anet, puis dans l'Eure. Or, Marguerite prépare son départ de Pau dès le mois de mars [10] : mais ce sera par se diriger vers Tarbes, Saint-Bertrand-de-Comminges, Mazères et autres lieux. Elle ne quittera pas tout de suite ses régions.

---

7. Voir R. Ritter, *Les solitudes de Marguerite de Navarre*, 1953, p. 34.
8. Voir *Répertoire*, p. 134.
9. Il est bien un 1er mars (environ) où Marguerite séjourne dans le sud-ouest à un moment où le roi, nous le savons, la presse de le rejoindre : il s'agit de l'année 1544. (Voir *Répertoire*, n° 961, aussi 962, 966, 970, 972.) Mais il est impossible de déplacer à cette date notre lettre. Outre que la mention ancienne paraît digne de foi, remarquons qu'en 1544, à la date convenable, Marguerite semble être seule (Henri de Navarre l'a quittée, apparemment pour répondre à l'appel royal), et se trouver plutôt à Mont-de-Marsan. En outre, le recoupement que nous indiquerons avec l'ordre de mission de M. d'Essé nous encourage à maintenir 1535. Au demeurant, ne nous étonnons pas que le roi ait plus d'une fois rappelé Marguerite à lui lorsqu'elle était vers ses états. Et au surplus, l'appel de 1544 ne devait pas être mieux suivi d'effet immédiat (de la part de Marguerite) que celui-ci, en 1535. Marguerite (en 1544) restait d'abord dans le sud-ouest (cf. sur ce point *Répertoire*, n° 972).
10. Cf. Ritter, *op. cit.*, p. 36.

II. Marguerite et Jarnac

La lettre est adressée à Charles Chabot, baron de Jarnac. Rappelons brièvement quelques éléments de la généalogie [11].

Jacques Chabot, seigneur de Jarnac, de Brion et d'Aspremont, épousait, le 15 septembre 1485, Marguerite de Luxembourg. Leurs enfants : Charles, Philippe, et Catherine (qui épouse Bertrand, seigneur d'Estissac).

Charles Chabot, baron de Jarnac, fut gouverneur de La Rochelle et vice-amiral de Guyenne. Il épouse : 1° Jeanne de Saint-Gelais (en 1506), de qui naissent Louis, puis Guy Chabot ; ce dernier, sieur de Montlieu puis baron de Jarnac, est l'illustre auteur du « coup de Jarnac », en 1547 [12] ; 2° Madeleine du Puyguyon, d'où naissent Charles, Catherine (vivante en 1548) et Jeanne, qui épousera Pierre Buffière, vicomte de Châteauneuf en Périgord.

Philippe, seigneur de Brion et d'Aspremont, amiral de France en 1525 et gouverneur de Bourgogne, est le fameux « amiral de Brion ». Il épouse en 1526 Françoise de Longwy, fille de Jeanne d'Angoulême qui est une sœur naturelle du roi. On connaît son procès et son retour en grâce (1540-1542). Il mourra en 1543 [13].

---

11. La Chenaye-Desbois, IV, 985 et suiv.
12. Voir Alfred Franklin, *Le duel de Jarnac et de La Chateigneraie*, 1909.
13. C'est lui qui fit reconstruire à l'italienne le château d'Aspremont. On peut voir : Bernadette Wirtz-Daviau, *La vie tumultueuse de l'amiral Philippe de Brion. Le château d'Apremont*, Fontenay-le-Comte, s.d. (Publié d'abord dans la *Revue du Bas-Poitou*, 1931.)

Dans notre lettre, Marguerite parle de la « bonne affection » qu'elle portait dès longtemps à la famille du destinataire. Rappelons au moins qu'un Jean de Jarnac était pensionné par Louise de Savoie [14]. Surtout, l'amiral Brion (neveu du roi par sa belle-mère) occupe une place dans la correspondance connue de la reine de Navarre [15]. Après Pavie notamment, il avait été des négociateurs entre la France et Charles-Quint, en contact avec Marguerite, qui n'avait certainement pas oublié les événements de cette lourde aventure, ni les bons serviteurs du moment [16].

Quant à Charles de Jarnac lui-même, presque absent jusqu'ici de la correspondance de la reine [17], Marguerite, dans la présente lettre, fait allusion à quelque service qu'elle lui rendait, puisqu'elle regrette de ne pas avoir « occasion » meilleure de s'employer « à vous faire plaisir ».

De quoi s'agit-il ? Au moment où nous sommes, Charles de Jarnac est déjà gouverneur et capitaine de La Rochelle (février 1531) [18] ; il a déjà le collier de l'Ordre (1533) [19], la capitainerie du château de Ha

---

14. Nommé en 1515 et 1522. Voir Lefranc et Boulenger, *Comptes de Louise de Savoie*, p. 10 et 21.
15. Voir *Répertoire*, Index.
16. Joindre : dans une lettre du 14 décembre 1529 à Charles Chabot, Louise de Savoie remerciait en lui la générosité des gentilshommes d'Angoumois dans le paiement de la rançon royale pour délivrance des enfants de France. (L'Abbaye, Bull. 88, n° 78.)
Quant à Philippe Chabot, il avait également été envoyé vers Charles-Quint pour la ratification de la Paix des Dames, de 1529.
17. Voir *Répertoire*, n°s 653 et 657.
18. *Actes de François I*er*, VI, 243, 20134 ; etc.
19. *Ibid.*, II, 623, 6804.

(1534)[20]. Il touche diverses pensions, mille livres puis trois mille livres annuelles, au moins depuis 1529[21]. Mais, au début de l'an 1535, une ambition doit le préoccuper : celle d'être nommé maire de La Rochelle. La distinction devait lui être accordée en juillet[22]. Tout porte à croire que c'est pour cela qu'il avait demandé l'entremise de Marguerite pour l'appuyer auprès du roi et de gens influents.

Marguerite devait, par la suite, rester en contact avec Charles Chabot. Notamment à propos d'un mariage à négocier entre un Caumont et une fille de Jarnac. Ce fut l'occasion de plusieurs lettres de Marguerite à Charles Chabot. L'une d'elles évoque un séjour à Bordeaux en mars (1543 ?). Nous sommes donc en mars 1544 n. st. En mars 1543, Marguerite est à Nérac et à Mont-de-Marsan, elle est à Bordeaux un an plus tard.

L'affaire de mariage concerne d'une part « M. de Caumont », c'est-à-dire François de Caumont[23], d'au-

---

20. *Ibid.*, II, 678, 7054-7055, etc.
21. *Actes, passim* ; rien de particulier en 1535.
22. Voir *Actes*, I, 718, 3748 ; VI, 395, 20926 ; VI, 396, 20929, etc.
23. On a pensé à François de Caumont-Lauzun, qui pouvait être veuf. (Sur lui, cf. La Chenaye-Desbois, IV, 876). Mais je vois que Charlotte de La Roche-Andry (alias « Charlotte de Brye »), demoiselle de la maison de la Reine, qu'il épousait en 1534 (*Actes*, II, 684, 7088 ; II, 692, 7125 ; VIII, 20, 29415), semble ne pas mourir avant 1586 (Vindry, *Etat-Major français*, I, 112).

Retenons (cf. texte cité) que l'on donne pour oncle à l'intéressé « M. de La Vauguyon ». Il s'agit de François (de Pérusse) d'Escars ou des Cars, seigneur de La Vauguyon, gentilhomme de la chambre, maréchal et sénéchal de Bourbonnais (confirmé, 1532). Voir *Actes, passim*, et Moréri, IV, 179.

Dans ces conditions, le Caumont intéressé doit être un

tre part une fille de Charles Chabot, donc apparemment l'aînée Catherine ; sinon, Jeanne [24] : issues, comme on a vu tout à l'heure, de son second mariage.

---

fils de Charles de Caumont, lequel mourut en 1528 (on dit souvent : 1527 ; mais voir l'ouvrage de l'abbé Alis cit. *infra*, p. 75-76). Il avait en effet épousé Jeanne de Pérusse d'Escars. Quoique les parents de Jeanne et ceux de François d'Escars ne soient pas toujours donnés identiques (cf. Moréri, IV, 179 et V, 246, discordant), ils étaient bien frère et sœur. Dans son testament (1525), Charles de Caumont instituait François de Pérusse, seigneur de La Vauguyon, frère de sa femme, pour l'un des tuteurs de ses enfants mineurs (Alis, p. 75).
Confirmation dans des textes que nous citons *infra*, qui donnent pour frère à l'intéressé Monsieur de « Luzarche ».
Pour porter le titre de Monsieur de Caumont, l'intéressé est évidemment le fils aîné de Charles défunt. Donc François de Caumont, qui devait mourir sans alliance. Sur lui : Moréri, V, 246, à *Force ;* La Chenaye-Desbois, IV, 870. Il avait été très vite acquis à la Réforme (voir Alis, p. 77 et suiv.). — Je pense que c'est lui qui est en question dans *Actes*, VII, 256, 24467. — Il fut tué par Hautefort, en 1563. Voir sur lui Brantôme, édit. Mérimée-Lacour, IV, 293-297.
En somme, accompagnant Henri de Navarre jusqu'à Lauzun, Marguerite s'est dirigée (à l'aller ou au retour) vers « la maison » de M. de Caumont. Apparemment, le château de Caumont. (En tout cas, le domaine de La Force n'entrera dans la famille de Caumont qu'en 1554.) Je note que le père de François avait fait son testament au château des Milandes, dans sa baronnie de Castelnau en Périgord.
L'abbé R. L. Alis a écrit l'*Histoire de la ville, du château et des seigneurs de Caumont,* Agen, 1898. Un anonyme, *Notice historique sur la maison de Caumont de La Force, extraite des archives des notabilités de l'époque,* s.l.n.d. (Paris, imprim. Maulde et Renou), ne nous ajoute rien. Voir aussi *Mémoires de Jacques Nompar de Caumont, duc de La Force,* p.p. de la Grange, 1843, t. I ; et J. de Jaurgain, *La maison de Caumont La Force,* Paris, 1912.
24. Voir détails de la généalogie, *supra*.

Extrait d'une lettre inédite de Marguerite à Charles Chabot, 17 janvier 1543 (1544 n. st.) :

« En venant conduire le roy de Navarre jusques à Lausun [25], lequel s'en va à la Court suyvant ce qu'il a pleu au Roy luy escripre par Battisse, j'ay bien voulu passer exprès par la maison de Monsieur de Caulmont pour luy parler de l'affaire que vous savez, affin de le luy refreschir souvant et l'entretenir tousjours, et aussi pour le visiter et consoler de sa grande perte. Mais pour la grande longueur que vous luy avez tenue [26], je l'ay trouvé aussi reffroidy et destourné qu'il est possible. Je sçay pour vray deux aultres partis de bonnes et grosses maisons de quoy on le presse, qui sont bien advantaigeux pour luy. L'ung est de la maison de Candalle, qui luy ont faict offrir trente mille livres dont en auroit dix mille comptant, et l'aultre n'est moins advantaigeux. Mais j'ay faict tout ce que m'a esté possible pour le remettre et le fere entendre à votre dite allience, et en ay escript à Monsieur de La Vauguyon son oncle pour m'ayder à y tenir la main et pour s'employer de sa part, et ay tant faict aussi que j'ay gaigné ses seurs... [27] »

---

25. En 1543-1544, le seigneur de Lauzun était un autre François de Caumont, vicomte (comte en 1570) de Lauzun, nommé *supra*.
26. La « froideur », dans l'aventure, serait donc du fait des Caumont. La lettre que nous citons juste ensuite dit à la même Mme de Caumont, en termes presque identiques, exactement le contraire : « la longueur qu'il [Jarnac] vous tient. » L'affaire comporta évidemment des péripéties.
27. L'Abbaye, catal. de 1967, n° 140. Je transcris cette fois d'après le catalogue.
« Ses sœurs » (derniers mots) : apparemment les sœurs de l'intéressé. François en avait quatre : Claude, Marguerite, Jeanne, autre Claude. Voir notamment Alis, p. 76.

D'après ce que nous venons d'indiquer (en note), on peut maintenant identifier la « Mademoiselle de Caumont » dont certaines relations avec Marguerite étaient déjà connues, mais sous ce seul nom. Il s'agit de Jeanne de Pérusse d'Escars, veuve de Charles de Caumont, et mère de l'intéressé dans l'affaire du mariage.

« Mademoiselle » de Caumont était invitée chez Marguerite justement vers le moment où nous sommes [28].

Des lettres de Marguerite à « Mademoiselle » de Caumont, conservées au British Museum, connues depuis longtemps, mais publiées très sèchement par La Ferrière-Percy, tournent autour du mariage préparé Caumont-Jarnac. Rappelons seulement ce début de lettre :

« Mademoiselle de Caulmont, ma mye, je ne vous sçaurois dire l'ennuy que j'ay de la paresse de monsieur de Jarnac, et la longueur qu'il vous tient en ce mariage, qui seroit juste de le rompre, se n'estoit que je suis seure que à grant peyne trouveriez-vous jamais belle fille qui vous soit si obéissante, ny tant selon vostre esprit et de monsieur de Caulmont vostre filz que est celle-là, car je crois que Dieu l'a faicte pour vous deux. Pourquoy, mademoiselle de Caulmont, puisque les choses en sont si avant, je vous voudrois bien prier et conseiller comme la meilleure amye que vous ayiez jamais de vouloir encores attendre pour ung mois seullement, car comme j'ay entendu, monsieur de Jarnac aura bien trouvé dedans

---

28. Voir H. de La Ferrière-Percy, *Marguerite d'Angoulême, son livre de dépenses*, 1862, p. 59. Et *Répertoire*, n⁰ˢ 906 et 920. Le voyage n'eut pas lieu.

ledict temps l'argent de son premier paiement. Je luy escripts une lettre par laquelle je luy déclare que si dedans le temps je vois qu'il ne puisse faire son argent, je vous conseille dès à présent prendre party ailleurs, car je suis seure que sans le retardement que je vous ay donné, monsieur de Caulmont fust maintenant marié... [29] »

La lettre du 17 janvier que nous venons de mentionner aide à préciser plus d'un point. Elle évoque une correspondance avec Jarnac dont nous savons maintenant les textes, ou des textes. Elle comble une lacune [30], et fait savoir en outre une démarche de la reine en personne. En janvier 1544, le Roi, nous le savions, rappelait auprès de lui Henri de Navarre [31]. C'est évidemment en cette occasion que Marguerite lui fit un bout de conduite, l'accompagnant, dit la nouvelle lettre, jusqu'à Lauzun, voyage au cours duquel Marguerite visita Caumont chez lui, lui parlant directement de l'affaire du mariage. Au demeurant, ni Lauzun, ni Caumont n'étaient très loin de son cher Nérac [32]. Ce voyage se situait apparemment, pour Marguerite, entre un séjour à Pau et un séjour à Mont-de-Marsan [33].

Donc, une affaire de marieuse, intéressante quoique le projet n'ait pas abouti. Rien ne nous étonne moins de la part de la bonne Parlamente que ce souci

---

29. La Ferrière, p. 162.
30. Cette lacune correspond au n° 922 (conjectural) du *Répertoire*. Sur ce point voir aussi les autres lettres mentionnées ci-après.
31. Voir Ritter, *op. cit.*, p. 100 et 203.
32. Lauzun, Lot-et-Garonne, arr. de Marmande. Caumont-sur-Garonne, même départ., tout près de la même ville.
33. Voir *Répertoire*, n°s 956 et 958 ; Ritter, p. 99-101.

religieux et humain de protectrice et de bon guide.
Dans le dédale des préoccupations d'intérêts très
matériels et d'alliances de personnes vivantes, on
aura notamment apprécié sa vivacité de geste. C'est
un bel exemple d'intervention de la grande princesse,
ailleurs toute extatique, en des affaires privées, un
peu mesquines, et qui requièrent décision.

III. Monsieur « Dessay »

Reste un dernier point. Le messager envoyé par
le Roi en 1535, venu inviter Marguerite et le roi de
Navarre à le rejoindre (nous avons dit que l'appel
resta vain d'abord) est un certain Monsieur « Dessay »[34]. Le détail serait de peu de relief en lui-même :
mais il se trouve qu'il ne s'agit pas de n'importe qui.

Car nous pouvons l'identifier. Il s'agit certainement
de M. d'Essé. (On écrit son nom : d'Essé, d'Osse, d'Essey, d'Essay, Dessay, Dessé, d'Ercey, d'Hessé, de Decé, de Dessé : il signait, parfois au moins, de Dessé[35].)
Autrement dit, André de Montalembert, seigneur
d'Essé en Angoumois, panetier ordinaire du roi. Nous
avons en effet la chance qu'un document conservé
rappelle une mission de ce seigneur, envoyé par
François Ier, au moment dont nous parlons, vers le
roi et la reine de Navarre[36]. Autour du fait, un man-

---

34. Et non « Dessicy », comme il avait été lu.
35. Voir l'avant-propos du Cte de Montalembert (p. vi et suiv.) à : Jean de Beaugué, *Histoire de la guerre d'Escosse*, Bordeaux, 1862. — Sur le personnage, voir aussi *Etat-major*, I, 61.
36. Donnés pour : en résidence à Bayonne.

dement du 12 février 1534 (= 1535) lui accordait six cent soixante quinze livres tournois [37].

Le même, et le fait resserre des liens, avait notamment été chargé de mission en Angleterre en 1534, avec le comte de Buzançais, qui n'est autre que Philippe Chabot, le frère de notre baron de Jarnac [38].

Né en 1483, il avait fait le « voyage de Naples » avec Charles VIII. On l'avait vu comme une des quatre meilleures lances françaises, au camp d'Ardres et de Guines, avec le roi, qui, rappelant volontiers le fait, le disait l'un des quatre meilleurs, avec lui-même et avec la Chateigneraie : celui-là même à qui Guy Chabot portera le « coup de Jarnac »... [39]. Il devait avoir plus tard une belle conduite, avec l'amiral Brion de nouveau, dans l'expédition de Piémont (1536) ; puis s'illustrer à la défense de Landrecies (1543) : vers le moment où Marguerite négociait le mariage Jarnac-Caumont [40]. Il devait mourir en défendant Thérouanne (1553), achevant dignement une carrière des plus vaillantes.

---

37. *Actes*, III, 20, 7541. — C'est une grosse somme.
38. Voir *ibid.*, II, 753, 7398.
39. Montalembert, introd. à Beaupré, p. XIII ; voir Brantôme, éd. Mérimée, IV, 235. — Autre rapprochement digne de remarque sur le même fait. François (le second fils du nom), troisième fils de Charles de Caumont, né en 1524, épousera (1554) Philippe de Beaupoil, dame de La Force en Périgord (d'où l'entrée de La Force dans la famille), veuve de François de Vivonne, seigneur de La Chateigneraie, tué par le coup de Jarnac. (Cf. notamment Alis, p. 100.)
40. Relevons qu'en février 1544 (si la lettre est bien datée), notre personnage accomplissait auprès de Marguerite (occasion déjà signalée *supra*) une mission de rappel analogue à celle de 1535. Car on peut le repérer dans la correspondance connue de Marguerite : le « sieur de Desse » non identifié (Genin, *Lettres de Marguerite*, II, 245, n° 136 ; cf. *Répertoire*, n° 962), c'est évidemment lui.

Panvilliers, la terreur d'Espagne,
De l'Angleterre et d'Allemagne,
dit une sienne épitaphe, qu'on trouve rapportée chez Jean Bouchet [41].

Mais entretemps, il avait commandé dans l'expédition d'Ecosse (mai 1548-juin 1549). Par quoi, sans l'avoir prévu, il allait prendre pied dans nos lettres.

Car s'inscrivait dans la campagne l'épisode de l'Ile-aux-chevaux [42]. Celle dont Rabelais, un autre ami de Marguerite de Navarre, conservait la mémoire, avec celle même de M. d'Essé.

C'est à la fin du *Quart Livre*, après la scène de Ganabin, île qu'on salue d'une belle batterie d'artillerie, sans y descendre :

« Tu ne veids oncques tant d'âmes damnées... J'ay cuydé (Dieu me le pardoint) que feussent âmes angloises. Et pense que à ce matin ayt esté l'isle des chevaulx près Escosse par les seigneurs de Termes et Dessay saccagée et sacmentée avecques tous les Angloys qui l'avoient surprinse... [43] »

Mais vers la fin de février 1535, quand il chevauchait vers la sœur du roi avec beaucoup d'argent et de pressants messages, Monsieur d'Essé était encore loin de sa gloire.

- 41. *Annales d'Aquitaine*, éd. de 1644, p. 646 (cf. contexte). Il est nommé Pauvilliers d'après Espauvillers, son château en Poitou.

42. L'Isle-Dieu prit ce nom nouveau (donné par la reine douairière) quand elle fut récupérée sur les Anglais : « car auparavant les François l'appeloyent l'isle aux chevaux : car elle n'avoit jamais été habitée, comme un lieu dequoy on ne tenoit compte. » (Beaugué, *œuvre citée*, p. 249.) La *Guerre d'Ecosse* de Beaugué, texte peu connu, mérite d'être introduite dans le commentaire de Rabelais.

43. *Quart Livre*, chap. LXVII et dernier.

IV. Un nouvel épisode

Trois autres lettres (inédites) de Marguerite à Charles Chabot nous sont connues [44]. Quoique portant des indications de lieu et de date médiocres dans l'ensemble, elles se placent, à mon avis, en mars-avril 1544. Pour plus de clarté, évoquons d'abord l'itinéraire de Marguerite en ces mois.

En janvier 1544, Marguerite n'avait pas répondu tout de suite à l'appel de son frère, se contentant d'escorter son mari pour un bout de chemin. Mais elle s'y décidait bientôt après (mars 1544). Elle a été retardée, mais va venir de son sud-ouest vers le roi, passant d'abord par Bordeaux, prévoit-elle [45]. Et de fait elle arrive à Bordeaux le 23 mars [46]. Remontant ensuite vers le nord, on la trouve à Saint-Maixent (Charente) le 5 avril [47]. Cette halte n'est pas sans intérêt : là Marguerite écoute prêcher Jean de Saint-Gelais, évêque d'Uzès, dont la hardiesse de parole (dans le sens des idées religieuses nouvelles) fut

---

44. Je remercie vivement l'érudite Librairie de l'Abbaye, qui m'a aimablement autorisé à faire profiter cet article, avec quelques citations, d'une analyse (pour catalogue) de ces trois textes. J'avais pu les regarder rapidement, de même que la lettre du 17 janvier, il y a quelques années.
45. Voir *Répertoire*, n° 972.
46. Jourda, *Marguerite d'Angoulême*, I, 285 ; Ritter, p. 106. — Voir : Jean de Métivier, *Chronique du Parlement de Bordeaux*, 1886, p. 408. (Le 23 mars est le jour de l' « entrée » officielle.) — Sur le séjour, voir aussi Ch. Dartigue, in *Annales du Midi*, 1950, p. 278.
47. Voir *Journal de Guillaume et Michel Le Riche*, 1846, p. 55.

remarquée [48]. Marguerite gagne ensuite Alençon [49], et ne rejoindra le roi que le 4 mai, à Heubécourt dans l'Eure [50].

Dans ce cadre, et au début du voyage, se situent les trois lettres. Et voici comme elles me semblent devoir être échelonnées.

1. Bordeaux, mars 1543. (Lire : vers Bordeaux, fin mars 1544 n. st.)

Teneur. — La reine fera savoir à François 1er les grosses dépenses que Jarnac a faites pour son service. Que Jarnac se rassure : « Le Roy ne vouldroit pas que l'on se feist pouvre à son service. »

Quant à « l'affere de Monsieur de Caumont », Marguerite a écrit à « Monsieur de Lusarche » et à M. de Caumont, qu'ils viennent la trouver à Bazas (Gironde), « et que je leur prie qu'ilz me facent compaignye jusques à Bordeaulx. » Si les dispositions de Caumont répondent au projet, les Jarnac (père, mère et « vostre fille ») viendraient alors à Bordeaux.

Remarque. — Marguerite est en route vers Bordeaux, elle espère y conclure l'affaire du mariage. Elle pense convoquer en deux étapes les parties intéressées, la seconde sous réserve d'un bon résultat de la première consultation.

M. de « Luzarche » est le frère de notre (François de) Caumont (cf. lettre suivante). Il s'agit de Geoffroy de Caumont, abbé d'Uzerche dès 1540 [51]. Il était

---

48. Ritter, p. 111.
49. Le 18-19 avril (Jourda, *Marguerite d'Angoulême*, I, 299). C'est à l'occasion de ce séjour que Guillaume Le Rouillé compose son épître connue « au nom des rossignols du parc d'Alençon ».
50. Registre de Frotté, et Jourda, *Marguerite...*, I, 300.
51. Sur lui : Alis, p. 76 et 90 et suiv. ; *France Protestante*, 2e édit., III, 865.

l'ami de J.-C. Scaliger, qui lui dédie diverses œuvres [52].

2. S. l. n. d. (Fin mars 1544, après la lettre précédente.)

Teneur. — Le roi craint une descente des Anglais et des Espagnols sur les côtes d'Aunis [53]. Marguerite recommande à Jarnac, comme gouverneur de La Rochelle, de veiller au grain.

Par ordre du roi, que Jarnac se rende à La Rochelle (au cas où il serait encore en sa maison).

« Mon voyage est advancé, par quoy j'espère estre bien tost là à vous. »

Poursuite de l'affaire du mariage. « Monsieur de Luzarche, frère de Monsieur de Caumont, m'est venu voir, auquel j'ai donné charge de dire audit sieur qu'il me mandast à la vérité de la conclusion qu'il vouloit prendre, touchant le mariaige de votre fille. »

Remarque. — A la convocation annoncée ci-dessus, l'abbé d'Uzerche a répondu, mais évidemment Caumont n'est pas venu. Auprès de celui-ci elle fait une nouvelle démarche. Dans la poursuite de son voyage

---

52. Il fut aussi abbé de Clairac. Il devait passer à la Réforme (vers 1562 ?), mais les Protestants le considéraient comme peu sûr ; un homme « n'ayant ni cœur ni mains » (*Hist. ecclésiast. des Eglises réformées*, éd. Baum-Cunitz, II, 896 : « l'abbé de Clérac »). — Après la mort de son frère aîné François, dont il fut l'héritier, il se maria (1568), épousant la veuve du maréchal Jacques d'Albon de Saint-André. Voir sur lui Brantôme, IV, 296, etc. ; Monluc, éd. Courteault, II, 426-427, etc.

53. Recoupement : Marguerite intéresse le Parlement de Bordeaux, le lundi 24 mars 1544, à des « nouvelles du Roy qu'Elle a reçu, que l'Anglois a délibéré venir envahir et conquérir le pays bordelois et duché de Guyenne ». (*Reg. secret du Parlement,* coll. Verthamon, IV, 178 et suiv., et Dartigue, *art cité.*)

vers le roi, elle pense aller voir Jarnac à La Rochelle, et le tenir au courant.

3. Saint-Maixent, 6 avril 1544.

Teneur. — Marguerite recommande « Maistre Jacques Le Conte, l'ung de mes bons serviteurs » à Messieurs de La Rochelle afin qu'il soit reçu au nombre des médecins ordinaires de la ville. Elle demande en renfort l'appui de Jarnac. Le Conte « est bien fort homme de bien..., homme de service et de bon sçavoir [54]. » Il connaît en expert « ce boys que l'on nomme Palma sancta, de quoy je vous parlé dernièrement... [55] »

« Vous asseurant que je ne mettré en oubly les derniers propos que nous eusmes ensemble... »

Remarque. — Marguerite a donc donné suite à son projet, et visité Jarnac au passage [56]. Mais l'affaire du mariage est évidemment tombée à l'eau.

V. L. SAULNIER

---

54. Il y a un « Jacobus Comes » médecin de Montpellier en 1539. (Cf. Gouron, *Matricule*, n° 1320.) Sans doute le même personnage.

55. Apparemment, la *Palma Christi* (palme Christ, Paulme Dieu), qui n'est autre que le ricin. Voir Matthiolus, Commentaires sur *Dioscoride*, éd. de 1627, p. 454 ; Ch. Estienne, *L'agriculture et maison rustique*, éd. de 1618, p. 203; O. de Serres, *Théâtre d'agriculture*, éd. de 1623, p. 519 ; Junius, *Nomenclator*, 1577, p. 103.

56. Avant de s'arrêter (peut-être) à Thouars (Deux-Sèvres), chez les La Trémouille. (Cf. sur ce point Jourda, *Marguerite...*, I, 285.)

STRUCTURE ET LANGAGE
DANS *LES AVANTURES DU BARON DE FAENESTE*

Publiées en 1617, pour les deux premières parties, en 1619 pour la troisième et seulement en 1630 pour la quatrième, *les Avantures du Baron de Faeneste* se rattachent difficilement à un genre précis. Le livre précède de quelques années la publication du *Francion* de Charles Sorel (1623) où l'histoire littéraire s'est plu à reconnaître le premier roman français de veine réaliste. Peut-être faut-il rattacher cette naissance à la singulière vogue du roman picaresque en France, dans le premier tiers du XVIIe siècle ; dès 1600, un an après sa publication en Espagne, *Guzman d'Alfarache* est traduit en Français ; la première partie de Don Quichotte le sera en 1614, et les traductions d'autres œuvres suivront très rapidement.

Ce qui définit la structure du roman picaresque, c'est la succession des aventures d'un seul personnage, passant, au cours de ses voyages, par des villes ou des milieux différents. Si le roman picaresque affectionne le milieu des gueux et des voleurs, il aime aussi à nous montrer l'envers de la maison des

Grands, prélats ou ambassadeurs, par l'intermédiaire d'un domestique qui tente de faire carrière. Par leur titre même, *les Avantures du Baron de Faeneste* semblent se rattacher au roman picaresque et il s'agit bien en effet d'un cadet de Gascogne tâchant de s'insinuer à la Cour au service d'un Grand, vivant d'expédients, du jeu et de la maraude, dans les guerres peu glorieuses de la Régence de Marie de Medicis. Cependant, la structure de l'œuvre est différente de celle du roman picaresque : les aventures du Baron ne sont pas rapportées dans l'ordre chronologique de leur déroulement, mais au hasard d'une conversation qui touche successivement à des thèmes différents. Seuls les chapitres III et IV du premier livre évoquent, dans l'ordre chronologique, le voyage à Paris de Faeneste et ses débuts à la cour, par la suite nous n'aurons plus que des anecdotes décousues, sans autre repère chronologique que les guerres auxquelles le héros a pu participer.

La structure dialoguée du *Faeneste* paraît le résultat d'une évolution des recueils de nouvelles inspirées du *Décameron*, au cours du XVIe siècle. Déjà, dans l'*Heptameron* de Marguerite de Navarre, le dialogue entre les récitants qui commentent chaque nouvelle a une place beaucoup plus importante que chez Boccace ; avec Noël du Fail, dans les *Propos Rustiques* et surtout dans les *Contes et Discours d'Eutrapel* (1585), la différence entre le conte et la conversation tend à s'abolir ; les anecdotes s'insèrent dans une libre discussion. Les titres des chapitres sont caractéristiques car ils désignent tantôt la matière traitée, comme s'il s'agissait d'un essai (*De la Justice, De l'Amour de Soi-mesme*) tantôt un conte (*D'un qui se sauva des Sergents...*). On voit là se dessiner, sous une forme un peu différente, ce qui, selon Ed. Cros[1] caractérisera le premier roman picaresque espagnol, Guzman d'Alfarache : la liaison entre une sentence, une constatation morale et un épisode du récit principal ou une anecdote insérée dans la trame, comme un « exemplum » illustrant la maxime.

Chez Noël du Fail, le dialogue, qui se poursuit entre trois interlocuteurs, se trouve interrompu par la description de leurs attitudes et de leurs déplacements, d'où une certaine maladresse et confusion de l'ensemble ; d'Aubigné a le grand mérite de limiter le dialogue à deux personnages essentiels, conçus comme un couple antithétique : Faeneste et Enay, les valets de Faeneste apparaissant seulement pour éclairer le personnage de leur maître. Enfin, au quatrième livre, le capitaine Beaujeu n'est qu'un double d'Enay ; plus jeune que celui-ci, il a pu servir dans les guerres de la Régence et de l'époque de Louis XIII.

Ce couple antithétique est sans doute inspiré par des précédents littéraires : Panurge et Pantagruel et surtout Don Quichotte et Sancho[2], mais ici il commande la forme dialoguée de l'œuvre et repose sur une antithèse abstraite, l'être (Enay) et le paraître (Faeneste). Une autre opposition plus traditionnelle, relie également les deux personnages, celle de la « Burla » et de la « Beffa » qui oppose le trompeur

---

1. Cf. Ed. Cros, *Protée et les Gueux, Recherche sur les origines et la nature du roman picaresque dans Guzman d'Alfarache* (Université de Montpellier, Faculté des Lettres et Sciences humaines, 1967).
2. D'Aubigné se réfère directement à Don Quichotte à propos du Baron de Calopse : « ... le corps est d'un Baron de ce pays qui, comme Don Guichot voyagea pour remettre la Chevalerie errante, cettui-ci court le pays pour restablir l'honneur des Seigneurs... » (III, xxi.)

au trompé ou le moqueur au moqué. Sans doute, Enay ne tend-il aucun piège à Faeneste, mais, selon les termes de la préface, il prend occasion de sa rencontre « pour s'en donner du plaisir ». Il y a donc, dans la genèse de bon nombre d'anecdotes, la nécessité fonctionnelle de faire rire aux dépens du Baron, comme Panurge nous fait rire aux dépens de Dindenault. De là un des traits essentiels du personnage qui doit être dans chaque compagnie la victime désignée de toutes les plaisanteries ; qu'il passe la nuit dans le lit d'un autre capitaine ou qu'il se divertisse avec ses valets, il sera toujours battu et rossé, on lui baillera le moine, sans qu'il ait toujours exactement conscience de ce qui lui arrive. Les pages des grands le prendront pour cible, on lui enfoncera des épingles dans les fesses et il racontera ses mésaventures comme des exploits.

Cependant jamais ce comique traditionnel n'est tout à fait gratuit chez d'Aubigné, si Faeneste est toujours le badin de la farce, c'est précisément parce qu'il croit aux apparences, aux titres, au vain cliquetis des mots sans se donner la peine d'atteindre le réel. La disgrâce physique est une revanche cruelle de l'être sur le paraître. Les jeux auxquels le Baron se livre avec ses valets ont une valeur symbolique : il est celui qui se plaît à avoir les yeux bandés et il en subit les conséquences.

A un niveau plus profond, chaque anecdote ou chaque détail opposant l'être au paraître repose sur un même mécanisme : l'opposition des mots aux choses. Le mot, comme l'habit, sert au travestissement, le fantassin botté n'est pas davantage un cavalier que le clos d'Enay n'est un parc ou sa demeure un château, comme Faeneste le prétend. Tous les récits de duels manqués reposent sur le contraste entre le souci verbal de l'honneur et la lâcheté réelle du personnage. Ainsi la maxime qui, suivant les vieilles traditions rhétoriques, devrait fournir sa conclusion au récit, est souvent, dans la bouche de Faeneste, le contraire de celle qu'on attend. Ses amis ayant décidé qu'il manquerait aux règles de l'honneur en acceptant un duel avec un cocher qui a pourtant porté les armes, Faeneste conclut de cette dérobade : « *L'haunur ne s'y est yamais oservai* (à la Cour) *comme mentenant* (I, VIII). »

Le paradoxe et la réussite de l'œuvre résident donc dans l'unité du thème satirique qui structure les anecdotes les plus diverses et relie, à travers le désordre apparent de la conversation, les différents thèmes énumérés par Enay à la fin du livre II : « *Le profit de tout notre discours est qu'il y a six choses desquelles il est dangereux de prendre le Parestre pour l'Estre : le gain, la volupté, l'amitié, l'honneur, le service du Roi ou de la Patrie, et la Religion.* » (II, XIX.)

Une série de correspondances ou d'oppositions relie chacun de ces thèmes aux autres. Si nous considérons la magie, qui est une des formes de l'illusion verbale nous constatons que, dans le chapitre des enchantements [3], elle est liée à la plupart des thèmes énumérés. Lorsque l'enchanteur fait croire à Faeneste qu'il paraît nu lorsqu'il est habillé, puis tente l'opération inverse, la timide objection du Baron : « *Ye me troube*

---

3. Le thème des enchantements vient peut-être de Don Quichotte mais, chez Cervantès il ne s'agit que de parodier les romans de chevalerie. D'Aubigné se rattache plutôt à la tradition des Contes, telle qu'on la trouve illustrée dans le *Decameron* (VIIe journée et VIIIe journée, nouv. III) où l'enchantement est utilisé comme moyen de tromperie.

moi mesme tout nud » est immédiatement balayée par la phrase : « *Et où est l'haunur ?* » (II, xvii.) C'est bien l'équivalent moral d'une formule magique que va démentir la cruelle réalité. Nous sommes ainsi renvoyés aux formes plus traditionnelles du point d'honneur et des affaires d'honneur qui occupaient le premier livre, mais la nudité de Faeneste nous fait aussi songer par contraste à cette surabondance de vêtements et d'ornements qui caractérisait la mode du jour avec les multiples taffetas du pourpoint, les chausses en valise et la profusion des « roses » (I, ii). Le chapitre des enchantements est aussi lié directement aux amours du baron, puisque c'est pour conquérir les faveurs d'une belle qu'il a recours à de telles pratiques ; il est enfin comme une dernier écho de la discussion sur la religion catholique qui est la religion des vaines apparences.

Dans le domaine religieux en effet, par une sorte de renversement dialectique, c'est l'esprit qui est l'être, le signe extérieur ou matériel qui est l'apparence. Aussi quand il s'agit d'évoquer les faux miracles, ce n'est plus le mot qui masque la réalité, c'est l'objet concret, matériel, qui constitue finalement un mensonge comme le souligne le jeu de mots sur bourde (béquille et mensonge à la fois) :

> Que dites-vous disoit n'agueres
> Le bon curé des Ardilieres
> Des miracles qu'on faict ceans
> A la barbe des mescrens ?
> — Je responds qu'ils sont invisibles.
> — Vous estes, dit l'autre, terribles,
> Si vous ouvrez encor les yeux,
> Si vos oreilles ne sont sourdes,
> Tant de bourdes de ces boiteux
> Qu'en dites-vous ? Ce sont des bourdes. (II, v).

Le principe de la composition sera donc celui de l'entrelacement des thèmes, chacun d'eux étant successivement annoncé, développé et repris. Les rapports logiques entre ces thèmes facilitent le passage de l'un à l'autre, passage qui s'effectue plus expressément par le hasard du récit, de l'aventure ou du jeu de mots. Chaque livre contient un ou plusieurs thèmes dominants, mais aussi l'amorce de nouveaux thèmes. En simplifiant considérablement, le livre I est dominé par le thème de la Cour et du point d'honneur, le livre II par celui de la religion et des amours de Faeneste, le livre III par le vol ou l'escroquerie et aussi par la dégradation du pouvoir politique avec la dictature du maréchal d'Ancre, deux thèmes sans rapport évident à priori mais en réalité subtilement reliés. Le livre IV reprend la question religieuse, sous la forme plus traditionnelle de la satire des mœurs du clergé et de la rhétorique des prédicateurs. Il reprend aussi le thème du faux honneur avec les prétentions généalogiques et toutes les formes de vaine gloire. Entre les livres, de multiples symétries ou rappels tissent un étroit réseau de correspondances : au début du livre IV les trois nouvelles guerres auxquelles a participé le Baron rappellent les quatre guerres évoquées dans le premier livre (chap. VII). Ce rappel est d'ailleurs destiné à montrer le laps de temps qui s'est écoulé entre les trois premiers livres et le quatrième. De même que le thème religieux est amorcé dès le premier livre (chap. X), le thème politique de la toute puissance du maréchal d'Ancre est évoqué à mots couverts à la fin de ce livre (chap. XIII). Enay refuse alors d'aborder le sujet, mais la chute du maréchal d'Ancre, le 24 avril 1617, lui permettra de s'expliquer franchement dans le troisième livre.

Enfin, si nous voyons dès le début Faeneste jouer aux cartes dans une auberge et se faire voler par un habile escroc qui lui enseigne quelques tours, au début du livre III, Cherbonnières, son valet, nous révèle que le jeu est devenu le principal moyen d'existence de son maître à Paris. Avec ses valets, il a constitué une véritable bande de tricheurs professionnels. C'est ainsi que se révèle progressivement le personnage. Dans les deux premiers livres, Faeneste n'est que le badin de la farce, le ridicule prétentieux et toujours berné ; au livre III, il apparaît sous l'aspect inquiétant d'un aigrefin qui sera tout naturellement disposé à se mettre au service du maréchal d'Ancre, comme espion ou comme garde du corps (« *coyon à mille livres* »). Si dans un roman du XIXe siècle la révélation progressive du héros s'opère grâce au développement chronologique de l'action, dans le *Faeneste* le passage d'un thème à un autre permet cette découverte et cet approfondissement relatif.

Cependant le souci moral et satirique, lié au progrès des thèmes, n'est pas uniquement traduit par les aventures du personnage principal ou par les remarques d'Enay. Comme dans le roman picaresque, où la sentence morale est illustrée à la fois par une aventure du héros et une anecdote extérieure, une aventure de Faeneste entraîne parfois un récit d'Enay d'où se dégage une leçon analogue, ainsi l'épisode des enchantements, avec la formule « Où est l'honneur » a pour pendant, au chapitre suivant, l'aventure de Brilbaut racontée par Enay. L'écuyer d'Henri de Navarre, entraîné par la même maxime, prend la place du roi auprès d'une infame maquerelle et tombe dans une série de disgrâces fort plaisantes. Cependant d'Aubigné n'exprime pas directement la morale de ces aventures, il lui suffit de répéter la même formule. Cette reprise d'une même expression est un procédé de liaison entre deux épisodes ou deux thèmes, la plus fréquemment usitée : « *Pour parestre* » définit Faeneste lui-même et sert de justification à son comportement. Elle nous fait passer par exemple du thème des affaires d'honneur à celui du vêtement et de la mode (I, II). Elle devient un leit-motiv comme « Le pauvre homme » de Molière, mais plus abstrait et peut-être trop clairement significatif. La valeur de l'expression réside surtout dans l'à propos avec lequel elle est placée. Ainsi quand Faeneste raconte comment il a échangé deux veaux gras contre un lévrier et qu'Enay remarque : « *Je ne trouve pas vostre change avantageux* » rien n'est plus savoureux que la réponse du Baron : « *Oy bien, mais c'est pour parestre.* » (I, v.) Quand il exalte ensuite les « raffinés d'honneur » victimes de leur facilité à se battre en duel, quand il énumère leurs noms glorieux « *et tels autres vrabes que leur courage a fait parestre* » Enay répond : « *Excusez-moi, mais empesché de parestre, car pas un de ceux-là ne parest plus.* » (I, IX.)

La force du jeu de mots réside dans la contradiction entre les deux sens du mot paraître, le premier étant la vaine gloire, le second, finalement, l'existence, donc la vie et l'être auxquels le désir de paraître a mis fin [4]. D'autres expressions caractéristiques du langage à la mode ont une fonction analogue mais plus épisodique, ainsi en est-il de « Prendre ses résolutions » ou « Estre résolu » qui fait le lien entre les diverses anecdotes du chapitre x du troisième livre.

---

4. Cet art de la réplique est, pour d'Aubigné, un trait caractéristique du Huguenot (cf. le chap. de *La Confession de Sancy : De l'impudence des Huguenots*).

C'est d'ailleurs Enay lui-même qui emploie le premier l'expression en félicitant le baron de son attitude, lorsqu'il apprend le vol de son épée : « *Je suis bien aise de vous voir resous ainsi.* »

La reprise d'une même expression a donc deux fonctions principales : une fonction de liaison entre des thèmes différents et une fonction de caractérisation qui définit le personnage et le milieu auquel il appartient. La fonction de caractérisation peut être aussi confiée au patois, à une langue étrangère, à la prononciation du personnage, la diversité du langage ayant un rôle structurel d'opposition ou de parodie. A travers deux personnages, elle oppose deux milieux, deux classes sociales. Ainsi la discussion théologique entre Enay et Faeneste, qui occupe une partie du second livre, se double d'une discussion en patois poitevin sur le purgatoire, qui semble n'avoir qu'une fonction parodique. C'est cependant au livre III, le plus solidement enraciné dans la province, que le recours au patois est le plus fréquent, il souligne une différence de classes, le paysan qui va duper l'avocat parle en poitevin, l'avocat répond en français (III, IV). Egalement en patois sont les réflexions goguenardes des paysans à pied, sous la grande chaleur, pendant la procession où le médecin Baumier se pavane sur sa mule (III, VII). C'est encore en poitevin que le « vilain » de Manle révèle aux assistants d'un banquet l'humble origine d'un brillant escroc qui a séduit jusqu'au maréchal d'Ancre (III, XIX). Ailleurs, l'opposition entre le père paysan, qui a toujours ignoré l'usage du haut de chausses, et son fils qui épouse une riche demoiselle de la ville, prend une saveur nouvelle grâce aux quelques mots de gascon qui concluent l'aventure : « *A qui l'as glori Bernat !* », s'écrie-t-il piteusement après l'accident qui lui survient à la fin du repas de noces pour avoir trop mangé (IV, ɪv).

Dans le dialogue entre le prélat romain et la vieille paysanne qui apprend à ce prêtre comment elle l'a jadis baptisé au nom de la Vierge, le cardinal parle français et la paysanne italien [5] (II, ɪɪɪ). La fierté du nom et de la généalogie seront naturellement associés à la langue espagnole et le contraste entre ces appellations sonores et le français mêlé de gascon du soldat « *Cap de You, tant de gens, You m'appelé Perot* » (IV, v) est fort savoureux. L'opposition centrale entre Faeneste et Enay se manifeste par la différence de prononciation, mais le langage de Faeneste contient en lui-même plusieurs contradictions, s'il paraît gascon par le remplacement de tous les « v » par des « b », le phénomène inverse, le remplacement de « b » par « v » n'a rien de gascon, il témoigne au contraire des efforts maladroits du Gascon francisé pour prononcer quelquefois et toujours à contretemps le son « v ». Il en est de même de tous les mots gascons affublés de terminaisons françaises. Certaines déformations comme celle de « o » en « ou » appartiennent aussi bien au langage de cour qu'au langage gascon. Enfin le style de la lettre du Baron à sa maîtresse est une parodie du style précieux, mêlée des bravades du cadet de Gascogne. Le langage de Faeneste reflète donc les contradictions du provincial transporté à la cour, il souligne son infériorité vis-à-vis du paysan que son

---

5. Dans les *Facetiae* du Pogge, écrites en latin, on rencontre, de temps à autre, une expression savoureuse en italien pour exprimer la violence spontanée de la réaction à l'événement (cf. *Facetiae*, CXLV, CLXXIV, CCIII, CCXXXIII).

patois enracine au contraire dans la vérité de son milieu. Enay, lui, est l'homme cultivé qui a fréquenté les cours, les hommes de lettres ; dans sa langue la culture est devenue nature, mais il a eu la sagesse de revenir dans sa province. Le contraste entre le langage de Faeneste et celui d'Enay traduit le chassé-croisé de leurs destins.

Outre sa fonction de liaison et sa fonction de caractérisation, le langage a aussi, dans le *Faeneste*, une fonction créatrice. Comme dans beaucoup de contes de la tradition folklorique, plusieurs aventures de Faeneste et plusieurs récits d'Enay sont fondés sur la matérialisation d'une expression courante, employée généralement avec une valeur figurée ou symbolique. Prendre au pied de la lettre une métaphore passée dans la langue est un procédé poétique bien connu, on le retrouve à l'origine de beaucoup de contes de Bonaventure Des Périers. On peut rattacher à ce procédé du conte folklorique l'aventure du sergent qui avait ainsi défié La Roche Boiceau : « S'il me gratigne, je le mordrai. » La Roche Boiceau en le recevant se coupe d'abord les ongles, puis lui arrache les dents, pour que la partie soit égale (III, v). Mais d'Aubigné utilise plus savamment le procédé, lorsqu'il l'intègre, en quelque sorte, au personnage de Faeneste. Quand un mauvais plaisant obtient pour le Baron l'insigne honneur de tenir la chandelle devant le Roi qui se chauffe à la cheminée, c'est afin qu'un fagot, brusquement jeté dans la flamme, rôtisse les jambes de Faeneste et que les courtisans puissent murmurer : « *Il brûle d'ambition.* » (I, IV.)

Tout le chapitre des résolutions est construit sur un procédé analogue, l'action est inventée pour amener et justifier le jeu de mots final, ou, plus exactement, la dérobade de Faeneste. Telle cette réplique du Baron au voleur qui lui a dérobé son manteau et qu'il n'ose poursuivre « *Cabalier, il y ba de boste haunur, car bous serez mont pourte manteau* ». (III, x.) Enay a recours exactement au même jeu de mots lorsque Faeneste, ayant rêvé qu'il était roi et Estrade son connétable, apprend la disparition du valet avec l'épée et les diamants : « *Voilà vostre songe arrivé, car celui qui porte l'espée du Roi est son Connestable.* » (III, ix.) Le jeu de mots a encore ici un rôle fonctionnel dans l'architecture de l'œuvre, il relie étroitement le vol et le rêve, renforce le contraste du rêve et de la réalité. De la part d'Enay, le jeu de mots peut servir à souligner le contraste entre l'artifice de la mode et la réalité des saisons ; s'agit-il des « roses », ces nœuds qui ornent les souliers, les chausses et bientôt tout le vêtement, quand Faeneste se félicite de l'usage des bottes qui permettent en hiver de ne pas « *enfanyer les roses* » Enay réplique : « *Vous avez des roses en Hyver ?* » (I, ii.)

Si le jeu de mots peut être créateur de l'action, il a aussi, comme nous l'avons vu, un rôle essentiel dans le dialogue, il est réplique, rebondissement, mouvement, c'est pourquoi on le trouve aussi bien dans le dialogue qui oppose Enay à Faeneste qu'à l'intérieur d'un récit. Précisément parce qu'il n'y a pas de succession chronologique et peu de progrès apparent entre les anecdotes, c'est le mouvement du dialogue qui nous donne l'illusion de la vie et de l'action. La part des deux interlocuteurs dans ce dialogue se modifie peu à peu au cours du développement. Au début, Enay se contente de donner la réplique et de questionner. Ses remarques soulignent ironiquement les vantardises et les ridicules du Baron, ses questions sont un moyen de faire progresser le récit de glisser d'un thème à un autre. Ainsi au début du chapitre II, les questions : « ... *je vous demande pourquoi vous vous donnez tant de peines* » et « *Comment paroist-on aujourd'hui à la Cour ?* » nous font passer du thème des affaires d'honneur à celui des vêtements à la mode. Au milieu du même chapitre, une nouvelle question : « *Estans ainsi vestus à la trotte, qui mode, que faites vous apres pour paroistre ?* » permet de passer du vêtement aux moyens de s'insinuer à la cour. A la fin de ce même chapitre, une dernière question provoquera chez Faeneste un retour sur son passé, le récit de son voyage de Gascogne à Paris. Entre le chapitre VI, qui nous décrit la collation offerte par Enay à Faeneste et le chapitre VII sur les quatre guerres du Baron, la transition est moins mécanique ; en s'excusant de la modestie de ce qu'il offre, Enay précise malicieusement « *Monsieur, là, prenez que vous soyez en une trenchée* », ce qui déclenche les souvenirs de Faeneste : « *Bous dittes vien : quand nous estions en Saboye...* »

Peu à peu cependant, le rôle d'Enay va devenir plus important. D'abord, dans la mesure où, comme l'honnête homme de Molière, il est chargé de préciser certaines idées de l'auteur, en particulier les idées sur le duel, dès le chapitre VII. Mais, surtout, dans la mesure où Enay va être amené lui aussi à conter des anecdotes savoureuses qui seront le pendant des récits de Faeneste. Ainsi au chapitre XII, Faeneste suggérant un moyen plaisant de faire pénétrer les assiégeants dans une ville, en les envoyant par-dessus les murailles, à l'aide de mortiers, Enay réplique par une proposition plus subtile : envoyer se faire prendre, dans la ville, le célèbre espion Du Lignou qui sera immanquablement condamné à la pendaison, profiter du moment où le gros des défenseurs sera sorti assister à l'exécution pour donner l'assaut aux remparts et délivrer, à temps, du Lignou au moyen d'une embuscade [6]. Dans cette dernière partie du chapitre, les rôles sont inversés, Faeneste n'est plus le conteur, il devient le commentateur, mais son bref commentaire le peint tout entier : « *Boila qui est vrabe & vien hazardus ; y'eusse vien boulu estre de l'envuscade du bois* » (c'était évidemment la place la moins dangereuse de l'entreprise).

Au cours du livre II, le désir de Faeneste de convertir son hôte au catholicisme va provoquer de la part d'Enay des réponses argumentées ainsi que des anecdotes plaisantes sur les prétendus miracles contemporains. En outre la mode caractéristique du baroque d'insérer un récit dans un autre récit ou une pièce de théâtre dans une pièce de théâtre, comme en témoigne *l'Illusion Comique*, aboutit, dans le *Faeneste*, à l'insertion de sonnets ou de vers satiriques, lus tantôt par le Baron, tantôt par Enay. C'est là, sans doute, pour d'Aubigné un moyen de publier un certain nombre de vers composés au hasard des circonstances, il en est de même du petit traité intitulé *le Rabilleur* ou *Esculape* qui narre les aventures du Baron de Calopse à la fin du IIIe Livre. C'est, si l'on veut, un artifice qui correspond à ce goût du mélange des genres et en particulier des vers et de la prose que l'on trouve dans la pastorale, chez Sannazar, chez Rémy Belleau et naturellement dans *l'Astrée* comme dans *Don Quichotte*.

---

6. Cette invention est prise aux *Cent Nouvelles Nouvelles*, (CLXXV).

Cet artifice cependant peut être le reflet d'une certaine réalité ; puis qu'il est bien certain que, dans ses conversations avec ses amis, Sainte Marthe ou Rapin, d'Aubigné lisait ou écoutait de telles pièces. Toutefois, le désir impénitent de varier la présentation des thèmes dépasse la simple insertion de pièces rapportées et aboutit, lors de la conclusion de l'œuvre, à la description minutieuse de quatre tapisseries allégoriques représentant des triomphes. Nous savons aujourd'hui que cette description était d'abord contenue dans *Les Avis de Luat,* qui devaient former la conclusion de la *Confession de Sancy*, elle a été transportée à la fin du Faeneste, lors de la publication de la IV° Partie, peu avant la mort de l'auteur. Si l'infatigable vieillard semble annoncer encore un cinquième livre, il s'agit peut-être surtout d'une sorte de sentiment d'impuissance à conclure une œuvre qui se termine provisoirement sur un long réquisitoire contre la corruption de l'époque, conclusion normale d'un pamphlet, non du roman qu'elle se promettait d'être.

Dans ses meilleurs moments, le mouvement du dialogue supplée à l'absence de progrès dans l'action. Il dépend souvent, pour les trois premiers livres du moins, d'un va-et-vient entre plusieurs plans temporels : le plan de la conversation présente, qui se situe dans le cadre précis d'une durée de vingt-quatre heures environ et le plan du passé, celui des récits qui se situent à des époques diverses plus ou moins distantes les unes des autres. Le plan du présent est fortement structuré par les heures des repas et du sommeil : collation (I, vi), début du repas du soir (I, x), fin du repas (II, i), coucher du Baron (II, xix), préparatifs de la toilette du Baron (II, i), réapparition tardive de Faeneste (II, viii). L'écoulement du temps peut aussi être suggéré, comme souvent au théâtre, par des déplacements dans l'espace, ainsi la conversation qui occupe les quatre premiers chapitres remplit la durée nécessaire pour se rendre à pied des limites de la propriété d'Enay à sa demeure. Le chapitre v est occupé par la visite des bâtiments de l'étable au grenier. Les déplacements des valets de Faeneste, leurs apparitions et leurs disparitions successives sont un autre moyen de suggérer l'écoulement du temps. Au début Faeneste confie son cheval à Carmagnole pour suivre lui-même Enay à pied, il signale la présence d'un valet portant son grand duel qui doit être Estrade. Au chapitre vi, Cherbonnière et les autres valets rejoignent leur maître en se déclarant affamés. Au cours du livre II, nous voyons Cherbonnière intervenir inopinément dans la conversation (chap. iv) puis tous les autres valets appelés pour s'ébattre avec leur maître. La conversation d'Enay et de Cherbonnière occupe les sept premiers chapitres du III° Livre, ce dernier s'éclipse pendant le chapitre viii pour venir annoncer, au début du chapitre suivant, la disparition d'Estrade.

Ces déplacements, comme le passage d'un plan temporel à l'autre, sont des moyens de passer d'un thème à un autre, de faire rebondir le dialogue dans de nouvelles directions. Au début, c'est la vision même du décor, le clos et le chemin où se situe la rencontre qui provoque le débat sur les mots entre les deux personnages, puis la vue d'Estrade portant le grand duel fait glisser la conversation sur les affaires d'honneur. L'arrivée au chateau et la visite nous ramènent au débat sur les mots. Lorsqu'on se met à table, la prière d'Enay que n'accompagne aucun signe de croix, amorce le débat, bien vite interrompu sur la religion ;

il sera repris au livre suivant avec une remarque symétrique sur la manière dont Faeneste expédie ses grâces à la fin du repas. Au début du troisième livre les accessoires de toilette, réclamés par Charbonnière pour son maître, appellent un nouveau développement sur les raffinements de la mode, tandis que l'apparition tardive de Faeneste demandant un quadran permettra de faire connaître toute son ignorance en astronomie. Ainsi les objets dont la présence est aperçue ou soulignée grâce au déplacement des personnages sont le point de départ des thèmes successifs. Ce souci de la mise en scène tire peut-être son origine de la tradition des dialogues de la Renaissance, héritée de Platon, de Lucien surtout, et habilement mis en œuvre par Erasme dans ses *Colloques*. Toutefois d'Aubigné systématise et poursuit pendant trois livres les indications plus brèves ailleurs et qui constituaient seulement le point de départ du dialogue philosophique ou satirique. Il sait aussi éviter les trop longues descriptions de costumes, de gestes, d'attitudes, qui alourdissaient singulièrement les dialogues de Noël du Fail.

La forme dialoguée n'est pas réservée au plan de la conversation présente, elle se retrouve dans le plan du passé à l'intérieur même des récits.

Lorsqu'il raconte une de ses aventures, Faeneste nous restitue le dialogue par lequel il croit triompher de ses adversaires, la narration proprement dite occupe souvent moins de place que l'échange des répliques. Les récits d'Enay eux-aussi, telle la vente du cimetière à l'avocat Cheneverd, se ramènent souvent, pour l'essentiel, à un dialogue entre le trompeur et le trompé. Le récit peut aussi être partagé entre deux personnages, Faeneste et son valet Cherbonnière par exemple, qui fournit des détails complémentaires éclairant certaines mésaventures restées inexplicables pour le Baron (II, IV). Cette prédominance de la forme dialoguée sur le plan même du récit s'accompagne du recours fréquent au présent de narration, alternant avec le passé simple ou l'imparfait. Cette alternance reproduit, dans une certaine mesure, la démarche même de la mémoire qui est de rendre présent ce qui était absent : les passés soulignent le décalage entre les deux plans temporels, les présents l'abolissent. Ainsi la pétulance de Faeneste nous donne, à mesure qu'il s'échauffe, l'illusion d'une présence vivante du passé. La précision rapide des gestes, des attitudes, des mouvements qu'il évoque suggère les éléments d'une pantomime où ce grand acteur, qui joue plusieurs rôles à la fois, finit par se donner la réplique à lui-même. Enay ou Beaujeu, s'ils savent aussi conter avec verve, ne se mettent pas eux-mêmes en scène, c'est le dédoublement de Faeneste qui constitue en partie l'originalité de l'œuvre, la distingue des recueils de nouvelles, des dialogues ou des pamphlets qui l'ont précédée annonce, de loin, *le Neveu de Rameau*.

Pouvons-nous alors parler d'un roman ? Si l'habitude des intrigues construites héritée de la grande tradition du XIXe siècle peut nous faire hésiter, l'effort récent de désintégration de l'œuvre romanesque nous rapproche paradoxalement de ses origines. Le cadre même de vingt-quatre heures, enfermant dans les trois premiers livres, la trame bigarrée des conversations et des récits souvenirs n'est pas sans analogie avec la journée de Stephan Dedalus et de Bloom qui constitue l'armature de la grande œuvre de Joyce. Sans doute dans *Ulysses,* la multitude des personnages rencontrés, la vivacité des conversations, l'affleurement des souvenirs passés par le jeu du monologue intérieur constitue-t-il un ensemble beaucoup plus riche et plus touffu. Le principe de la composition par entrelacement des thèmes, avec le caprice apparent de leur succession et de leur retour, demeure pourtant le même. Sans doute aussi, chez d'Aubigné, l'intention satirique maintient-elle une unité beaucoup plus rigide, en dénonçant, à travers les mœurs, l'exercice du pouvoir politique et la religion, le même sacrifice de l'être au paraître. Cependant la raideur de la morale huguenote s'exprimant à travers la spontanéité jaillissante du dialogue et du jeu de mots, multiplie les correspondances, les relations symboliques entre les récits et les thèmes. D'Aubigné laisse le plus souvent au lecteur le soin de les découvrir et c'est là peut-être l'aspect le plus moderne de la composition.

Henri WEBER.

« EN FORME DE PASQUILS »

CONTRIBUTION A L'ÉTUDE
DES GENRES LITTÉRAIRES AU XVIe SIÈCLE

Réuni à l'automne de 1561, au début du règne de Charles IX, le Colloque de Poissy est resté célèbre dans l'histoire des luttes politiques et religieuses qui déchirèrent la France pendant la seconde moitié du XVIe siècle. Pour la première fois, des théologiens catholiques et protestants s'étaient assemblés en vue d'une tentative de rapprochement et de conciliation. Cette rencontre, qui mettait en présence un Théodore de Bèze, chef des calvinistes, et des prélats influents comme le cardinal de Lorraine, avait fait naître un grand espoir. On sait qu'il fut bientôt déçu ; les représentants de l'Eglise de France et des Réformés se séparèrent sans être arrivés à s'entendre et sans que le pouvoir royal ait réussi à imposer une trêve aux deux partis, plus que jamais dressés l'un contre l'autre.

Dans l'étude qu'il a jadis consacrée à cet événement, le baron Alphonse de Ruble fait état de pièces de circonstance inspirées par la controverse de Poissy. Ainsi est-il amené à signaler qu' « un poëte inconnu, du parti catholique, écrivit un *Pasquin pour le concile national,* qui fut très répandu au XVIe siècle, car on en trouve de nombreuses copies dans les manuscrits du temps. Il invoque les principaux prélats de l'assemblée, leur dédie une maxime de la Bible et la délaie en vers français [1] ». Après avoir reproduit quelques passages à titre d'exemple, l'auteur déclare que la meilleur partie du poème est l'oraison qui lui est jointe : *O bon Dieu des vertus et Seigneur des armées...* En note, A. de Ruble précise que cette dernière pièce, un dizain, est imprimée à la suite des *Sonets, prières et devises en forme de pasquins* d'Anne de Marquets, petit recueil dont il reparlera un peu plus loin pour citer le premier de ces sonnets : *O souverain autheur de la terre et des cieux* [2].

Ce que l'estimable érudit n'a pas vu, c'est que, dans le recueil en question, se trouve compris le texte à citations bibliques qu'il a d'abord mentionné, et que le « poète inconnu » qui en est l'auteur ne fait qu'un par conséquent avec Anne de Marquets. En réalité, le titre de ce poème est *Pasquins* (au pluriel) *pour le concile national faict à Poissy, 1561,* si l'on se reporte à la version utilisée par de Ruble et que je crois pouvoir identifier avec celle du manuscrit de la Bibliothèque nationale, fonds français 10190 (ff. 93-96), l'une des « nombreuses copies » auxquelles notre auteur fait allusion. Ces « pasquins » du ms 10190 repris en

---

1. Alphonse de Ruble, « Le colloque de Poissy (septembre-octobre 1561) » dans *Mémoires de la Société de l'Histoire de Paris et de l'Ile-de-France,* t. XVI, Paris, 1890, p. 49-50.
2. *Ibid.,* p. 53.

partie par de Ruble sont bien ceux, à quelques variantes près, qui figurent dans l'opuscule intitulé *Sonets, prieres et devises en forme de pasquins pour l'assemblée de Messieurs les Prelats & Docteurs, tenue à Poissy, MDLXI*[3]. Entre les vingt *Sonnets à la louange des reverens prelats et docteurs assemblez à Poissy, sur le faict de la Religion*[4] et l'*Oraison à Dieu pour*

---

3. *A Paris, chez la veufve Guil. Morel*, M.D.LXVI, in-12 de 20 fnc, sign. *a* 2 - *e* 3 [B.N. : Réserve Ye 1776]. Autre édition de 16 fnc [*ibid*. Rés. Ye 1772] semblable à la précédente, sauf que n'y figure pas la pièce finale intitulée *Epistre aux lecteurs*. — L'ouvrage s'ouvre par une épître dédicatoire au Cardinal de Lorraine au cours de laquelle l'auteur déclare avoir été averti « que, depuis quelques jours, ces miens petits vers, sans mon sceu, & plus encore contre ma volonté, avoient esté imprimez » ; l'épître est datée de Poissy, 23 août 1562 et signée Anne de Marquets. Parmi les pièces liminaires du recueil se lit un beau sonnet (Inc. : *Quelle nouvelle fleur apparoist à nos yeux ?*) dont l'auteur est « P. de Ronsard Vandomois ». H. Vaganay, *Œuvres complètes de Ronsard*, t. II, p. 445, signale que ce sonnet se rapporte à un ouvrage d'Anne de Marquets publié en 1562. Tout semble donc indiquer que l'auteur a fait paraître cette année-là la première édition des *Sonets* etc., composés l'année précédente et, sans doute, bientôt répandus. Cependant, nous n'avons pu atteindre ni jamais vu citer d'autres éditions que celles de 1566 décrites ci-dessus. La question se pose, par ailleurs, d'expliquer comment des poèmes relatifs au Colloque de Poissy aient pu être édités ou réédités cinq ans après l'événement qui leur avait donné le jour.

4. Ils figurent également dans le ms B.N. fr. 10190 (ff. 96 v°-101), à la suite des *pasquins*, sous le titre : *Sonnetz a la louange des reverendissimes prelatz et docteurs assemblez au concile de Poissy sp[eci]alement de Mgr le cardinal de Lorraine principal defenseur de la foy*. La transcription de ces pièces s'achève par la didascalie suivante : « Les dits carmes ont estez composez p[ar] une religieuse de Poissy nommee Anne de Marquetz asgee seulement d'environ vingt trois ans et par

l'Eglise universelle, on trouvera — je reproduis le titre intérieur — les *Prieres, sentences et devises, en forme de Pasquils, pour la dicte assemblée à Poissy* auxquelles nous voudrions à présent accorder notre attention.

Sans insister pour l'instant sur la double forme *pasquin(s)/ pasquil(s)* par laquelle l'auteur désigne ses « petits vers », voyons en quoi ceux-ci consistent au juste.

Deux versets empruntés respectivement aux psaumes 73 (*Memor esto Domine congregationis tuae*) et 89 (*Et respice in servos tuos*) constituent une sorte d'exergue qui introduit une prière à Dieu formulée en six vers octosyllabiques :

> O Dieu seul autheur de tous biens.
> Regarde d'un œil favorable
> Ceste compaignie honorable,
> Et qu'il te souvienne des tiens
> Leur faisant protester et croire
> Ce qui est conforme à ta gloire.

Vient alors une dédicace, la première, « A Monseigneur le cardinal de Tournon », suivie d'une nouvelle citation de l'Ecriture : *Zelus domus tuae comedit me* (Ps. 68) et de son développement dans un autre sixain :

---

icelle mis en lumiere » (f° 101). Une note d'A. de Ruble (*loc. cit.,* p. 53, n. 2) confirme ce détail et précise qu'Anne de Marquets, religieuse dominicaine, est également l'auteur d'un volumineux recueil de *Sonets spirituels (...) sur les démarches et principales solennités de l'année,* édit. posth., Paris, Morel, 1605. La graphie *des* M. employée par de Ruble est celle du ms fr. 10190 ; c'est *de* qu'il faut lire, conformément à l'édition de 1566 : « Anne de Marquets » (f° a2 v°) et « De De-marquetz or que la saincte Muse... » (f° [16] v°).

> Ce bon prelat en qui on voit reluire
> Tant de vertu peut bien justement dire :
> L'affection, ô mon Dieu, que je porte
> A votre Eglise est si ardente et forte
> Que je suis prest à souffrir mort cruelle
> Pour soustenir sa tant juste querelle.

Tel est le procédé de construction sur lequel se développe toute la pièce. Il comprend trois choses : 1° le nom du personnage (les principaux dignitaires ayant siégé à Poissy) ou du groupe (les archevêques et évêques, les religieux, le peuple de France, etc.) auquel le poète entend s'adresser ; 2° une courte citation de l'Ecriture ayant trait, par sa valeur allusive, aux qualités, à la conduite, au rôle du personnage ou du groupe en question ; 3° un sixain ou un quatrain octosyllabique paraphrasant ou explicitant la portée du texte biblique allégué. Le ton de ces « prières, sentences et devises » — vingt-cinq au total — est fort pieux. On y chercherait en vain trace de propos hostiles ou médisants. Point de sectarisme non plus dans l'esprit de cette religieuse chez qui l'attachement à l'Eglise catholique va de pair avec le zèle charitable pour « ceux qui errent en la foy » :

> Laissez, pauvres errants, le chemin vicieux
> Que liberté de chair vous a fait entreprendre,
> Et vous, venez bien tost en humilité rendre
> A vostre Dieu qui est tant doux et gracieux.
> Croiez qu'il vous sera favorable et propice,
> Si vous voulez laisser vostre erreur et malice.

Toute empreinte qu'elle fût d'onction et de douceur, la louange adressée par Anne de Marquets aux champions de l'orthodoxie suscita une réplique anonyme du côté protestant : c'est la *Response aux Pas-*

quins tirez de la S. Ecriture et destournez de leur vray sens par une Nonain de Poissy, en faveur des Prélats de France [5].

> Dieu ne nous a sa parolle baillée
> Pour estre ainsi de nos mains tenaillée
> Honteusement comme je voy ici
> D'une nonain latinante à Poissy.

L'auteur de la *Responce* reproche en effet à la religieuse d'avoir, dans ses citations latines, malmené l'Ecriture sainte :

> Mieux eut vallu en langue maternelle
> Chanter de Dieu la clémence éternelle (...)
>
> Qu'avecques tant de latines harangues
> De la parole abuser et des langues,
> Et proposer grand nombre de versets
> Du Testament de leur sens renversez.
>
> Avez-vous point, Fille, hélas ! quelque crainte,
> Usant ainsi de l'Escripture-Saincte ?
> Sçavez-vous pas que, de ceux qui ont pris
> Son nom en vain, il punit le mespris ?

C'est donc uniquement à la pièce « en forme de pasquils » que s'en prend le polémiste. Il y voit un manquement au respect de la parole divine du fait que celle-ci, au moyen de citations latines de la Bible, s'y trouve invoquée de façon aussi constante qu'abusive. Cette pièce « en forme de pasquils », expression

---

5. Poème de 12 quatrains, non daté, reproduit dans les *Mémoires de Condé*, t. II, Londres, 1743, p. 518-519 [B.N. : 4° La[22] 4(2)]. F. Charbonnier, *La poésie française et les guerres de religion (1560-1574)*, Paris, 1919, p. 475 ne mentionne pas d'autre édition.

qui s'abrège parfois en « pasquils » (ou « pasquins »), est donc considérée comme un type d'écrit nettement distinct parmi les genres représentés dans l'opuscule d'Anne de Marquets ; c'est ce que fait voir du reste un passage de ce dernier [6]. Dès lors, de quoi s'agit-il ?

Philippe-Auguste Becker, que notre expression embarrassait, avait supposé qu'il s'agissait d'un libelle protestant vu que, disait-il, le « Pasquill » était, comme genre littéraire, frappé d'interdit par l'Eglise [7]. De fait — mais ce n'est pas le lieu d'en fournir la preuve — le Pasquino ou Pasquillo romain [8], porte-parole de la satire publique, fut largement utilisé par la Réforme. Sans remonter jusque-là, il suffit de savoir qu'en passant du nom propre au nom commun, *pasquin* et sa variante *pasquil(le)* se sont installés dans la langue du XVIe siècle avec un sens péjoratif,

---

6. Les deux éditions de 1566 font suivre l'*Oraison à Dieu* de quelques vers qui ne sont pas de la religieuse de Poissy, car on la défend des attaques dont elle a été l'objet, tout en la louant
    Que ses pasquils, ses odes & sonnetz
    Ont merité d'estre tous eternelz.
7. « Zur Geschichte der Vers libres in der neufranz. Poesie » dans *Zeitschrift für romanische Philologie*, t. XII, Halle, 1888, p. 95, n. 4. Becker ne connaissait le recueil d'A. de Marquets que par les indications du *Manuel du libraire* de G. Brunet.
8. On sait que ce nom fut donné à Rome, tout au début du XVIe siècle (1501), à un torse mutilé de statue qu'on venait de découvrir et sur lequel la coutume s'établit d'apposer des vers épigrammatiques en latin et en italien, qui censuraient d'ordinaire le Pape et la Curie. Ce genre de compositions prit le nom du personnage que l'on faisait parler de la sorte. Sa renommée s'étendit vite hors de Rome et de l'Italie : d'où la diffusion, dans la plupart des pays d'Europe, d'une famille lexicale, représentée principalement en français par les termes *pasquin, pasquil, pasquille, pasquinade*.

celui qui s'attachait à des écrits que leur caractère anonyme rendait d'autant plus aisément subversifs ou scandaleux : railleries caustiques, placards diffamatoires et autres « libelles fameux et injurieux », suivant la définition qu'en donne l'*Ordonnance sur la deffence des Pasquilles* promulguée par Charles-Quint le 19 février 1543[9].

Si tel est le sens de *pasquin/pasquil* — et il est suffisamment attesté pour qu'on ne doive pas y insister —, comment expliquer que le nom désignant une satire, et plus exactement une diatribe, ait pu s'appliquer à des vers pieux ? J'entends d'avance l'objection : on ne dit pas (sinon par abréviation) que cette pièce édifiante soit un pasquil pur et simple ; on dit qu'elle est composée « en forme de pasquils ». C'est donc que le pasquil avait une forme particulière ? Cela ne paraît pas douteux. Mais alors à quoi correspond cette forme qui a dû présenter, à certain moment, assez de régularité pour qu'elle servît de moule à une inspiration excluant tout contenu satirique, lequel est cependant le noyau sémique du terme *pasquil* ? Voilà le problème.

**

Les théoriciens littéraires ne nous seront en l'occurrence d'aucun secours : tous les traités du xvie siècle sont muets sur le pasquil. La forme française de la satire dont parlent Th. Sebillet (1548), J. Du Bellay (1549), J. Peletier (1555) et Vauquelin de la Fresnaye (1605) est le coq-à-l'âne, que le *Quintil Horatian* de B. Aneau (1556) range pour sa part dans

---

9. J. Lameere et H. Simont, *Recueil des ordonnances des Pays-Bas,* 2e série, t. V, Bruxelles, 1910, p. 6.

les « enigmes satyriques » plutôt que dans les satires proprement dites. Pourtant, les textes vont nous révéler autre chose. Il est vrai que ce sont des textes extrêmement peu connus.

Ne quittons pas la date 1561 à laquelle vient de nous arrêter le Colloque de Poissy. Cette année-là est publié, sans nom d'imprimeur, un mince factum intitulé *Le pasquil de la cour, composé nouvellement par maistre Pierre de Cognieres ressuscité, jadis advocat en la Cour de Parlement à Paris* [10]. L'auteur se dissimule derrière le pseudonyme d'un magistrat du XVIe siècle, Pierre de Cugnières qui, sous Philippe de Valois, avait poussé le roi à réduire certains privilèges ecclésiastiques, ce qui lui avait attiré les foudres du chapitre cathédral de Paris. Agissant à l'instar de ce personnage que Joachim du Bellay avait déjà fait parler quelques années auparavant [11], il va encourager les espérances du nouveau règne, réunies sur la personne du jeune roi.

Au Roy de France, Charles de Valois, IX :

« Quis putas puer iste erit ? »

Qui penses-tu, noble peuple de France,
Qui mettra fin à ton dueil et souffrance ?
Ce sera Charles ton jeune roy et tendre,
Si Dieu luy fait sa volunté entendre.

---

10. Petit in-8° de 4 fnc, sign. A...-A 3, s.l., *Imprimé nouvellement 1561* [B.N. : 8° Lb^{33}16]. Un texte avec variantes figure dans les *Mémoires de Condé* déjà cités, t. II, p. 657-660. Un autre exemplaire se trouve dans le ms B.N., nouv. acq. franç. 7719, ff. 68-71.
11. Voir la « Satyre de Maistre Pierre du Cuignet (*sic*) sur la petromachie de l'Université de Paris », au t. V des *Œuvres poétiques* de J. du B., édit. H. Chamard, Paris, Soc. des Textes franç. mod.

Tel est le début du pasquil dont la composition a dû suivre d'assez près la mort de François II (5 décembre 1560). Avec celle-ci s'estompait l'influence des Guise (le duc François et son frère le cardinal) auxquels le roi, trop faible, avait abandonné les affaires du royaume. D'origine lorraine, les Guise apparaissaient comme les usurpateurs d'un pouvoir qui, par suite de la carence des Valois (François II, roi à quinze ans, et son frère Charles IX, plus jeune encore), aurait pu être exercé par les Bourbons, de sang royal. Et c'est en réalité pour le relèvement de la maison de Bourbon que le poème est écrit. Les représentants de celle-ci étaient Antoine, roi de Navarre, Louis, prince de Condé et Charles, cardinal de Bourbon. A tous trois, le pasquil dédie des quatrains élogieux ou vengeurs : les deux premiers nommés sont d'ailleurs cités à la suite du roi et avant le couplet, mi-figue mi-raisin, consacré à la reine-mère, Catherine de Médicis (... *Et bien me prend de plusieurs estre mere / Car par cela en credit je demeure*). Les attaches calvinistes des Bourbons étaient bien connues, et l'on sait que l'opinion des modérés autant que celle des huguenots leur était favorable. Par contre, les Guise, catholiques intransigeants, sont vilipendés. En plus de la strophe adressée en bloc

A la maison de Guyse :

« Abierunt retrorsum et ceciderunt »

Comme au jardin la tourbe meurtriere,
Espouvantée retourna en arriere :
Ainsi sera la maison estrangiere,
Quand se verra de Bourbon chambriere,

le libelle s'en prend à ses membres les plus en vue et

à leurs partisans. Voici par exemple, l'envoi au puissant *cardinal de Lorraine* :

« Quomodo cecidisti de coelo, Lucifer ? »
D'où vient que toy, Lucifer attaché
Au firmament du royaume mondain,
Es mis au bas du haut lieu arraché
Et ta clarté as perdu tout soudain ?

Si l'on doutait encore de quel côté vont les sentiments religieux de l'auteur, qu'on lise le passage réservé au pape (« Descendam in infernum lugens »), et surtout la dernière des vingt strophes de la pièce :

A *tous les moynes*

« Vae vobis »

Mal-heur sur vous, pauvres mal-avisez,
Mal-heur sur vous, Antechrists desguisez,
Puis que voyez ce que ne vouliez voir
Et que chacun desire de savoir.

Fin du Pasquil.

A quoi l'on voit que ce libelle politique est aussi un pamphlet calviniste. Ecrit quelques mois avant le Colloque de Poissy, le texte a peut-être inspiré — pour leur forme — les pasquils orthodoxes de sœur Anne, qui aura dû trouver bien ingénieux de faire servir à la bonne cause une arme employée par l'adversaire.

N'épiloguons pas sur la forme de ce pasquil qui est bien, cette fois, un écrit satirique. Voyons plutôt s'il en existe d'autres qui lui soient apparentés.

De la même année que le Colloque de Poissy date une longue pièce composée peu après l'avènement de Charles IX [12]. On en citera seulement le début :

---

12. Elle est d'ailleurs contenue dans le ms B.N. fr. 10190, ff. 92-93, où elle figure juste avant les « Pasquins

PASQUIL.

Au royaume de France :

« Vae, vae iterum quando puer sedebit super lilium [13] ».

A l'Eglise romaine :

« Ergo ero vobiscum usque ad consummationem saeculi ».

A l'Eglise de France :

« Qui sequitur me, non ambulat in tenebris »...

Toujours sous l'anonymat, c'est une plume catholique qui écrit. Le pasquil revêt ici une forme simplifiée : le nom du destinataire précède la parole de l'Ecriture qui lui est appliquée. Aucun développement en vers n'y est ajouté, comme c'était le cas dans les deux pièces que nous avons examinées jusqu'ici. L'allusion, qu'il faut saisir, naît du simple rapprochement entre le destinataire et la citation biblique.

Même procédé dans une autre pièce manuscrite intitulée *Pasquille* (14). En voici l'incipit :

Le Roy au Connestable l'envoyant à Bourdeaulx :

« Abi ad populum nequam, et quemcumque ligaveris super terram erit ligatus et quemcumque solveris erit solutus,

et l'explicit :

---

pour le concile national » d'A. de Marquets (cf. *supra*, p. 132).
13. Allusion au jeune Charles IX qui, à dix ans, succédait à son frère François II, en décembre 1560.
14. Ms B.N. fr. 3090, ff. 91-92v°.

Les habitants de Bourdeaulx aux saccaigez :
« Vae illi per quem scandalum venit ».

Longue pièce inspirée par ce qu'on a parfois appelé la « Commune de Bordeaux ». Une insurrection avait éclaté, à Bordeaux, en 1548, contre une nouvelle augmentation de la gabelle : le connétable Anne de Montmorency, que Henri II avait dépêché là-bas en compagnie de François de Guise, ne rétablit l'autorité royale qu'au prix d'impitoyables rigueurs. C'est sur cette répression que roule le chapelet allusif des citations bibliques en latin.

Une variation est introduite dans le *Pasquin des troubles advenuz au royaulme de France en l'année 1567 jusques en l'année 1568* [15], où le texte latin est suivi de sa traduction française. Cela donne :

Le prince de Condé au Roy :

« Ave Rabi »
Bon jour monsieur mon maistre.

Le Roy au prince de Condé :

« Amince, ad quid venisti »
Amy, pourquoy es-tu venu ?

Les huguenots au prince de Condé :

« Nos legem habemus et secundum legem debet mori »
Nous avons une loy... (etc.)

Cette longue pièce, contemporaine de la seconde guerre de religion qui permit aux Guise de reprendre du crédit, innove encore par le rôle de premier

---

15. Ms B.N. fr. 3241, ff. 86-90v°.

plan qu'elle donne à certains personnages : le roi Charles IX, la reine-mère Catherine de Médicis, le prince de Condé, les Huguenots, les « bons subjects » du roi, etc. s'interpellent et se répondent à coups de versets bibliques. A travers ce feu-croisé, s'ébauche un semblant de dialogue, plus efficace que l'habituelle énumération de personnages à qui on ne prête la parole qu'une seule fois.

Chez un esprit d'humeur franchement satirique, le jeu des citations peut prendre un tour piquant. C'est ce que montre le *Pasquil des vins*, dont le manuscrit date de la seconde moitié du XVIe siècle [16] :

Premierement celuy du Roy : excellent et fort.
De M. le Daulphin : Il le fault bien conserver ou il n'est pas meur.
De M. le prince de Condé : Il est encore vert.
De M. le prince de Conty : [Il] a une oreille.

Défilent ainsi quelque cent vingts personnages importants du royaume de France jugés, de façon le plus souvent ironique ou malicieuse, sur la qualité de leur « vin »... et à bon entendeur, salut ! On notera ici la disparition de toute référence à des textes connus, scripturaires ou non. Au lieu de s'abriter derrière une citation, l'allusion jaillit à partir d'une réflexion de l'auteur.

Aussi bien, les derniers textes que nous venons d'examiner sont-ils dépourvus de tout caractère proprement littéraire. Point d'autre élaboration en eux que celle qui consiste à juxtaposer aux nom et qualité d'un destinataire le texte qu'on lui destine et qui est, comme d'habitude, une phrase empruntée

---

16. Ms B.N. fr. 3794, ff. 20-21v°.

(hormis le dernier cas). Ce n'est pas que toute invention soit ici absente. Au contraire, elle existe par le choix qu'il a fallu faire d'un personnage et d'une citation appropriée à sa condition ou à sa conduite. Mais la création formelle est nulle, l'auteur n'ajoutant aucun développement à l'assemblage auquel il s'est borné.

Que cet assemblage de citations soit apparu comme l'essentiel du pasquil, c'est ce qui ressort du témoignage de Tabourot des Accords notant, en 1572, dans ses curieuses *Bigarrures* :

> Je diray encor des pasquils qu'ils sont souvent tirez des vers dudit Virgile : et aujourd'huy les plus frequentes se tirent de la saincte Escriture, tantost comme de la Passion, des sept Pseaumes et autres (...) [17].

Les *pasquils* — ils nous sont maintenant familiers — doivent évidemment leur nom au fait que c'est sous l'égide de maître Pasquin ou Pasquil, la statue parlante du Parione romain, que ces chapelets de citations savantes ont d'abord circulé. Rabelais écrivant de Rome en 1536 à l'évêque Maillezais y fait très clairement allusion :

> Pasquil a faict depuis nagueres un chantonnet, ouquel il dist à Strossi : *Pugna pro patria*, à Alexandre, duc de Florence : *datum serva*, à l'Em-

---

17. Liv. I, chap. 20. En manchette : « Des autres sortes de vers folastrement et ingenieusement practiquez. » Je cite d'après la réimpression de Bruxelles, 1866, t. II, p. 105. — A propos de Virgile, notons qu'en 1546 déjà, le *Pasquillus semipoeta* [B.N. : Mz 799] s'ouvrait par un dialogue débutant comme suit : *Arma virumque cano qui pro meretrice tuenda...* L'intention parodique est ici évidente.

pereur : *quae nocitura tenes, quamvis sint chara, relinque,* au Roy : *quod potes, id tenta,* aux deux cardinaux Salviati et Rodolphe : *nos brevitas sensus fecit conjungere binos* [18].

Il ne faudrait pas conclure trop vite que notre héros se soit toujours exprimé « en forme de pasquils ». L'examen patient des textes auquel je me suis livré révèle en effet qu'à Rome comme dans la plupart des autres pays d'Europe, les pasquinades vont de l'épigramme à la parodie. Il n'est que de parcourir les mémoires-journaux de Pierre de l'Estoile pour s'apercevoir qu'à Paris, dans le dernier quart du XVIᵉ siècle, ce genre d'écrits anonymes bien souvent ne se distingue pas d'une satire ordinaire (à ceci près toutefois que la diffamation ou la bouffonnerie passent au premier plan). Une étude d'ensemble que j'espère pouvoir mener à bien permettra de suivre en détail l'évolution sémantique et le destin littéraire du Pasquino romain et de ses descendants.

Deux choses peuvent dès à présent être mises en lumière.

La première, c'est qu'il a existé un type d'écrits relevant de la polémique qui, sous le patronage de Pasquin, a pris une forme particulière dans laquelle la citation allusive, accommodée de diverses manières, jouait le rôle d'élément de base. Ce genre, que caractérisait une forme (nullement fixe, on l'a vu) plus qu'un contenu, s'est diffusé en France au XVIᵉ siècle, porté par le fort courant de littérature militante qui s'y développait. Il s'était constitué dès avant 1541, puisque, cette année-là, l'ambassadeur de France à

---

18. *Lettres écrites d'Italie,* édit. Bourrilly, p. 72.

Venise, Guillaume Pellicier, relève des inscriptions latines « à mode de pasquilz » dont il fait part à son correspondant, le cardinal de Tournon [19]. La forme dont Rabelais nous donnait un spécimen en 1536 — et l'on en trouverait d'autres vers la même date [20] — a donc circulé de bonne heure sous le nom commun de *pasquil*.

En second lieu, le pasquil français est resté assez longtemps un genre hybride mêlant le latin à la langue vulgaire (il en est de même en Allemagne et en Angleterre). C'est là un de ses caractères distinctifs, au moins à l'origine, et qui lui vient sans doute de ce qu'il s'est d'abord manifesté en latin, dans le milieu des humanistes dont beaucoup, on le sait, furent rapidement acquis aux idées de la Réforme. Le *Pasquillus germanicus* [21] et *Le Pasquille d'Allemaigne* [22],

---

19. Lettre en date du 14 septembre 1541, relative au trafic de blé que les Gênois ont obtenu de faire avec la Provence, ce qui les dispense de s'approvisionner en Sicile. « Sur les magasins de bled venu de Sicille l'on a mys de sortz à mode de pasquilz aux ungs : *Noli me tangere, quia Ces. es*, et aux aultres : *Reddite que sunt Ces. Cesari* » (*Corresp. polit. de Guillaume Pellicier ambassadeur de France à Venise, 1540-1542*, éd. Tausserat-Cadel, Paris, 1899, p. 424).
20. Je me bornerai à citer le *Pasquillus Romanus* de 1535 (Inc. : « Modicum videbitis me... ») que Mary-Lafon, *Pasquino et Marforio, les bouches de marbres de Rome*, 2ᵉ éd., Paris, 1877, p. 131-136, reproduit sous la date erronée de 1545. On connaît d'autre part le célèbre recueil de Celio Secondo Curione, *Pasquillorum tomi duo* (Bâle, 1544).
21. *Pasquillus Germanicus in quo causa praesentis belli attingitur, principes aliquot status, ac civitates suae conditionis et officii commonentur, aliquot vero suis coloribus pulchre depinguntur...* (etc.), Anno M.D.XLVI, s.l., pet. in-4°, 12 fnc, sign. Ajj...-Ciij [Brit. Mus. : 1315 b 50].
22. *Le Pasquille d'Allemaigne* auquel l'histoire de

imprimés tous deux en 1546, offrent à cet égard un point de comparaison intéressant. Les rapports entre ces deux libelles protestants apparaissent à l'évidence, non seulement par la confrontation des titres, mais encore par le rapprochement des textes eux-mêmes :

PASQUILLLUS GERMANICUS
Spiritus propheticus de Antechristo

Apo 20,7 — Cum consummati fuerint mille anni, solvetur Sathanas de carcere suo, et exibit ut seducat Gentes.

Apo 17,4 — *Antechristi descriptio.* Mulier erat circundata purpura et coccino... (etc.).

LE PASQUILLE D'ALLEMAIGNE
La prophétie de l'Antechrist

Et quand mil ans seront accomplis, Sathan sera deslyé de sa prison, et sortira pour séduire ses gens.
La description de l'Antechrist. Et la femme estoit accoustrée d'escarlate et de pourpre... (etc.).

Tout porte à croire que le pasquille d'Allemagne a été traduit du Pasquillus germanicus. Pourtant, cette extraordinaire « revue des hommes et des choses d'Allemagne[23] » — où sont notamment énumérés les princes protestants de la coalition liguée contre Charles-Quint — est considérablement plus longue

---

l'*Evangile de nouveau retourné en lumière, et la cause de la guerre presente sont touchees, aucuns Princes, Estatz et Citez sont admonestez de leur condition et office. Aucuns aussi sont painctz au vif, par aucunes belles et graves sentences tirees de la Saincte Bible, sans aucune p[e]rversion des escriptures.* M.D.XLVI, s.l., in-4°, 32 fnc, sign. Ajj...-Hiij [Bibl. Mazarine : A 14959].

23. W.G. Moore, *La réforme allemande et la littérature française*, Strasbourg, 1930, p. 233.

que le texte latin. Comme il est invraisemblable que
la version française ait précédé et que le libelle latin
n'en soit qu'une réduction, on tiendra le pasquille
pour une traduction très augmentée du Pasquillus
original. Ainsi s'explique que les passages de la Bible
figurent tous en français dans le texte et que ce pasquille [24], le premier du genre à ne pas faire intervenir le personnage du même nom, soit aussi le premier entièrement composé dans la langue de Calvin.

Cette traduction d'un pasquil écrit d'abord en
latin n'est pas la seule de son espèce. A une date
que je n'ai pu déterminer avec précision mais qui
est postérieure à 1540, une lettre dédicatoire d'un
certain Pierre Hamelin adressée à René de Batarnay,
comte du Bouchage, nous apprend que celui-ci lui a
fait remettre « ung petit traité en latin aultrement
appellé pasquille pour le mectre et traduire en aultre
langue vulgaire [25] ». La lettre est suivie de « l'interprétation française des motz latins contenuz [en] un
pasquille [26] » et ce dernier, que nous connaissons par

---

24. Calqué sur l'italien *Pasquillo*, diminutif du nom
donné au personnage de marbre *Pasquino*, le nom
commun *pasquille* (voisinant avec *pasquil*) restera masculin au moins jusqu'au dernier tiers du XVIe siècle. Principalement répandue dans les Pays-Bas espagnols, cette
forme passera au féminin sous l'influence des mots français à finale *-ille*. Depuis le XVIIe siècle, *pasquille* n'est plus
guère attesté que dans les parlers français du nord et principalement dans l'emprunt wallon *pasquèye, -éye, -îye*.
25. Ms B.N., fr. 3090, f° 101. — La baronnie de Batarnay avait été érigée en comté, du vivant de René, au mois
de mai 1540. (Voir le *Catalogue des actes de François Ier*,
t. IV, p. 110, n° 11502).
26. *Ibid.*, f° 101 v°. La traduction du pasquille de la
main de Hamelin occupe les ff. 102-105v°.

son traducteur, présente l'habituel schéma : nom de la personne qui est censée prendre à son compte les paroles extraites de la Bible (« Le Roy de France pour animer les gens de guerre »), texte de l'Ecriture (en manchette : « O vos omnes qui laboratis, venite ad me et ego reficiam vos ») et développement de la parole sacrée (« Tout ainsi que Jesuscrist promect remuneration a ceulx qui auront diligemment labouré et travaillé en la vigne de son evangile », etc.). On nous fait ainsi entendre successivement : L'Italie, la France (« comme si elle voullait dire »), le Piémont, l'Etat de Milan, Metz, etc., en tout trente-quatre « parties » généralement fort brèves.

*
* *

Pour achever l'identification du pasquil, un dernier aspect de sa forme retiendra notre attention : il s'agit de l'enchaînement des propos et citations qui le composent.

En 1543, dans un poème écrit à la louange de François Ier, Claude Chappuys narre comment, sur le conseil d'Espérance, il se décide à prendre *le chemin de la court* :

>Mais y allant rencontray l'Arétin
>Avec Pasquil : l'ung me parloit latin,
>L'aultre tuscan, et m'estoient incongneuz
>Fors de renon, car ilz estoient venuz
>En leurs habitz tissuz de mocquerie,
>Qui poinct et picque, et si fault qu'on en rie.
>Ils estoient noirs comme Ethiopiens,
>Dispos assez pour pre[n]dre ung lievre a course
>Riens toutesfoys ne prindrent en ma bourse.
>Pasquil s'aproche et a moy s'arraisonne
>Voulant parler de ma fortune bonne,

Jugeant quasi par phisionomye
De mes desseingtz toute l'anathomye,
Me mesurant ainsi que par compas,
Sy seray moyne ou ne le seray pas :
Et me gestoit plusieurs propos ensemble
Dont l'un a l'aultre aucunement ne semble,
Saultant du coq en l'asne, sans raison,
De maladie et puys de guerison,
Tant qu'on ne scait ou plutost prendre pié.
Et ne scay pas s'il m'avoit espié
Lors qu'Esperance avec moy devisoit,
Mais en l'oreille et tout bas me disoit :
Soulz la belle herbe est caché le serpent,
Tel y va tost qui plustost en repent ;
Et me parloit par enigmes couvertz
Aucunesfoys en prose et puys en vers,
De Lancelot, de Gauvain et d'Artus,
Des mal chaussez et des trop bien vestuz,
En comprenant (si j'en ay souvenance)
Peu de parolle et beaucoup de substance.
Il est bien vray que rien il ne nomma
Et en commun seullement il blasma
Ce qu'en privé n'eust osé pronuncer
Craignant quelcung (non sans cause) offencer.
Mais son propos estoit si deshonneste
Que les cheveulx m'en dressoient en la teste,
Et grandement je m'en trouvay fasché.
Parquoy le laisse, et me suys approché
De ceste bonne et heureuse Esperance
Pour tirer droict à la grant court de France
Ou regne ung roy premier de nom Francoys
Premier de force et premier sus tous roys [27].

Ce que nous retiendrons de ce long passage qui intéresse l'histoire de Pasquin à plusieurs titres, c'est

---

27. *Discours de la court présenté au Roy par M. Claude Chappuys son libraire et varlet de chambre ordinaire*, Paris, 1543, petit in-8°, f° Bjj et suiv. [B.N. : Réserve Ye 1334]. En manchette : *Pasquin et l'Arétin mesdisans.*

l'allusion à sa façon particulière de s'exprimer. par propos décousus autant qu'énigmatiques. Et Claude Chappuys a mis le nom qu'il fallait sur le style de ce genre de discours :

Saultant du coq en l'asne, sans raison.

Le coq-à-l'âne : imposible de n'y pas songer quand on voit comment progressent nos pasquils énumératifs. La juxtaposition des envois et citations exclut tout lien entre eux, du fait que chaque propos concerne un destinataire différent. Cet enchaînement discontinu est le procédé même du coq-à-l'âne [28]. Sans reprendre le problème des origines de ce dernier, disons seulement que sa vogue débute au moment où apparaît en France le pasquil. L'un et l'autre se vouent à la satire. Et, usant volontiers du propos à double entente ou de l'ambiguïté allusive, l'un comme l'autre se complaisent aux apparences de l'énigme.

A cet égard, si l'on voulait illustrer ce qu'avance Claude Chappuys quant au langage sybillin de Pasquil, deux textes au moins nous viendraient à l'appui.

C'est d'abord l'*Epistre de Pasquille de Romme aux jeuneux de Paris* (1543), poème de veine marotique qu'Henri Meylan a publié dans ses *Epitres du coq-à-l'âne*, d'après un manuscrit de la Bibliothèque Nationale [29]. Discours à bâtons rompus que Pasquille tient

---

28. Comme il l'était du reste des genres plus anciens auxquels il se rattache : la fatrasie et la sotie. Voir à ce sujet le chap. v de Ch. Kinch, *La poésie satirique de Marot,* Paris, 1940.
29. *Epitres du coq à l'âne. Contribution à l'histoire de la satire au seizième siècle*, Genève, 1956, p. 56-63. — « Le Pasquin français n'a pas été tiré de l'oubli » constate H. Meylan dans son *Introduction* (p. XXI), où il

à un personnage fictif, en faveur de l'Eglise romaine et de l'obligation du jeûne. La pièce est en octosyllabes à rimes plates.

C'est également en vers réguliers qu'est composé l'étrange *Apocalipse de* (ou *du*) *Pasquil* (1548 ?). Je dis étrange en songeant au ton de visionnaire qu'adopte Pasquil dans les quatrains anaphoriques où il décrit « per enigmata » le spectacle des affaires du monde qui s'offre à lui :

> J'ay veu le soleil radieux
> Courir la poste par les cieulx,
> Non en son char que tant l'on prise,
> Mais sur une grand jument grise.
>
> J'ay veu Juppiter qui s'efforce
> Tyrer la terre aux cieulx par force ;
> Mercure qui luy veult complaire
> Chercher le moyen pour ce faire... [30]

---

signale avec perspicacité le rapport qui existe au XVIe siècle entre pasquins et coqs-à-l'âne. Mais il opère, sans beaucoup d'ordre, des rapprochements entre des textes de forme différente et n'a pas discerné les traits spécifiques du pasquil.

30. Ms B.N., fr. 883, f° 66. Deux autres versions manuscrites sont également conservées à la B.N. : fr. 24322, ff. 30 v°-31 v° et fr. 12791, f° 10 v°. Cette dernière ajoute au titre *Apocalipse du pasquin,* la date de *1548,* qui ne me paraît pas assurée. Ces textes diffèrent entre eux par la longueur (respectivement 13, 14 et 15 strophes) et par des variantes de détail. Le poème, qui est fort curieux, mériterait une édition commentée. Je n'ai pu encore vérifier quel lien l'unit à une *Apocalypse de Pasquin 1546* (*Inc.* : « J'ay veu le soleil s'approcher // De l'Occident pour y coucher) que Meylan signale d'après les *Cinq cents* de Colbert. — On trouvera l'écho parodié de ces sortes d'énigmes, au XVIIe siècle, chez des poètes comme Sigogne, par exemple dans la pièce qui porte le titre significatif de *Prophétie en cocq à l'asne :* « Peuple, malheur sur vous, quand le sanglant Gerfaut // Et le

A la différence de l'épître précédente, qui est le coq-à-l'âne classique, notre *Apocalypse* fait précéder chacun des quatrains du nom de celui ou de ceux qu'il concerne : le roi, le pape, l'empereur, le connétable, etc. [31]. Ainsi retrouvons-nous la structure formelle qui, d'une part, nous rapproche des pasquils où Pasquil n'intervient pas et, d'autre part, nous éloigne du coq-à-l'âne.

Car les deux genres ne sauraient être confondus, malgré ce qu'ils ont en commun et qui est, avant tout, le décousu des propos qu'ils enchaînent. Cette incohérence, soulignons-le, n'est pas recherchée pour elle-même dans le pasquil : elle est le résultat de la structure que l'on sait. En outre, le cop-à-l'âne est régulièrement un poème en vers octosyllabiques, le mètre traditionnel de la poésie comique et burlesque. Le pasquil, tel qu'il nous est apparu dans les textes du deuxième et du troisième quart du XVIᵉ siècle, est une œuvre composite où interviennent deux éléments différents, le destinataire et la citation, quand il ne s'en trouve pas un troisième, la paraphrase en vers ou en prose, qui est la marque des pièces les plus élaborées.

C'est seulement à la fin du siècle, après les guerres de religion, lorsque le pasquil à citations bibliques

---

bleu limaçon, mari de la linotte, // Vers le Pole Antarticq s'en viendra, d'un plein saut, // Luisant comme un bonnet faict à la mattelotte », etc. (Cf. *Le Cabinet Satyrique*, éd. F. Fleuret et L. Perceau, t. II, Paris, 1924, p. 132 et suiv.)

31. La version fr. 24322 indique d'autres destinataires, ce qui ferait supposer que la même pièce pouvait servir à des fins différentes ; le caractère sybillin des propos facilitait le changement de destination. Quant au texte du ms fr. 12791, il ne comporte aucune indication de ce genre.

aura perdu de sa raison d'être, qu'on le verra prendre des formes plus variées (celles de la chanson entre autres) et épouser parfois la manière du coq-à-l'âne jusqu'à s'identifier à lui. Une longue satire imprimée en 1616 nous en apporte le témoignage dès son titre : *Pasquil ou coq à l'asne de M[aître] Guillaume pour balleier les ordures de ce temps* [32]. Et c'est bien à l'enseigne du coq-à-l'âne pur et simple que le lecteur de cette bouffonnerie est logé :

>   O la vissi[ci]tude estrange,
>   Toutes choses courent au change,
>   Le ferme est fondé sur le point,
>   Autresfois l'on ne voyait point
>   Tant de crocheteurs par le monde
>   De vigilans faiseurs de ronde,
>   De porteurs de pacquets pliez,
>   De grands faiseurs de bon-adiez,
>   Tant de faineans par la rue,
>   De questeurs de franches repues,
>   De sires Jeans escornifleurs,
>   De piqueurs de dez, d'enjolleurs,
>   De moyne-laiz, de francatrippes...

Le reste est à l'avenant. Cette pièce suffirait à elle seule à justifier le distique qu'un anonyme avait ajouté à sa transcription de trois coqs-à-l'âne de Marot, dans l'un des volumes des Cinq Cents de Colbert :

---

32. Broch. in-16 de 16 p., *A Paris. Iouxte la copie imprimée à Rouen, chez Abraham Cousturier, M.D.C.XVI* [B.N. : Ye 2960]. La même pièce réimprimée en 1620 (s.l.) est alors intitulée *Les bigarrures de Mᵉ Guillaume envoyées à Mme Mathurine* : je n'en connais que l'exemplaire vendu dans la collection de feu le professeur Jos. Brassinne, à Liège, le 29 février 1955 (n° 299 du Catalogue).

> ... Toujours les coqs à l'asne et les pasquils sont
> [faicts
> Pour aucun n'espargner, mesme des plus par-
> [faicts [33].

*
* *

De l'immense littérature d'action qui caractérise le xvie siècle, se trouve ainsi dégagé, pensons-nous, un genre dont l'autonomie n'avait pas encore été reconnue et définie. Un genre, ou plutôt un sous-genre, qui doit sa vogue aux luttes de la Réforme et qui, loin d'être propre à la France, y a cependant fait une carrière digne de ne point passer inaperçue. Constitué comme il l'était et rivé à l'événement auquel il avait peu de chances de survivre, le pasquil pouvait difficilement s'épanouir en chefs-d'œuvre promis à la postérité. Avant tout, c'est un témoin de l'histoire.

Sur le chemin où se sont relayés, du fatras à l'emphigouri, les expressions anciennes de la poésie du « non-sens », le pasquil pâtit d'être le frère cadet du coq-à-l'âne, son contemporain. Il n'en possède pas moins sa personnalité et son indépendance. Mais celle-ci comme celle-là le vouent aux emplois subalternes, en l'obligeant au surplus à vivre, parfois dangereusement, sous le couvert de l'anonymat.

En marge des genres consacrés, le pasquil appartient à ce que nous appellerions aujourd'hui la paralittérature.

Maurice P<small>IRON</small>.

---

33. Cité par H. Meylan, *op. cit.*, p. xxii.

SUR UNE SCENE DES
AMOURS TRAGIQUES DE PYRAME ET THISBE

Nous ne reviendrons pas ici sur des problèmes généraux, ni sur cette pièce de Théophile dans son ensemble, ou sur son importance pour l'histoire du théâtre français. Cependant une scène dramatique, même dans un théâtre aussi peu « construit » que possible, n'est pas un texte autonome, ne serait-ce que par le fait qu'elle évoque des personnages et qu'elle fait progresser l'action. L'analyse d'une scène de *Pyrame et Thisbé* (I, 3) sera donc l'analyse d'une situation : mais toute situation implique l'existence de personnages « en situation », de leurs passions, des décisions qu'ils prennent et qu'ils s'efforcent d'exécuter. L'analyse d'un texte dramatique concerne essentiellement les faits et des perspectives sur les faits : tout d'abord les perspectives des personnages eux-mêmes, qui se confrontent ou s'opposent en fonction de l'action ; mais aussi, s'il y a lieu, la perspective de l'auteur et surtout celle des spectateurs, qu'il s'agisse de spectateurs « historiques » ou possibles. D'autre part la création d'un personnage théâtral n'est jamais tout à fait fortuite. Son attitude et même son action acquièrent, qu'on le veuille ou non, une valeur d'exemple, suggèrent des applications, des analogies, et par là même des thèmes ou des problèmes moraux. Ainsi tout se tient, et les analyses les plus apparemment fidèles demeureraient abstraites et irréelles, si elles ne tenaient aucun compte de cette zone infra- ou extra-textuelle, d'un certain rayonnement historique du texte. Si notre personnage est un roi, qui éprouve une passion et qui en souffre, mais qui d'autre part, en tant que roi, ne peut oublier sa condition royale, ni permettre qu'elle soit méprisée, — nous avons là une situation assez riche de développements dramatiques possibles : l'absolu du pouvoir et les limites humaines du pouvoir, l'action du roi, son secret, les moyens dont il dispose ; mais aussi ses mobiles et ses réactions personnelles, la frustration ou l'affirmation de soi, l'injustice qui l'avilit ou qui l'abaisse par rapport à son essence royale. En un mot, la tyrannie, mais la tyrannie vue dans la perspective du tyran.

Nous verrons dans quelle mesure Théophile a tiré parti de ces possibilités. Rappelons d'abord que la structure du premier acte est fragmentaire, ne comportant pas de continuité ou de liaison dramatique. Les trois scènes qui le composent nous présentent trois moments de l'action et même trois couples de personnages différents : Thisbé et Bersiane (sc. 1), Narbal et Lidias (sc. 2), le roi et Syllar (sc. 3). Dans le monologue qui ouvre la scène 1, Thisbé exprime son amour pour Pyrame, apportant ainsi des éléments utiles à l'exposition. Elle raisonne aussi sur l'Amour, sans lequel le sort des humains lui semblerait comparable à celui des minéraux ou des végétaux. Surprise par la vieille Bersiane, qui lui reproche de s'être éloignée du logis, suscitant l'inquiétude ou le courroux de ses parents, Thisbé réplique en déclarant son goût de la solitude, du silence, de la rêverie. [C'est un très beau passage, qu'il est impossible d'analyser ici : il faudrait y chercher le sentiment poétique de Théophile, son amour de la jeunesse et de la liberté : Bersiane, de même que les « vieux » (parents), représente l'obstacle, l'autorité qui surveille, qui soupçonne, etc.] — La scène 2 voit paraître Narbal, père de Pyrame, qui appartient lui aussi au monde des « vieux ». Il défend sa « raison » contre la « frenesie » de Lidias (qui de toute évidence exprime la pensée de Théophile). Il s'agit d'une raison aveugle, qui ignore ou qui veut ignorer les lois du temps et de la mémoire. L'homme est sujet à des transformations qui le rendent incapable de ressusciter une vision des choses qui est naturellement déterminée par l'âge, par la vigueur des esprits, etc. De toute façon, d'après Lidias-Théophile, on « ne sçauroit dompter la passion humaine ». Narbal, par contre, se propose d'exercer son autorité jusqu'à la contrainte, au nom de la science morale qu'il croit posséder (et qui serait le fruit de l'âge). Mais notre texte met en évidence qu'il s'agit d'une fausse science et que de telles menaces sont vaines : « Je cognois mieux que toy [...] », « Tu demordras, mutin [...] », « [...] tu ne dois point suivre ta passion [1] ». Il en résulte une critique de l'autorité dans le domaine de la vie privée, car les principes de Narbal n'ont aucune valeur générale, mais tiennent à son « humeur

---

1. Nous citons *Les Amours tragiques de Pyrame et Thisbé* d'après l'édit. critique p.p. G. Saba, Naples, 1967.

envieuse et chagrine » et semblent surtout destinés à assurer sa tranquillité et son bien-être (son fils est « obligé de [lui] plaire », tandis que « cet Amour furtif irrite [sa] cholere » : mais déjà Montaigne constatait que les jeunes « reçoivent avecques mocquerie ces mines fieres et tyranniques d'un homme qui n'a plus de sang ny au cœur, ny aux veines, vrais espouvantails de cheneviere [2] »). Cela est d'autant plus remarquable que la scène suivante (à laquelle notre étude est essentiellement consacrée) met aussi en cause, quoique moins directement, le principe d'autorité dans un domaine plus vaste. A l' « Empire paternel » et à son « pouvoir absolu » semble correspondre, du moins en partie, cet autre « pouvoir absolu » qui est celui du roi. D'après Lidias-Théophile, le pouvoir paternel se heurte à des *impossibilia* (« Vous voulez qu'Ixion, lié dans les Enfers, etc. ») : qu'en advient-il de l'autorité royale ?

Sur le plan purement psychologique, le Roi conçu par Théophile est un être cynique et emporté. Pour satisfaire sa passion, il ne recule pas devant le crime. En plus, il paraît étranger à tout sentiment de noblesse morale ou de fidélité. Il est comme aveuglé par la haine :

> Lors qu'elle le verra sanglant sur la poussiere,
> Que les yeux en mourant, les regards à l'envers,
> Hideux sans mouvement demeureront ouverts,
> Il faut que l'amitié soit bien dans la pensee,
> Si par un tel object elle n'en est chassee.
> (vv. 180-184).

On pourrait même indiquer, dans ce texte, un goût sadique de la douleur, du châtiment qu'on rêve d'in-

---

2. *Essais*, II, chap. VIII, édit. J. Plattard, t. III, p. 89.

fliger à l'être aimé. Mais ce thème est à peine effleuré. Par contre, les spectateurs ont dû être frappés, d'une façon plus générale, par la brutalité du Roi : comment imaginer que Thisbé puisse devenir « accessible » à l'affection de celui même qui serait responsable de la mort de Pyrame ! C'est en dehors de toute vraisemblance, du moins dans le domaine des sentiments élevés ou tout simplement humains [2]. Et pourtant, lorsque le Roi affirme qu'un être vivant ne peut pas aimer un « object » qui n' « aime plus, ne sent rien, n'a plus de part au jour », il ne fait que tirer une conséquence extrême, logiquement correcte mais paradoxale, de la « philosophie » libertine : si l'existence humaine est matérielle et « sensible », l'amour ne saurait subsister après la mort de l'être aimé [4]. Tout amour est d'abord amour de la vie.

---

3. On retrouve une situation analogue dans la *Sylvie* de Mairet (édit. J. Marsan, Paris, 1905), où le Roi, afin d'empêcher son fils Thelame d'épouser la jeune Sylvie, voudrait la faire assassiner, estimant qu' « Avecque l'esperance il en perdra l'amour » (IV, 1, 1363) et que « L'object mort, le soucy ne travaille plus guere » (v. 1365). Mais le Chancelier lui répond que cela n'est vrai que d'une passion « vulgaire ».

4. A. Adam, *Théophile de Viau et la libre pensée française en 1620*, Genève, 1965, p. 247, rapproche fort justement les vers cités ci-dessus d'un passage de l'élégie *Cloris lorsque je songe en te voyant si belle* (voir *Œuvres poétiques*, édit. J. Streicher, Genève-Paris, t. II, 1958, p. 26 sq.), où est évoqué le spectacle saisissant de la mort corporelle. D'après Théophile, l'Amour ne saurait suivre « Dans l'horreur de la nuict des ombres et du vent ». Car la « mort hideuse » efface bien tôt l'image de l'être aimé : « [...] dedans un moment après la vie esteinte,/ La face sur son cuir n'est pas seulement peinte. » Ce spectacle, même imaginaire, est un puissant « remede » contre l'Amour : il est impossible qu'un amant continue à « vivre dans les yeux d'une Maistresse morte ».

D'autre part ce Roi brutal est l'image des Dieux (de Dieu). Nous retrouvons ici un thème qui appartient à une « rhétorique politique commune », fondée sur la « théorie du droit divin des rois [5] ». Les rois sont « des Dieux en terre » (Etienne Molinier), ou bien le monarque est un « Dieu corporel » (Jean Savaron), « l'image vivante du Tout-puissant » (Louis Roland). C'est une modification, et sans doute une dégénération absolutiste, de la conception traditionnelle du roi chrétien, dont le pouvoir, d'après Charles Loyseau, « n'est qu'un rayon et esclat de la toute-puissance de Dieu [6] ». Mais ce lieu commun de l'époque [7] ne comportait aucune impiété : si le roi est l'image de Dieu, c'est qu'il est donné de Dieu, comme l'écrit Molinier, « pour le bien et salut public [8] ». Or le Roi de Théophile insiste sur sa ressemblance, ou même sur son identité avec les dieux : « Les grands Roys doivent vivre à l'exemple des Dieux. » Mais c'est un exemple d'atrocité, de violence oppressive et destructrice. La réplique du Roi (v. 200 sq.) révèle la

---

5. Voir (aussi pour les citations qui suivent) E. Thuau, *Raison d'Etat et pensée politique à l'époque de Richelieu*, Paris, 1966, p. 16. Cf. J. Savaron, *De la Souveraineté du Roy, et que Sa Majesté ne la peut souzmettre à qui que ce soit, etc.*, Paris, 1620 ; E. Molinier, *Les Politiques chrestiennes, ou Tableau des vertus politiques considerées en l'Estat Chrestien, etc.*, Paris, 1621 ; L. Roland, *De la Dignité du Roy, où est monstré et prouvé, que Sa Majesté est seule et unique en terre, vrayement sacrée de Dieu et du Ciel*, Paris, 1623.

6. Ch. Loyseau, *Cinq Livres du droict des offices*, Paris, 1613, p. 234.

7. C'est aussi, naturellement, un lieu commun du théâtre. « Pareil aux Dieux je marche », s'exclamait déjà, par exemple, le roi Nabuchodonosor dans *Les Juifves* de Robert Garnier (II, 1, édit. R. Lebègue, Paris, 1949, p. 24).

8. Cité par E. Thuau, *l.c.*

pensée de l'auteur, sa négation de certaines valeurs de son temps. Antoine Adam pense que ces « tirades cyniques » prouvent la haine de Théophile pour la royauté. Si le libertin ne se révolte pas, il n'en déteste pas moins « le pouvoir arbitraire qui l'écrase [9] ». Car les dieux (et les rois) ne sont pas seulement injustes, comme l'insinuera La Fontaine (« Rois et Dieux mettent, quoy qu'on leur die, / Tout en mesme categorie »), mais aussi cruellement hostiles à cette humanité qu'ils sont censés aimer. Frappés par le foudre, destinés tous à mourir, les hommes ne sont que les victimes de la puissance divine : le Roi, dont l'âme « avec les Dieux a de la simpathie » (c'est-à-dire, d'après la définition de Nicot [10], « une similitude et comme conjonction de nature »), se doit donc d'agir comme eux. Ainsi que le dira un personnage de Mairet (un garde),

Les actions des Roys se doivent mesurer
A celles des grands Dieux qu'on ne peut censurer [11].

L'attitude du Roi de Théophile implique une défor-

---

9. A. Adam, *op. cit.*, p. 254. Il est vrai que, même avant Théophile, le public français avait été habitué à ce que Maurice Baudin (qui ne cite pas *Pyrame et Thisbé*) appelle « the lèse-majesté of the theater » (M. Baudin, « *L'Art de régner* » in *XVIIth Century French Tragedy*, « Modern Language Notes », vol. L, 1935, p. 419). Mais quelques dizaines d'années plus tard, si nous en croyons un passage de d'Aubignac (voir *ibid.*, p. 418), ce même public n'aurait plus admis que les rois, sur la scène, « puissent estre meschans ». D'après ce théoricien, il fallait donc les montrer « environnés de vertus », puisque la main de Dieu « ne les défend pas moins des grands crimes que des grands malheurs ».
10. Cité par G. Saba, *op. cit.*, p. 67.
11. *Sylvie*, IV, 3, édit. cit., p. 123.

mation cynique de la théorie du droit divin (ce qui aurait déjà pu étonner ou indigner le public). Mais le mépris de la justice et des devoirs royaux aboutit nécessairement à l'impiété : les allusions aux dieux, en effet, sont amèrement ironiques (s'égaler aux dieux c'est surtout imiter leur cruauté à l'égard des hommes). Ces dieux ne seraient-ils pas de « faux Dieux [12] » ? Dans une autre pièce de Mairet, un « monarque souverain », après s'être comparé une fois de plus aux dieux, déclare qu'ils « sont Dieux seulement dans l'erreur où nous sommes [12] » et qu'ils (ne) sont craints (que) par le « vulgaire » :

> Mais autant vaudroit-il quereller un tronc d'arbre
> Que ce Dieu sans pouvoir, fait de fonte et de mar-
> [bre [14].

Ainsi le Roi de Théophile est en même temps impie et criminel : son impiété est attestée par ses crimes. Comme le dira Deuxis, il ne redoute pas « la justice la plus haute » (v. 553). Or le paradoxe du pouvoir absolu consiste dans une définition double, et apparemment contradictoire, des rapports entre le souverain et les lois : le souverain, qui n'est pas sujet aux lois, doit vivre et agir en les respectant : « Princeps licet legibus solutus, secundum tamen eas vivere debet [15]. » Le pouvoir d'un roi n'a de limites que dans

---

12. C'est le blasphème de Pyrame (V, 1), au désespoir pour la perte de Thisbé. Mais la signification impie de la pièce n'est pas dans ces mots.
13. *Chryséide et Arimand,* IV, 1, édit. H. Carrington Lancaster, Baltimore-Paris, 1925, p. 115.
14. *Ibid.*
15. D'après la formule d'Annibal Scotus, dans son commentaire de Tacite (1596), cité par E. Thuau, *op. cit.,* p. 34.

son devoir : sa volonté est libre, mais l'objet de sa volonté n'est autre que la justice [16]. Ce principe était familier aux spectateurs des *Amours tragiques de Pyrame et Thisbé*, ne serait-ce que comme règle passée dans les mœurs et adoptée par la mentalité collective. D'après une telle règle, le roi de notre pièce, bien qu'il ne doive pas son trône à l'usurpation, est un tyran au sens le plus propre du terme [17] :

---

16. C'est dire que la puissance du roi était absolue sans être arbitraire. Sur ce point, cependant, la tradition de la pensée politique était loin d'être unanime. Le roi dispose-t-il du droit de vie et de mort à l'égard de ses sujets ? D'après les *Vindiciae contra tyrannos* (ouvrage attribué à Ph. Du Plessis-Mornay), ce principe ne saurait être soutenu que par des courtisans flagorneurs (*adulatorum aulicorum axioma*). Le roi, par contre, ne serait que l'exécuteur de la loi (*tamquam legis ministrum et executorem* : voir *Vindiciae contra tyrannos, sive de Principis in Populum, Populique in Principem, legitima potestate*, Stephano Junio Bruto Celta Auctore, Edimburgi, 1579, p. 125). Mais des théoriciens plus récents n'avaient pas hésité à formuler la thèse opposée : Gabriel Chappuys, par exemple, consacre un chapitre de sa *Citadelle de la Royauté* à prouver que « la liberté et licence Royale est infinie » et qu'elle « ne peut recevoir aucune bride ». Il recourt à l'autorité d'Aristote pour affirmer « que le Roy subject au joug de la loy, ne faict et ne constitue aucune espece ou maniere de Royaume : car estre Roy, et n'avoir l'entiere liberté de regner sont choses repugnantes. Et pour cette cause dit Memmius, en Saluste : *Impune quaelibet facere, id est Regem esse* ». Voir G. Chappuys, *Citadelle de la Royauté contre les efforts d'aucuns de ce temps, qui par escrits captieux ont voulu l'oppugner*, Paris, 1604, fol. 40-41. Cf. aussi L. Roland, *De la Dignité du Roy...*, cit., chap. VI, p. 26 sq. : *La parole du Roy vaut Loy*.
17. Certes, l'idée de tyrannie est associée le plus souvent à l'idée d'usurpation. Comme le dit Mariamne dans la pièce d'Alexandre Hardy (*Mariamne*, II, 1 : A. Hardy, *Le Théâtre...*, Paris, t. II, 1632, p. 379), « Rarement le Tyran paisible s'éjouyt/ De son rapt execrable, et longuement jouyt,/ Rarement exempté de sa peine fatalle,/ Par

Pyrame et Thisbé, d'ailleurs, ne le nommeront pas autrement (cf. v. 717 et 734). Il est curieux de constater que le Roi transfère l'idée de tyrannie de la réalité (sa propre tyrannie) aux conventions métaphoriques du langage (la tyrannie d'Amour) : c'est Amour qui, avec le Roi, a donné « l'arrest irrevocable » contre Pyrame. Quant à l'idée de loi, et donc de violation de la loi, elle est évoquée par Syllar : « L'aimez vous jusqu'au point de violer la Loy ? » Mais le tyran méprise la loi et la justice, qu'il considère au-dessous de lui. Comme le dira Burrhus de Néron (*Britannicus*, V, 7) :

> Ses yeux indifférents ont déjà la constance
> D'un tyran dans le crime endurci dès l'enfance.

Syllar, personnage qui cependant n'a rien d'héroïque ni d'exemplaire, se permet d'exprimer sa pensée, bien que dans une forme modeste et quelque peu détournée : « Mais tousjours vous sçavez que l'équité vaut

---

le cours naturel au sepulchre il devalle. » Toutefois même un roi légitime peut être ou devenir tyrannique : d'après les *Vindiciae contra tyrannos* (cit., p. 171), le tyran est celui qui « aut vi malisque artibus imperium invasit, aut ultro sponteque delatum regnum contra ius et fas regit, contraque leges et pacta, quibus sese sacrosancte devinxit, pervicaciter administrat ». Etienne Molinier (cf. ses *Politiques chrestiennes*, cit., p. 214 sq.) voit une connexion étroite « entre les vertus politiques, et les vertus d'un homme privé » : en effet, « comment peut-on attendre le reiglement de celuy qui vist en desordre, la conduite de celuy qui ne sçait pas se conduire, et la discipline publique de celuy qui laisse commander les passions et les vices dans sa propre maison ? ». Théophile nous montre donc un roi qui, par son mépris de toute justice, corrompt et avilit la dignité royale, — et qui abuse de son pouvoir afin de satisfaire sa passion ou sa convoitise.

mieux. » Après la réplique du Roi, qui déclare nettement son intention, Syllar fait une dernière tentative pour « divertir » ce dessein criminel, essaie une dernière fois de se donner un rôle de conseiller vertueux. Mais le conseiller est d'abord un courtisan : tout en prisant en lui-même de certaines valeurs (loi, équité, raison), il ne saurait en tirer des règles décisives pour l'action. La condition de courtisan semble impliquer une dissociation radicale entre la pensée et l'action : la volonté du tyran prend ainsi l'aspect d'une nécessité inéluctable. D'où la transformation du conseiller en exécuteur ou même en sicaire : « Sire, me voicy l'ame et la main toute preste. »

Dans la scène première de l'acte III, Syllar complète sa théorie ou son analyse du pouvoir tyrannique :

> Pour nous exterminer quand ils en ont envie,
> Les Roys ont cent moyens pour nous oster la vie,
> Nos jours sont dans leurs mains, ils les peuvent
> [finir,
> Ils peuvent le plus juste innocemment punir,
> Quelque tort que ce soit quand un Roy nous accuse,
> Sa grande authorité ne manque point d'excuse,
> Contre le Prince aux droicts, il ne se faut fier,
> Le pretexte plus faux le peut justifier.
>   (vv. 557-564).

Pour Syllar un tel pouvoir est une réalité plus encore qu'une idée : c'est un rapport politique qui se traduit par une règle nécessaire, l'obéissance [18]. Les

---

18. Doit-on obéir à un roi impie ou injuste, dont les commandements seraient contraires à la loi divine ? La question semble avoir été souvent débattue par les théoriciens politiques de l'époque. Par exemple Gabriel Chap-

intentions morales ne sont que des velléités : la fuite elle-même est impossible. L'idée de la toute-puissance royale assume ici une dimension mythique : les rois sont partout, et même

> Sans se mouvoir d'un lieu touchent la terre et [l'onde.
> (v. 578).

L'autre sicaire, Deuxis, qui avait longtemps résisté, opposant au crime des soucis ou des principes d'ordre moral, en vient finalement à reconnaître que les arguments de Syllar sont dictés par la « raison ». C'est une raison fondée sur les faits, une raison qui, détruisant tout scrupule et tout obstacle, corrompt les esprits, les disposant à recevoir avec avidité les marques des « Royalles faveurs ».

Mais la volonté royale n'est pas un principe abstrait, qui met en branle un mécanisme aveugle ; car la « raison d'état » elle-même, comme le remarque Guido Saba, est asservie à la passion amoureuse et à

---

puys, tout en admettant (*Citadelle de la Royauté*, cit., fol. 80 r.) « qu'un Roy, bien qu'il soit meschant, ne peut estre [...] privé de la subjection et obeissance qui luy est deuë », n'en affirme pas moins (fol. 82 v.) que si « le Roy me commande faire quelque chose contre la loy de Dieu, je ne le doy faire ; si le commandement se faict sur peine de perdre le bien, voire la vie, ou d'estre tourmenté, je dois tout endurer sans aucune rebellion, voire la mort, eschangeant tout au bien et vie eternelle [...] ». Louis Roland, au contraire, consacre un chapitre de son traité *De la Dignité du Roy* (cit., chap. x, p. 44 sq.) à prouver que *Tousjours bien faict, qui faict le commandement du Roy* : « quand il est question de faire à la volonté du Roy, quiconque n'y satisfaict, ne faict pas bien. Sauf l'honneur de Dieu toutesfois. »

19. Edit. cit., p. 20.

l'égoïsme du Roi[19]. Ce thème du pouvoir rendu tyrannique par la passion a dû toucher les spectateurs de l'époque. C'est un thème romanesque : les nombreux lecteurs de l'*Astrée* se sont peut-être souvenus du jeune Childeric, roi des Francs, qui

> se resolut, avec toute l'impudence que l'on sçauroit imaginer, d'oster par force Silviane à Andrimarte [...] ce qui portoit ce jeune prince à semblables desordres, c'estoit l'opinion que quelques flatteurs luy donnoient, que toutes choses estoient permises au roy ; que les roys faisoient les loix pour leurs sujects, et non pas pour eux, et que puis que la mort et la vie de ses vassaux estoit en sa puissance, qu'il en pouvoit faire de mesme pour tout ce qu'ils possedoient[20].

Si de telles maximes offrent aux princes des justifications apparentes, il n'en demeure pas moins qu'à l'origine de ces violences il y a une passion véritable. Or le ton qui convient à un roi n'est pas celui de l'élégie ou de la complainte : « C'est trop faire de vœux, c'est trop verser de larmes. » Le Roi de Théophile se doit de recourir « à de meilleures armes ». Il sait qu'il n'est pas aimé par Thisbé, et même que sa « qualité de Roy [...] la choque et l'importune ». Thisbé est une « ingratte farouche », puisqu'elle se refuse à des sentiments qui, au point de vue d'un roi, constituent une faveur. Refusant l'homme, elle nie en

---

20. *Astrée*, édit. H. Vaganay, Genève, t. III, 1966, p. 687. H. Carrington Lancaster, *A History of French Dramatic Literature in the Seventeenth Century. Part I : The Preclassical Period (1610-1634)*, Baltimore-Paris, t. I, 1929, p. 172, a remarqué aussi une ressemblance entre notre pièce et l'*Histoire de Cryseide et d'Arimant*. Nous y trouvons en effet « a similar rivalry between a king and a subject over a girl who prefers the latter. »

quelque sorte le roi et sa condition de roi. Thisbé est
« ignoble » (car l'être noble tend naturellement à
s'élever et il n'y a certes rien de plus élevé que la
royauté) et « honteuse » (mot qui ne semble pas avoir
ici le sens indiqué par le commentaire de Saba,
d'après Richelet : « qui a de la pudeur et de la
honte », mais bien plutôt le sens de « malhonnête »
[turpis, foedus, indecorus. *Dictionnaire de Trévoux*],
puisque la préférence incongrue de Thisbé pour un
« simple citoyen » pouvait paraître contraire à toute
« honnêteté »). Mais le Roi, dès qu'il a éprouvé un
désir et qu'il l'a exprimé, ne saurait souffrir que sa
qualité royale soit méprisée. Donc Pyrame doit mourir, étant donné que sa mort est le seul moyen efficace
et sûr de le soustraire à l'amour de Thisbé. Après
avoir ainsi déclaré son projet, le Roi évoque aussitôt
l'image du rival « sanglant sur la poussiere » (ce sont
les v. 180-184 que nous avons cités). Le spectacle de
la mort, auquel Thisbé sera certainement obligée
d'assister (« elle le verra »), est caractérisé par quelques traits rapides et sensibles, qui frappent l'imagination : le sang, la poussière et enfin les yeux
révulsés du cadavre, ouverts, hideux, immobilisés par
la mort. Le pouvoir absolu dont il dispose devrait
permettre au Roi de transformer cette image en
réalité.

Une telle entreprise doit réussir, sans quoi les
menaces du Roi ne seraient que des bravades et le Roi
lui-même prendrait des allures de matamore. Mais
lorsqu'il devrait être question d'exécuter sa volonté,
de commander ou d'agir, les propos du Roi deviennent
bien moins catégoriques : après avoir juré que
Pyrame « sera [sa] victime », après avoir envisagé
de satisfaire sa haine « par [sa] main », il sollicite

un « acte officieux » de la part de l'un des siens (et donc de Syllar). Comme le dit Montaigne d'après Tite Live, « le langage des hommes nourris sous la Royauté est tousjours plein de folles ostentations et vains tesmoignages [21] » : ainsi Syllar, malgré tout, semble vouloir offrir à son Roi la preuve de fidélité qu'il demande. Il s'agit naturellement d'une fausse preuve, car une telle fidélité est dépourvue de toute signification morale. Le rapport qui se dessine dans cette scène est même une véritable dégénération du rapport qui existait entre le roi et son vassal : à la loyauté du vassal se substitue la simulation du courtisan, qui joue constamment un rôle. D'autre part à la simulation du courtisan correspond la simulation du Roi, qui n'est pas dupe mais qui remercie Syllar comme si celui-ci avait réellement prévenu toute demande : « Un plaisir est plus grand qui vient sans qu'on y pense. » Mais les vers qui suivent (et qui constituent une sorte de commentaire psychologique) expliquent au spectateur la signification de ces feintes :

> Qui souffre qu'on demande a pris sa recompense,
> Mesme quand le besoin de nos desirs pressez,
> A qui ne fait le sourd, se faict entendre assez.
> (vv. 232-234).

C'est dire qu'entre un roi et un courtisan il ne saurait y avoir de contrat. Leurs rapports se conforment à une règle de gratuité apparente : le courtisan offre de rendre un service qui ne lui a pas été demandé ; le roi accorde une récompense qui, à la rigueur, ne serait pas due. Mais cette règle ne fait que masquer

---

21. *Essais*, I, 3, édit. cit., t. I, p. 16.

le rapport réel, qui est fondé sur un besoin réciproque : si le Roi parle ouvertement du « besoin de nos desirs pressez », il est évident que Syllar, de son côté, obéit à des calculs pratiques et mesquins. La juxtaposition de ces deux plans (rapport apparent / rapport réel) est particulièrement frappante dans le passage qui suit :

LE ROY

O qu'en ton amitié le Ciel me favorise !
SYLLAR

Dans deux heures d'icy nous y mettrons la main.

LE ROY

Il est vray qu'il vaut mieux aujourd'huy que
[demain.
Je ne te parle point encore du salaire.

SYLLAR

Sire, tout mon espoir est l'honneur de vous plaire.
(vv. 236-240).

Deux répliques nobles, qui évoquent les notions d' « amitié » (donnée par le Ciel) et d' « honneur » (l'honneur de plaire à son roi), encadrent un échange de vues d'une nature entièrement différente : — l'attentat aura lieu dans deux heures : il est question, bien que sous forme de prétérition, du « salaire ». La déchéance du Roi est consommée; tandis que l'aparté de Syllar (v. 242-246) ôtera aux spectateur toute illusion sur le sens véritable de certaines formules qu'ils avaient entendues, anéantissant du même coup les prétextes qui auraient pu fonder de semblables illusions. Car Syllar généralise, impliquant que quiconque se comporterait comme lui dans une occasion analogue. Dans son aparté, il ne parle plus des dieux, ni des rois qui sont « leurs Lieutenans en terre », ni de l' « honneur de [leur] plaire » : le roi, quel qu'il soit, ne sera bien servi que s'il sait « employer » les hommes « comme il faut », c'est-à-dire, que s'il sait utiliser les « ressorts » de l'argent.

Mais la scène que nous avons étudiée a une suite, et notre analyse ne saurait exclure ces développements dramatiques. La structure particulière de la pièce fait que le cours de l'action puisse être suspendu ou même coupé : dans l'acte II nous ne trouvons guère qu'une allusion de Disarque aux dangers qui menacent les deux amants (v. 349-352), mais cette allusion pourrait ne pas concerner les desseins du Roi. Certes, Thisbé est consciente de ces dangers, car elle « marche à pas comptez, / Soupçonneuse, élançant ses yeux de tous costez » : toutefois, pour l'instant, rien ne se passe. On ne voit reparaître Syllar qu'au début de l'acte III, avec un nouveau personnage, Deuxis, qui devrait l'aider dans son entreprise. Deuxis n'est pas un instrument passif de la vengeance royale : il a des scrupules, il redoute les « justes jugemens des hommes et des Dieux ». Ses propos sont d'un soldat qui n'est pas et qui ne voudrait pas devenir un sicaire. Sa définition du courage est moralement orthodoxe : le courage est « un esprit genereux, / Qui n'est point inhumain comme il n'est point peureux ». Aucun acte n'est justifié en dehors de la « fin » qu'il se propose :

> Le trespas est louable ou ignominieux,
> Selon que le sujet est lasche ou glorieux,
> Mais pense à quelle fin nous avons pris l'espée,
> A quel exploit sera nostre main occupée !
>   (vv. 487-490).

Ce serait une vengeance sans haine et sans offense. Syllar doit donc combattre à son tour des objections d'ordre moral. Désormais, il n'est plus que l'interprète officiel du pouvoir absolu : « La volonté du Roy se doibt effectuer. » Il considère qu'il serait téméraire de s'enquérir du secret du Roi, et surtout que les exécuteurs de ses ordres sont irresponsables : « Le devoir ignorant rend une ame innocente. » Mais Deuxis regimbe contre une telle abdication, et la prolongation même du débat nous fait comprendre combien ce dilemme pouvait toucher les spectateurs de l'époque (et sans doute Théophile lui-même). Faut-il consentir à un mal qu'on connaît ? On ne saurait concilier la conscience du mal avec l'innocence : le concept de « devoir ignorant » n'est qu'un prétexte. Mais Syllar est un courtisan, et en tant que tel bien plus subtil que son contradicteur. Il lui fait remarquer que le même acte peut être immoral et nécessaire : immoral dans la mesure où il est répréhensible au point de vue de l' « honneur » et du « droict » ; nécessaire, puisqu'un sujet est forcé d'obéir aux ordres de son roi. Pour un sujet, en dehors de l'obéissance il n'y a guère que la mort : une mort que Deuxis semblerait même prêt à affronter « pour l'honneur ». Mais Syllar (qui exprime ici la pensée libertine de Théophile) ruine l'idée de la mort-sacrifice, opposant aux illusions religieuses de Deuxis l'image de la réalité :

> Crois qu'un homme se trouble alors qu'il se separe,
> Que les corps trespassez, d'une pierre couverts,
> Changent les os en poudre, et la charongne en vers,
> Que les esprits errans par les rives funebres
> D'un Cocite incognu, ne sont plus que tenebres
> (vv. 538-542).

En fait, « il n'est rien de si beau que le jour » : le conformisme de Syllar cache une rébellion secrète contre de certaines valeurs religieuses (l'idée d'une récompense éternelle) ou mondaines (l'approbation générale). Ce courtisan choisit tout simplement de vivre. Nous avons cité les v. 557 sq., qui insistent sur les moyens dont dispose un roi pour perdre les sujets qui lui ont déplu et surtout, dit Syllar, « deux tels que nous sommes ». Ces arguments sont décisifs et Deuxis (nous l'avons vu) loue un peu naïvement la « raison » de son interlocuteur. Ainsi « l'honneur met bas les armes » : Deuxis finit même par accepter d'être corrompu par le « metal sorcier ». La discussion s'achève par une réplique piteuse du moraliste soudoyé : il n'est plus question d'honneur, de justice ou de loi, mais seulement de la « misere » qui « presse » les « hommes vaillans ». Le malheureux Deuxis a « horreur de la faim ». D'où l'aparté méprisant de Syllar, qui constate : « A la fin tout va bien, je voy qu'il se resoult. »

Encore faut-il tuer Pyrame et cette « affaire », que Deuxis croyait « aisee », est vouée à l'insuccès. Pyrame est un protagoniste, un héros attaqué par deux assassins : les conventions théâtrales veulent qu'il s'en défasse sans peine. Deuxis blessé a la preuve que ses scrupules étaient justes et qu'il « ne faut rien tenter contre sa conscience ». Cet épisode a des conséquences importantes sur l'action : en premier lieu sur la situation de Pyrame qui, instruit par Deuxis mourant que cet attentat a été ordonné par le Roi, hésite d'abord à le croire, puis se trouble, se désespère, décide enfin de se sauver avec Thisbé ; — mais aussi sur la situation du Roi. Ceci nous ramène à notre propos central : avant même de connaître l'issue de l'attentat, le souverain se plaint à nouveau que son amour, ce sentiment qui le rend « semblable au vulgaire des hommes », soit mal accueilli par Thisbé. Ne vient-elle pas d'éconduire un messager royal ? C'est ici que le Roi lui-même évoque l'idée de « tyrannie » (v. 665) : c'est une tyrannie qui n'a plus rien de métaphorique, car le tyran ne joue plus sur les mots, mais se montre disposé à toutes les violences, même contre Thisbé. Syllar paraît alors sur la scène et fait son rapport, en présentant des événements une version infidèle, mais qui peut excuser son échec. Cependant le résultat est là : une fois de plus, le Roi ne peut que se plaindre de l'Amour, du Ciel qui s'oppose à sa volonté, etc., exactement comme le « vulgaire » des mortels. Toutefois, après avoir longuement épanché sa colère et son désespoir (seize vers), il réagit en proclamant que tout homme (et non seulement un roi) doit être « maistre de son sort ». Dans ce contexte une telle maxime, susceptible en elle-même d'une signification philosophique sage et honorable, semble constituer le fondement théorique de l'arbitraire, puisque, dans son effort de maîtriser le sort, l'homme ne connaît d'autre loi ou d'autre limite que celles du « pouvoir ». Or le pouvoir d'un roi est « souverain » : ainsi le Roi de notre pièce renonce à toute prudence et jette son masque. Il autorise Syllar à « tout dire et tout oser » :

> Va dans son lict luy mettre un poignard dans le
> [sein,
> Dis que c'est de ma part, fay toy donner main forte,
> Pour forcer la maison, dis que c'est moy, n'importe
> (vv. 704-706).

Pourvu que son ennemi soit détruit, il renonce (en mauvais politique) à toute délibération sur les moyens. Au moment même où il affirme son pouvoir, il en délègue l'exercice à autrui, à un courtisan, à un ministre infidèle tel que Syllar.

Cette nouvelle décision n'aura pas de suite à l'intérieur de la pièce. La mort de Pyrame et de Thisbé aura lieu de la façon bien connue : c'est un épilogue obligé, qu'il aurait été impensable de modifier. Quant aux personnages que nous avons suivis jusqu'ici, ils ne paraissent plus sur la scène. Leur disparition, après qu'une décision avait été prise et lorsqu'elle aurait dû être réalisée, serait considérée comme une imperfection au point de vue de la dramaturgie classique ; mais elle n'a rien d'anormal dans une pièce de l'époque de la nôtre. Il n'en demeure pas moins que Théophile n'a rien fait pour altérer ni même pour nuancer dans l'esprit du spectateur l'image qui se présente à lui à la fin de l'acte III : c'est l'image d'un roi injuste, qui n'a pas renoncé à ses desseins criminels, mais dont les entreprises, du moins jusque-là, n'ont pas réussi. Tout se passe comme si l'auteur s'était plu à représenter l'échec du tyran, sa vaine « fureur » et, en un mot, l'impuissance du puissant.

Arnaldo Pizzorusso.

LA BIBLIOTHEQUE
DU DUC DE LA ROCHEFOUCAULD

Que n'a-t-on pas écrit au sujet de l'ignorance grand-seigneuriale de François de La Rochefoucauld ? De l'avis unanime des Faguet, des Brunetière et des Lanson, il passait — et il passe toujours — pour l'un des exemples les plus accomplis d'écrivains-nés : de ces écrivains, c'est-à-dire, doués d'un talent péremptoire et de dons naturels très évidents qui peuvent se passer de toute culture livresque, et qui n'ont pas besoin de la médiation de l'école ou d'un milieu culturel bien caractérisé pour avoir accès à une culture supérieure. Conception simpliste, sans doute, héritage, en partie inconscient, de l'intuition romantique du « génie » (qui, par définition, ne peut être qu'en dehors de la norme), mais aussi lieu commun critique, dont il ne serait certes pas difficile de démontrer la fausseté. Le grand chemin à emprunter, pour parvenir à ce résultat, serait sans doute celui de l'analyse « interne » de son œuvre, pour faire ressortir les influences qui l'ont modelée : c'est un chemin ardu, mais qui promet des résultats fructueux, comme le montrent déjà deux travaux importants qui viennent de paraître en librairie [1].

Il va de soi que, étant donné les dimensions de notre travail, nous ne pouvons pas emprunter ce chemin : nous nous contenterons donc de proposer quelques considérations en vue d'une étude d'ensemble sur la formation de La Rochefoucauld. Ce que nous nous proposons aujourd'hui est justement de faire connaître un document, tiré de cette inépuisable source de renseignements inédits et inattendus qu'est le Minutier Central, qui jette quelques lumières sur le caractère et la vie intime de La Rochefoucauld. Nous aborderons donc le problème de sa culture d'un point de vue très général, pour une enquête rapide qui déborde largement les limites conventionnelles de la pure histoire littéraire. Il s'agit d'une véritable incursion dans la vie privée d'un grand seigneur du XVIIe siècle, qui était aussi un très grand écrivain.

Le document dont nous parlons est un extrait de l'inventaire après décès des biens du duc de La Rochefoucauld, dressé le lendemain de sa mort, et qui contient l'inventaire (très sommaire, hélas) de sa bibliothèque. On connaît l'importance de ces inventaires après décès pour l'histoire tout court, et notamment pour l'histoire littéraire ; et l'on sait le parti qu'il est possible d'en tirer en vue d'une connaissance moins approximative des conditions réelles de vie de bon nombre d'écrivains de cette époque. C'est grâce à des découvertes de ce genre que l'on a pu renouveler

---

[1]. Nous pensons aux beaux livres de Mme G. Toso Rodinis, *G. Gualdo Priorato, un moralista veneto alla corte di Luigi XIV* (Florence, Olschki, 1968) et de Mlle A. Bruzzi, *La formazione delle « Maximes » di La Rochefoucauld attraverso le edizioni originali* (Bologne, Patron, 1968).

récemment nos connaissances sur la vieillesse de Corneille [2], que nous avons pu nous-mêmes attirer l'attention des chercheurs sur les richesses qui étaient enfouies dans la bibliothèque de Racine [3], que l'on a pu prendre connaissance de la bibliothèque de Bossuet ou de celle de Gassendi [4], et ainsi de suite. On conserve au Minutier central la copie originale, rédigée par les notaires au moment du décès de l'écrivain, de l'inventaire des biens de La Rochefoucauld : bien que signalé par le très précieux livre de Mme Jurgens [5], et contrairement à ce qui s'est passé pour le testament de l'écrivain [6], ce document n'a pas encore formé l'objet d'une étude suivie. C'est de l'ensemble de documents constituant la « succession » de La Rochefoucauld que nous avons tiré les quelques pages inédites que nous publions ici.

Il s'agit, comme nous venons de le dire, d'un inventaire notarial : un acte, donc, établi par des gens du métier (des commis de notaire, qui agissent ici en tant que commissaires-priseurs) en vue d'un résultat concret, l'évaluation des biens laissés par le défunt et

---

2. Cf. G. Couton, *La vieillesse de Corneille* (Paris, Maloine, 1949).
3. V. notre étude *La biblioteca di Racine*, in « Annali della Facoltà di Economia e Commercio », série I, vol. I, p. 411-472 (Vérone, 1965).
4. V. l'étude de G. Baillache et M.A. Fleury, *Le testament, l'inventaire après décès, la sépulture et le monument funéraire de Gassendi*, in *Tricentenaire de Pierre Gassendi, 1655-1955* (Paris, P.U.F., 1957).
5. Cf. M. Jurgens-M.A. Fleury, *Documents du Minutier Central concernant l'histoire littéraire (1650-1700)* [Paris, P.U.F., 1960], *pass.*
6. Cf. l'étude de J. Marchand, *Les trois testaments du duc de La Rochefoucauld et celui du prince de Marcillac*, in « Bulletin du Bibliophile », 1946, p. 262 suiv.

qui forment l'objet de sa succession. Ces commis ne travaillant pas pour l'histoire littéraire, ni en vue de satisfaire la curiosité des chercheurs des siècles à venir, il sera inutile de les accabler lorsque l'on aura constaté qu'ils ont travaillé comme ils devaient le faire : c'est-à-dire en vue d'établir un inventaire « chiffré » des livres trouvés dans le petit cabinet du duc, et non point (comme nous l'aurions souhaité, évidemment) un inventaire complet de tous les livres qui figuraient dans sa bibliothèque. Les commis ne se sont intéressés aux livres qu'en vue de les « priser », d'en fixer le prix qui devait figurer à l'actif de la succession ; ils ont donc considéré ce bien « meuble » (la bibliothèque) sans plus d'égards que les autres « meubles » rencontrés dans la maison du défunt. C'est ainsi qu'ils ont opéré un classement des livres en tenant compte de leur valeur vénale, et qu'ils les ont groupés par lots. Les livres de grand format (et de grande valeur) constituent à eux seuls un lot, et dans ce cas, en tant que lots, ils sont décrits dans l'inventaire. Afin de faciliter l'identification des lots de ce genre (et fort heureusement pour nous) les commis ont adopté la solution d'indiquer sommairement le titre du livre (ou des livres) constituant le lot. Dans le cas des livres de petit format, par contre (et fort malheureusement pour nous), les commis se sont montrés plus désinvoltes : ils ont réuni par paquets les livres (in-4°, in-8°, etc.) et les ont évalués par lot, mais sans donner aucune indication, cette fois-ci, sur les titres des livres réunis dans les lots de ce deuxième type.

C'est donc un document assez décevant, d'un certain point de vue, que cet inventaire de la bibliothèque de La Rochefoucauld que nous publions aujourd'hui.

Il serait vain, en effet, de s'adresser à lui pour connaître le titre exact de tous les livres qui figuraient dans la bibliothèque du duc. Nous n'avons, au contraire, des indications plus ou moins précises de titres qu'à propos des premiers 23 lots (pour un ensemble de 28 volumes de grand format), sur un total de 42 lots et de 327 volumes : ce qui revient à dire que, si nous connaissons le titre (plus ou moins bien) pour ce qui concerne 28 volumes (moins d'un dixième), il en reste 299 (plus des neuf dixièmes) que nous ne pourrons jamais identifier.

Toutefois, si l'on passe outre à cette première et très légitime déception, force nous est de reconnaître que la lecture de ces pages, étant donné l'ignorance absolue dans laquelle nous étions jusqu'ici sur cet aspect de la personnalité de La Rochefoucauld, ne cesse pas d'être passionnante. En dépit de l'aridité de cette liste de lots anonymes et pour nous impénétrables, cet inventaire ne manque pas de nous offrir la possibilité de faire toute une série de découvertes ; et de se prêter en même temps à des réflexions d'un intérêt certain.

Nous sommes parvenus, en général, à identifier les volumes de grand format classés dans les premiers lots et sommairement décrits par les commis : nous avons dans ce cas donné, à côté de la transcription du texte des notaires, la description bibliographique complète du livre, et l'indication de la bibliothèque qui en contient un exemplaire (uniquement dans le cas de la Bibliothèque Nationale de Paris), ou du grand répertoire bibliographique qui le signale.

INVENTAIRE APRES DECES DES BIENS DE FRANÇOIS, DUC DE LA ROCHEFOUCAULD, DECEDE DANS LA NUIT du 16 au 17 mars 1680.

Ensuivent les livres trouvez dans lesdits petits cabinets :

[1]   Item, un grand livre in folio intitulé Festina in capita annulum que decursio a rege Ludovico decimo quarto, de l'imprimerie du Louvre et estampes, et un pareil volume en françois, prisez ensemble .... XVI livres

[2]   Item, un autre grand volume in folio intitulé Recueil de plusieurs traitez de mathématiques de l'Académie royalle des sciences, de l'Imprimerie du Louvre en MVIc soixante treize, prisé la somme de .... VIII livres

[3]   Item, autre grand volume in folio intitulé Mémoires pour servir à l'histoire naturelle des animaux, de l'Imprimerie du Louvre, en MVIc soixante seize, prisé .... VIII livres
      Claude PERRAULT, *Mémoires pour servir à l'histoire naturelle des animaux* [...]
      Paris, Imprimerie Royale, 1676, f°, 208 pp., pl. (B.N.)

[4]   Item, autre grand volume in folio intitulé Mémoires pour servir à l'histoire des plantes, par Me Dodard, de l'impression du Louvre, en MVIc soixante seize, cy prisé .... VI livres
      Denis DODART, *Mémoires pour servir à l'histoire des plantes* [...]
      Paris, Imprimerie Royale, 1676, f°, 132 pp., pl. (B.N.)

[5] Item, autre grand volume in folio intitulé Description de la grotte de Versailles, de pareille impression MVIc soixante dix neuf, prisé VI livres
André Félibien, *Description de la grotte de Versailles.*
Paris, Imprimerie Royale, 1679, f°, 12 pp. 20 pl. (B.N.)

[6] Item, autre grand volume in folio intitulé Tableaux du Cabinet du Roy, de ladite impression en MVIc soixante dix sept, prisé X livres
Jacques Félibien, *Tableaux du Roy.*
Paris, Imprimerie Royale, 1677, f°, 38 ff. (B.N.)

[7] Item, autre grand volume in folio intitulé Tapisseries du Roy des quatre élémens et quatre saisons, de l'impression du Louvre MVIc soixante dix, prisé .... VIII livres
Tapisseries du Roy où sont représentées les quatre élémens et les quatre saisons de l'année avec les devises (J. Bailly inv., S. Le Clerc sculp.).
Paris, s.d., f°, 16 pl. (GR. VII, 27).

[8] Item, autre volume in folio intitulé Les plaisirs de l'isle enchantée, de l'impression du Louvre MVIc soixante treize, prisé ..... C solz
Les plaisirs de l'isle enchantée ; courses de bague ; collation ornée de machine, comédie mêlée de danse et de musique ; ballet du Palais d'Alcine ; feu d'artifice ; et d'autres festes galantes et magnifiques, faites par le roy à Versailles, le VII may 1664, et continuée plusieurs autres jours.
Paris, Imprimerie Royale, 1673, f° (GR. V, 310).

[9] Item, autre volume in folio de cartes geographiques de Sanson prisé .... C solz

Nicolas SANSON, *Tables de la géographie ancienne et moderne ou méthode pour s'instruire avec facilité de la géographie.*
Paris, Marnette, 1667, f° (B.N.).

[10] Item, autre volume in folio intitulé Les œuvres de Corneille Tacite traduites, MVc soixante neuf, prisé trois livres cy .... III livres
Les Œuvres de C. Cornelius Tacitus... à sçavoir Les Annales et Histoires... L'Assiete de Germanie... la Vie d'Agricola... Le tout nouvellement mis en françois avec quelques annotations nécessaires [...] (trad. Et. de La Planche et Cl. Fauchet).
Paris, A. L'Angelier, 1582, f° (B.N.).

[11] Item, autre volume in folio intitulé Relations de divers voyages curieux, à Paris MVIc soixante treize, partye premiere .. III livres
Melchisedech THEVENOT, *Relations de divers voyages curieux, qui n'ont point esté publiées ou qui ont esté traduites* [...]
Paris, 1663, f° (t. I) (B.N.).

[12] Item, autre volume in folio intitulé Histoire de nostre temps par Guillaume Paradin L solz
Histoire de nostre temps faite en latin par maistre Guillaume Paradin et par luy mise en françois.
Continuation de l'Histoire de nostre temps jusques à l'an 1556, par M. Guillaume Paradin doyen de Beau-Jeu.
Lyon, J. de Tournes et G. Gazeau, 1550-1556, 2 t. en 1 v. (B.N.).

[13] Item, deux volumes in folio intitulés le Théâtre de Corneille, à Paris MVIc soixante quatre, prisé .... VI livres
Le Théâtre de Pierre Corneille revu et corrigé par l'auteur.

Paris, G. de Luyne, 1663, 2 vol. -f° (cf.
Picot, n° 108) (B.N.).

[14] Item, deux autres volumes in folio intitulez les
œuvres de M^e Le Vayer, prisez .. VIII livres
Œuvres de François de La Mothe Le Vayer
[...]
Paris, A. Courbé, 1654, 2 vol. -f° (B.N.).

[15] Item, deux volumes in folio intitulez Mémoires
de Castelnau par M^e S^r Le Laboureur, prisez
VIII livres
Les Mémoires de Messire Michel de Castelnau, seigneur de Mauvissière, illustrés et augmentés de plusieurs commentaires et manuscrits [...] *par J. Le Laboureur.*
Paris, P. Lamy, 1659, 2 vol. -f° (B.N.).

[16] Item, autre volume in folio intitulé Mémoires
de M^r le mareschal de Tavanes, prisé VII livres
Mémoires de Gaspard de Saulx, sieur de Tavanes.
s.l.n.d., -f°, 476 p. (B.N.)

[17] Item, autre volume in folio intitulé Histoire
du Concile de Trente, prisé ...... IV livres
Histoire du Concile de Trente traduite de l'italien de Pierre Soave Polan [pseud. Paolo Sarpi] *par Jean Diodati.*
Paris, O. de Varennes, 1665, -f° (B.N.).

[18] Item, volume in folio intitulé Recherches de la
France d'Estienne Pasquier ...... III livres
Etienne Pasquier, *Les Recherches de la France ... revues corrigées, mises en meilleur ordre et augmentées* [...].
Paris, J. Guignard, 1665, -f° (cf. Thickett, n° 18) (B.N.).

[19] Item, deux volumes in folio intitulez Histoire
Universelle du s^r d'Aubigné ..... VIII livres

L'Histoire universelle du sieur d'Aubigné.
Maillé, J. Moussat, 1616-1620, 3 vol. -f°
(B.N.).

[20] Item, autre folio, Histoire de Polybe par le Sr Durier.

IIII livres

Les Histoires de Polybe avec les fragments
(trad. P. Du Ryer).
Paris, A. Courbé, 1655, -f°, 791 p. (B.N.).

Item, in folio, Œuvres du bienheureux Jean d'Avila (rayé).
Les œuvres du bienheureux Jean d'Avila, surnommé l'apostre de l'Andalousie... traduction de M. Arnauld d'Andilly.
Paris, P. Le Petit, 1673, -f° (B.N.).

[21] Item, un autre volume in folio manuscrit, en velin, de Philippes de Commines, s[r] d'Argenton, couvert de velours rouge, prisé .. XII livres

[22] Item, autre volume in folio intitulé Appian Alexandrin, traduit par Odet Philippes, prisé

L solz

APPIAN Alexandrin, *Des guerres des romains. Traduit de grec en françois par M. Odet Philippes, sieur de Mares.*
Paris, A. de Sommaville, 1659, f° (B.N.).

[23] Item, autre volume in folio intitulé Mémoires de Martin et Guillaume du Bellay, prisé L solz
Les Mémoires de Mess. Martin du Bellay ... contenant les discours de plusieurs choses advenues au royaume de France ... trois livres et quelques fragmens des Ogdoades de Mess. Guillaume Du Bellay [...] (p. René Du Bellay),
Paris, P. L'Huilier, 1569, -f° (B.N.).

[24] Item, un paquet de huit volumes in quarto prisez .... XII livres

[25] Item, autre paquet de pareils huit volumes in quarto, prisez .... XII livres

[26] Item, autre paquet de huit volumes in quarto prisez .... XII livres

[27] Item, un autre paquet de onze volumes in quarto, prisez .... XV livres

[28] Item, autre paquet de (trois : rayé) quatre volumes in quarto, prisez .... L solz

[29] Item, autre paquet de vingt volumes in octavo prisez .... XVIII livres

[30] Item, autre paquet de vingt-et-un volumes in octavo reliez en parchemin, prisez. XII livres

[31] Item, autre paquet de dix (huit : rayé) neuf volumes in quarto, partye en veau, partye en parchemin, prisez .... XIV livres

[32] Item, un paquet de dix-huit volumes in (octavo : rayé) douze, prisé .... XII livres

[33] Item, un autre paquet de vingt volumes in douze, prisé .... X livres

[34] Item, autre paquet de vingt volumes in douze, prisez .... X livres

[35] Item, autre paquet de vingt-et-un volumes in douze, prisez .... X livres

[36] Item, autre paquet de vingt volumes in douze relié en parchemin, prisez ...... VIII livres

[37] Item, autre paquet de vingt-deux volumes in douze (prisé : rayé) relié en veau, prisé .... X livres

[38] Item, autre paquet de vingt volumes in douze en veau, prisez .... X livres

[39] Item, autre paquet de quinze volumes partye in octavo, partye in douze, prisez.. XII livres

[40]   Item, autre paquet de sept volumes in octavo prisé .... L solz

[41]   Item, un paquet de vingt volumes in douze reliez en veau, prisez .... XIIII livres

[42]   Item, un paquet de dix-huit volumes dont quatre in quarto et quatorze in douze, prisez .... X livres

La bibliothèque de La Rochefoucauld, comme on vient de le voir, comprenait donc 327 volumes. Est-ce peu ? est-ce beaucoup ? A première vue, 327 volumes pour un homme riche comme La Rochefoucauld et qui était en plus écrivain de profession, ce n'est pas beaucoup. Notre duc possédait cinq fois moins de livres que Racine, qui alignait dans les rayons de sa bibliothèque 1 600 volumes environ. Et Valentin Conrart, mort en 1675, qui possédait 2 600 volumes environ, l'emportait sur La Rochefoucauld par un avantage encore plus substantiel [7].

Mais il n'est de vérité que comparative ; et justement ni Racine ni Conrart ne peuvent être équitablement comparés à La Rochefoucauld. L'un comme l'autre sont d'abord des bibliophiles, et, bien que pour des motifs différents, ils ont réuni dans leurs maisons une bibliothèque encyclopédique qui dépasse de beaucoup les nécessités d'un lecteur ordinaire. Dans les deux cas, nous sommes en présence d'une véritable collection, réunie pour le plaisir du propriétaire d'abord, et en deuxième instance seulement pour les nécessités de la consultation.

---

7. L'inventaire de la bibliothèque de Conrart, conservé aux Archives Nationales, est encore inédit.

On n'a qu'à se tourner vers des bibliophiles moins acharnés — mais toujours très qualifiés — pour retrouver le sens exact des proportions. Un homme de lettres « militant » comme Scarron (mort vingt ans auparavant) n'avait dans sa bibliothèque que 340 volumes, c'est-à-dire à peine un peu plus que La Rochefoucauld ; et Scarron de toute évidence vivait de sa plume et ne faisait pas de la littérature en amateur [8]. Un autre exemple nous est offert par la bibliothèque de Damien Mitton (décédé en 1690) : cet homme célèbre dans les cénacles littéraires parisiens, ami et « interlocuteur » attitré de Pascal, n'avait dans son cabinet de lecture, au moment de sa mort, que 282 volumes. L'exemple offert par Mitton est particulièrement probant car, dans une certaine mesure tout au moins, Mitton pouvait prétendre lui aussi à ce titre d'amateur éclairé de livres que La Rochefoucauld eût sans doute réclamé pour son compte. Cette fois-ci la hiérarchie sociale est rétablie, et c'est le duc qui l'emporte, avec une marge substantielle [9]. Disons donc que la bibliothèque de La Rochefoucauld, sans être exceptionnelle, comme celle d'un Racine ou d'un Conrart, était une bibliothèque honnête, dont un homme de qualité pouvait tirer un profit certain, et dont il pouvait aussi, tout à fait légitimement, s'enorgueillir.

Car, s'il est malaisé de tirer des conclusions définitives sur le caractère de la bibliothèque de La Rochefoucauld en partant des données sommaires dont nous disposons, il n'en reste pas moins légitime d'avancer un certain nombre de considérations, rien qu'en s'ap-

---

[8]. L'inventaire de la bibliothèque de Scarron, conservé aux Archives, est également inédit.

[9]. Pour l'inventaire de la bibliothèque de Mitton, même remarque qu'à propos de Conrart et de Scarron.

puyant sur les titres des volumes de grand format, les seuls que nous connaissons. Il y a une conclusion irrésistible qui se dégage de la lecture de ces titres, et c'est que nous sommes en présence de la bibliothèque d'un mondain. Il y avait quinze Bibles, françaises, grecques ou latines (y compris les Nouveaux Testaments, mais sans compter les recueils de psaumes) dans la bibliothèque de Racine ; dans la bibliothèque du protestant Conrart les Bibles ne se comptent pas ; mais aussi dans celle du « pitre » Scarron il y avait une Bible de grand format ; et jusque dans la bibliothèque de l'incrédule Mitton, qui faisait profession d'esprit fort, il y avait une *Vie des Saints* en une belle édition *in folio*. Or, il n'y a pas de Bible dans la bibliothèque de La Rochefoucauld. Au XVIIe siècle, cela est rare, pour un homme de qualité, de ne pas se soumettre, et fût-ce par conformisme, à certaines règles de piété ostentatoire qui font de la religion une composante nécessaire de la vie de société.

Il est vrai qu'il y a le petit mystère représenté par ce livre d'Arnauld d'Andilly, les *Œuvres du bienheureux Jean d'Avila*, qui a été inscrit dans un premier moment et successivement rayé par les compilateurs de l'inventaire : tout porte à croire que ce livre figurait vraiment au catalogue de la bibliothèque du duc (on ne verrait pas pourquoi, dans le cas contraire, les commis en auraient indiqué la présence), ce qui nous ouvrirait des perspectives inattendues sur le chapitre de ses curiosités de lecteur.

S'il ne lisait pas la Bible, d'ailleurs, et s'il ne possédait aucun exemplaire de ces beaux livres de pitié que l'on rencontre si fréquemment dans les bibliothèques particulières de l'époque, La Rochefoucauld était loin de négliger les problèmes religieux, qui occupent une place si importante dans la sensibilité collective du xvii⁰ siècle : abordés toutefois, pour ce qui le concerne, par un biais assez particulier et probablement révélateur. Témoin cette *Histoire du Concile de Trente* (lot 17) du moine italien Paolo Sarpi (traduite en français par un autre réformé italien réfugié à Genève, Giovanni Diodati, qui a lié son nom à une monumentale traduction de la Bible), livre « dangereux » et mis à l'index (mais que l'on retrouve également dans la bibliothèque de Racine), qui représente l'une des premières tentatives d'interprétation de la crise décisive qui secoue la civilisation occidentale au xvi⁰ siècle en coïncidence avec le phénomène tumultueux de la Réforme ; témoin aussi cette *Histoire Universelle* du sieur d'Aubigné, livre dont ni la tendance ni la portée polémique ne nécessitent certes de plus longs commentaires.

Ces curiosités témoignent, chez La Rochefoucauld, d'une présence à son temps que l'on ne saurait passer sous silence ; d'autant plus qu'elles se prolongent dans la direction de l'histoire des conflits religieux qui ont déchiré la France au xvi⁰ siècle. Signalons à ce propos une « rencontre » qui nous paraît significative : La Rochefoucauld possédait un exemplaire des *Mémoires* de Castelnau avec les additions de Le Laboureur ; et l'on sait que Le Laboureur s'est servi, pour enrichir son édition des œuvres du seigneur de La Mauvissière, des manuscrits, pour lors en grande partie inédits, de Brantôme. Et l'on sait également que les *Mémoires* de Castelnau, avec les additions de Brantôme-Le Laboureur, constituent la vaste fresque haute en couleur qui sert de toile de fond à la *Princesse de Clèves* de Mme de La Fayette...

A côté de d'Aubigné et de Castelnau, l'on rencontre aussi, dans la bibliothèque de La Rochefoucauld, le sieur de Tavannes : le témoignage, c'est-à-dire, de l'un des protagonistes des guerres de religion, spectateur oculaire et sans indulgence, quoique du parti du roi (il commandait l'armée du duc d'Anjou dans la troisième guerre) des massacres commis sous le manteau de la « bonne cause ».

Mondain signifie donc, tout d'abord, comme le veut la syntaxe du XVIIe siècle, esprit libre à l'égard des conventions dominantes ; mais le mot peut avoir aussi — et il l'a sans doute, dans le cas de La Rochefoucauld — une signification plus limitée et presque technique. L'inventaire de la bibliothèque de La Rochefoucauld suggère aussi d'autres impressions. Par exemple, celle d'être en présence d'une collection de livres précieux, réunis tout d'abord par leur beauté extrinsèque et pour le plaisir qu'ils peuvent donner au collectionneur qui les a choisis. C'est ainsi par exemple que, si nous devons constater que dans cette bibliothèque il n'y avait pas un seul dictionnaire, nous devons enregistrer par contre la présence d'un grand nombre de très beaux livres de luxe, sortant de l'Imprimerie Royale[10]. Les prestigieuses éditions de Sébastien Cramoisy et de ses successeurs, qui feraient aujourd'hui les délices d'un amateur avisé, sont largement représentées dans les in-folio très soigneusement imprimés et surtout très largement illustrés. Ce n'est certes pas faire preuve d'irrévérence à l'égard de La Rochefoucauld que de penser que le choix de ces

---

10. Au sujet de Sébastien Cramoisy et de ses éditions, cf. l'étude de G. Lepreux dans son *Livre d'or des imprimeurs du Roi* (Paris, 1909 ; I, 155 et suiv.).

livres a été déterminé surtout par leur caractère extrinsèque : la mode — et donc la mondanité — et aussi les gravures, voilà des considérations qui ont pesé sur le choix. Tout cela nous restitue une image fugitive de La Rochefoucauld grand seigneur mais aussi courtisan ; entiché de mondanité et hôte habituel des salons (et donc « consommateur » prédestiné d'une littérature consacrée à l'exaltation des délices des grottes de Versailles ou des merveilles de la fête de l'Ile Enchantée), plutôt qu'écrivain méditabond, auteur de réflexions moroses sur la vanité de la condition humaine.

Qui dit mondain dit aussi curieux ; et sur la curiosité de La Rochefoucauld l'inventaire offre une abondante matière à nos réflexions. Il y avait dans cet homme une multiplicité d'intérêts qui peut étonner. A côté du mondain et du courtisan, qui se passionne pour la chronique de la vie de la cour, et qui ne manque pas d'acheter la relation, imprimée en édition de luxe, d'une fête à laquelle il a assisté, il y a aussi l'homme de goût qui collectionne les gravures (*Tableaux du Roy ; Tapisseries du Roy*) et qui s'intéresse donc aux choses de l'art. Mais il y a encore un naturaliste qui s'ignore (les livres sur l'histoire naturelle et l'histoire des plantes), ou plus simplement un homme de qualité qui se pique de science et même de mathématiques (*Traités des mathématiques*). Rien ne nous paraît aussi révélateur, toutefois, comme la présence du *Recueil* de Melchisedech Thévenot (lot 11). Bien sûr, nous savons aujourd'hui que les gens du XVIIe siècle (tout comme ceux du XXe siècle) étaient passionnés de voyages, d'exotisme et déjà, en quelque sorte, de science-fiction, et l'inventaire de la bibliothèque de Racine en dit long à ce sujet ; mais comment s'empêcher d'être ravis en découvrant que, malgré tout son pessimisme et son désabusement, l'auteur des *Maximes* ne se refusait pas quelques évasions vers le pays des Cosaques et des Tartares, vers la cour du Mogol et le royaume de Siam, voire jusqu'à l'ombre des Pyramides d'Egypte [11] ? Grâce à cette touche d'exotisme — comme aussi grâce à l'île enchantée et aux grottes de Versailles — c'est tout un aspect du caractère de La Rochefoucauld qui reçoit une illumination soudaine : le « moment » baroque du panache, de l'éphémère, de l'illusoire, brusquement dévoilé par une lueur fugitive et aussitôt éteinte.

Un mondain, un curieux : est-ce à dire un homme superficiel ? On se souvient du mot de Mme de Maintenon : M. de La Rochefoucauld avait « peu de connaissances » tout en possédant « un grand esprit ». Et esprit veut dire ici, à ne pas s'en douter, esprit de salon... Fort heureusement pour nous, l'inventaire nous éclaire aussi sur des aspects plus sérieux de sa personnalité.

Tout d'abord cet homme qui, nous l'avons vu, était « présent à son temps », semble s'être passionnément intéressé à l'histoire. Histoire de France (Pasquier), et surtout histoire du XVIe siècle (Du Bellay, Paradin, sans compter les ouvrages plus spécialement consa-

---

11. Le *Recueil* de Thévenot, comme cela arrive souvent, est beaucoup plus célèbre que connu. Sait-on que le premier volume — celui, justement, que La Rochefoucauld possédait — contient parmi les autres *Relations* le compte rendu d'un voyageur italien, Pietro Della Valle, rédigé en italien, et consacré à un voyage en Amérique ? (*Informatione della Giorgia* [sic], 1627). La Rochefoucauld lisait donc l'italien ? Une simple lecture de la table du recueil de Thévenot serait très instructive sur le chapitre des curiosités de La Rochefoucauld.

crés aux guerres de religion). Est-ce l'ancien frondeur qui recherchait ainsi dans l'histoire de son pays l'explication et peut-être la justification de son aventure personnelle ? Il est aussi intéressant de constater la présence, parmi les livres de La Rochefoucauld, d'un manuscrit des *Mémoires* de Commynes : il s'agit d'un exemplaire précieux, sur velin, somptueusement relié, et qui est évalué à douze livres (lot 21). Nous retrouvons ici l'amateur de beaux livres ; mais cette préférence accordée à Commynes pourrait avoir aussi une signification plus grande. Les *Mémoires* de Commynes n'étaient pas inédits au XVIIe siècle, et cette même Imprimerie Royale, à laquelle La Rochefoucauld s'est si souvent adressé pour enrichir sa bibliothèque, avait publié en 1649 une nouvelle édition de luxe de l'œuvre du sieur d'Argenson. Malgré cela La Rochefoucauld reste fidèle à son manuscrit, et se préoccupe même d'en assurer la conservation par une reliure précieuse. Tant de soins ne trahissent-ils pas une préférence secrète accordée par l'auteur des *Maximes,* qui a si longuement réfléchi sur le sens de l'aventure humaine sur cette terre, à un historien qui, à son tour, s'est efforcé de pénétrer la signification des vicissitudes de l'homme qui vit en société ?

Les curiosités de La Rochefoucauld dans le domaine de l'histoire, d'ailleurs, sont, d'un point de vue général, assez bien placées. Témoin cette *Histoire des Romains* de l'historien grec Appien, qui constitue, comme on le sait, l'une des sources principales pour une connaissance exhaustive de la période dramatique des guerres civiles de Rome. Comment s'empêcher de penser que c'est encore l'ancien frondeur qui montre ici le bout de l'oreille ? Quant à l'autre historien grec, dont l'œuvre figurait dans la bibliothèque de La

Rochefoucauld, Polybe, il est presque inutile d'en rappeler la valeur et la signification toutes spéciales. Nul n'ignore, en effet, que Polybe n'est pas seulement l'un des premiers interprètes de la grandeur de la mission universelle de Rome, l'un des plus éclairés historiens de la « romanité » et de ses instances spirituelles, mais qu'il est aussi un écrivain nourri d'une profonde sève philosophique, et qu'il passe à juste titre pour l'initiateur de la « philosophie de l'histoire », et pour un précurseur de Vico. Il fait en somme un beau pendant à Commynes, et sa présence sur les rayons de la bibliothèque de La Rochefoucauld confirme la valeur des indications qui nous viennent du secteur des historiens.

La transition de l'histoire à la littérature s'opère grâce à Tacite. Historien de la latinité et en même temps ennemi déclaré de l'absolutisme, Tacite est une lecture prédestinée pour notre ancien frondeur ; mais surtout, sur le plan littéraire, l'écrivain romain est un incomparable maître de style. Bien qu'il ne l'ait connu qu'en traduction, on ne saurait s'empêcher de penser qu'il a tiré de l'écrivain romain, avec une pensée et une conception politique, un enseignement littéraire et stylistique ; et que Tacite lui a offert tout au moins un exemple de comme on peut se faire grand écrivain non seulement par le contenu mais aussi par la forme que l'on parvient à donner à ses écrits.

A côté de l'histoire, la philosophie : et c'est ici que l'on enregistre la rencontre la plus inattendue et probablement la plus importante. La Rochefoucauld lecteur de La Mothe Le Vayer : il faut reconnaître que personne n'y avait pensé. Même ceux, parmi ses interprètes, qui consentaient à admettre qu'il n'était pas tout à fait démuni de culture [12], lui accordaient-ils, et encore du bout des lèvres, des ancêtres et des initiateurs très vagues dans leur grandeur et dans leur éloignement, Montaigne, Epicure, ou bien le jansénisme et ainsi de suite. Au contraire, il ne fallait pas chercher si loin ; et il nous semble que c'est avec quelque raison que l'on chercherait dans les *Opuscules ou petits traictés* de François de La Mothe Le Vayer l'une des sources de plusieurs composantes typiques des *Maximes*. Se souvient-on seulement que les *Petits traictés* développent des sujets comme « de l'humilité et de l'orgueil », « des richesses et de la pauvreté », « de la conversation et de la solitude », « de la hardiesse et de la crainte », « des mensonges », « de l'ingratitude », « de la vieillesse », « du secret et de la fidélité », et ainsi de suite ?

Il resterait, pour finir, la littérature, mais, sur ce chapitre, la moisson est bien maigre. L'on pourrait commencer par constater qu'aucun ouvrage portant son nom ne figure dans la bibliothèque de ce célèbre écrivain : sans doute parce qu'on ne connaît pas d'éditions de grand format (les seules inventoriées par les notaires qui ont rédigé l'inventaire après-décès de ses biens) des œuvres de La Rochefoucauld, mais sans aucun doute aussi parce que cet aspect de la person-

---

12. C'est le cas, (par exemple, de J. Bourdeau : « Quoi qu'il ait vu l'homme ailleurs que dans les écrits des philosophes, on peut soupçonner cependant qu'il a lu Montaigne, Gassendi, Descartes, les *Provinciales,* qu'il a pris part aux discussions philosophiques et théologiques sur la nature humaine et la grâce divine, qui animaient le salon de Mme de Sablé. La doctrine d'Epicure, la morale de l'intérêt, jointe à la doctrine janséniste sur la corruption de l'homme, forment l'arrière-fond des *Maximes* (*La Rochefoucauld,* Paris, Hachette, 1895, p. 103).

nalité du duc — son attitude à griffonner du papier — qui nous paraît aujourd'hui si important, résultait tout à fait secondaire aux yeux des compilateurs de l'inventaire. L'on constate la même chose à propos de la bibliothèque de Racine et de bon nombre d'autres écrivains du xviie siècle. Quoi qu'il en soit, c'est encore le « moment » mondain, la composante aristocratique et, à la limite, frivole, de la personnalité de La Rochefoucauld qui est éclairée ici, par ce simple silence de l'inventaire de sa bibliothèque.

Il faut signaler, par contre, une présence, sur la signification de laquelle on ne saurait se méprendre, les deux beaux volumes in-folio de l'édition de 1664 du *Théâtre* de Corneille. Il s'agit de la première édition collective « revue et corrigée par l'auteur » : La Rochefoucauld possédait donc tout le théâtre de Corneille paru à cette date (tout ce qui compte, en d'autres termes). Corneille, autrement dit le héros baroque. C'est encore une composante essentielle de la personnalité de La Rochefoucauld, le moment du panache, de la « représentation » et de la grandiloquence, déjà entrevu à propos des *Voyages curieux*, qui refait ici son apparition. Cette présence de Corneille, nous semble-t-il, a bien la valeur d'une confirmation.

La Rochefoucauld collectionneur de beaux livres ; amateur de gravures et, en général, d'objets d'art ; La Rochefoucauld esprit curieux de sciences et de mathématiques, d'histoire naturelle et de géographie ; La Rochefoucauld grand voyageur (par l'imagination) vers les contrées lointaines du royaume de Tartarie ; La Rochefoucauld mondain et courtisan, et en même temps historien et philosophe ; La Rochefoucauld esprit fort et aussi lecteur d'Arnauld d'Andilly : que de glanures possibles, rien qu'en partant de deux douzaines de titres !

La considération la plus importante à tirer de cet inventaire est toutefois représentée par l'existence même de l'inventaire, c'est-à-dire de la bibliothèque. La bibliothèque d'un homme qui, comme il est dit dans les *Segraisiana*, « n'avait pas étudié », mais qui, pour être doué d'un bon sens naturel merveilleux, « savait parfaitement le monde ». Il est évident, par contre, qu'au bon sens se sont ajoutés les livres, et que La Rochefoucauld « savait parfaitement » autre chose, en plus du commerce des salons. Il est évident qu'il n'avait pas dédaigné les anciens, ni le latin, bien que sa bibliothèque soit essentiellement « moderne » ; il est évident, en somme, qu'il n'avait pas dédaigné le travail, et quoi qu'il ait lui-même présenté son activité littéraire comme un délaissement, on ne saurait certes croire qu'il ait pu la mener à bien sans la médiation d'une culture. Conclusion évidente, sans doute, mais qu'on est heureux de pouvoir fonder sur un document, et sur les certitudes qu'il nous apporte.

Enea Balmas

MORALE CONVENTIONNELLE ET ETHIQUE ROMANESQUE DANS *LA PRINCESSE DE CLEVES*

> « Si vous jugez sur les apparences en ce lieu-ci, vous serez souvent trompée : ce qui paraît n'est presque jamais la vérité. »
> (Mme de Chartres à sa fille.)

La lecture est un combat paisible où le lecteur tente de réduire l'œuvre en la dominant complètement. Le propre des grandes œuvres est d'opposer une résistance indéfinie à ces tentatives d'explication. Chaque interprète de la *Princesse de Clèves* suit une nouvelle piste ; aucun ne prétend en saisir toute la complexité.

L'interprétation qui est proposée ici n'est pas plus exhaustive que les précédentes. L'étude du renversement des rôles qui, à la fin du livre, substitue au duc de Nemours, ravalé au niveau de l'humain banal, l'héroïne soudain grandie et souveraine, cherche seulement à infléchir les explications qui veulent fonder l'attitude de Mme de Clèves sur la peur de l'amour. La princesse est en proie à une angoisse métaphysique née du sentiment de la destruction de sa personnalité ; et le roman est le récit de la très lente conscience qu'elle en prend, jusqu'au choix final qui lui permet de se dérober à ceux qui la détruisent.

Pour le duc de Nemours, tout est simple et cohérent : son seul mobile est d'être aimé de la princesse. Il réduit son activité aux limites de ce but, auquel il a tout sacrifié : ses amours, bien sûr, mais aussi son avenir et ses ambitions ; à la nouvelle que la reine d'Angleterre « commence à s'offenser » du peu d'empressement qu'il lui témoigne, il ne fait « que rire, que badiner et se moquer » (1152)[1].

Il se dépouille de tout ce qui était à lui et le définissait. Mais il subordonne aussi à ses fins ce qui appartient aux autres ; il irait jusqu'à sacrifier ses meilleurs amis et abandonnerait volontiers le vidame à sa mauvaise fortune (1175). Dans le dessein avoué de détruire l'entente des époux, il n'a aucun scrupule à faire retomber sur le prince de Clèves le soupçon infamant d'avoir raconté l'aveu :

> La jalousie (...) et la curiosité d'en savoir peutêtre davantage qu'on ne lui en a dit, peuvent faire faire bien des imprudences à un mari (1208).

Ce cynisme se nuance d'indécence dans le bonheur que fait naître en lui la seule idée de la mort de M. de Clèves :

> Il ne pouvait soutenir cette pensée, tant elle lui donnait de trouble et de transports, et il en éloignait son esprit par la crainte de se trouver trop malheureux, s'il venait à perdre ses espérances (1234).

---

1. Les chiffres renvoient aux pages de l'éd. de la Pléiade.

Les qualités d'aisance et de désinvolture dont il fait preuve si souvent et que l'auteur présente comme des preuves de sa « qualité » morale et spirituelle ont ici leur revers. En fait, le monde amoral de Nemours rappelle celui des héros épiques qui sont à eux-mêmes leurs propres juges. Rien ne les embarrasse ; aucun scrupule ne les effleure. La clarté de la voie à suivre exclut les doutes et les hésitations. L'inquiétude morale leur est inconnue, et les rares réflexions auxquelles Nemours se livre (1229) expriment seulement son désarroi devant l'attitude « incompréhensible » de la princesse : elles s'achèvent sur des motifs de persévérer. Ces témoignages d'auto-satisfaction expriment une confiance en soi qui se comprend d'autant mieux que Nemours bénéficie d'un concours de circonstances perpétuellement favorables.

Une série ininterrompue de hasards heureux le rapproche du but. Tout est singulier : la rencontre qui le fait danser avec Mme de Clèves (1127) ; la mort opportune de Mme de Chartres (1141) ; la scène du portrait, où nul ne le voit agir, sinon l'héroïne (1164) ; les circonstances qui entourent l'épisode de la lettre du vidame : redoutable au départ, la situation se renverse jusqu'à rapprocher les amants (1170) ; le hasard — que l'on veut « romanesque » — grâce auquel il assiste à la scène de l'aveu (1192) ; lors de sa visite à Coulommiers, le malentendu qui tournera à son profit (1226) ; la mort du mari (1237). Sauf dans l'épisode du portrait dérobé, les événements suivent un cours favorable au duc et les obstacles s'écroulent d'eux-mêmes sans qu'il ait besoin d'intervenir. Il sort à son avantage de toutes sortes de situations aléatoires. Peut-être brille-t-il ainsi du dernier reflet du merveilleux épique, par lequel le héros évite l'échec en renversant miraculeusement une situation hostile [2].

Le duc se heurte encore à un obstacle que son habileté peut seule abattre. C'est que l'amour ne fait de progrès chez la princesse qu'à la faveur des rencontres en public ou en tête-à-tête que le duc sait se ménager ; dans la solitude, Mme de Clèves ne s'y complaît pas. Même si, à Coulommiers, le duc la surprend à rêver devant son portrait, elle ne lui accorde jamais délibérément un gage d'amour.

Elle ne se laisse pas envahir par la passion au point de perdre consciemment sa maîtrise. La solitude ne favorise donc pas les progrès du duc ; elle permet seulement à l'héroïne d'en prendre conscience — pour les déplorer —. C'est en présence du duc qu'elle semble victime d'une sorte de fascination physique qui n'est rompue que par la séparation, lorsqu'elle se retrouve seule et qu'elle peut se livrer à la méditation : mais un progrès a été accompli sur lequel la princesse ne peut plus revenir.

Le duc connaît la nature de son pouvoir ; il sait qu'il lui est indispensable de voir Mme de Clèves et de lui parler pour la fasciner ; que son action doit être directe. C'est pourquoi il ne lui écrit jamais et n'agit par un intermédiaire, le vidame, qu'à la dernière extrémité, lorsque tout est perdu. Mais auparavant cette servitude ne le dessert pas : il en tire au contraire parti dans la mesure où les conditions mondaines de la vie de cour obligent les amants à se rencontrer lors des nombreuses occasions que rap-

---

2. Peut-être faut-il voir là une des sources du « romanesque ».

porte le roman. Mme de Clèves qui connaît cet état de choses n'envisage qu'une solution à son drame : ne plus voir le héros. Elle exprime cette idée à maintes reprises ; par exemple :

> Elle avait fait une forte résolution de s'empêcher de le *voir* (1142) ;
> Elle ne se flatta plus de l'espérance de ne le pas aimer ; elle songea seulement à ne lui en donner jamais aucune marque (...) . Le seul moyen d'y réussir était d'éviter la *présence* de ce prince (1158) ;
> Il faut m'arracher de la *présence* de M. de Nemours (1191) ;
> Elle devait fuir sa *vue* comme une chose entièrement opposée à son devoir (1239) ;

Elle ne fait là que reprendre le conseil de sa mère mourante :

> Retirez-vous de la cour.

Elle réalisera ce vœu à plusieurs reprises, mais pour peu de temps : après la mort de sa mère (1157) par exemple ; elle se retirera à Coulommiers ; et lorsqu'elle choisit le couvent, le duc

> sentit le poids de cette retraite, et il en vit l'importance (1253).

Mais avant cette résolution extrême, le duc a su profiter de toutes les occasions avec une aisance et une habileté qui désarment la princesse et qui, du refus de cet amour (1142), l'amèneront à l'aveu final :

> Vous m'avez inspiré des sentiments qui m'étaient inconnus (1244).

L'habileté de la conduite du héros se résumera alors dans cette phrase :

> Il s'en faisait aimer malgré elle (1165).

Mme de Clèves admirera ce pouvoir ; elle dira au duc :

> Je crois même que les obstacles ont fait votre constance.

Cette habile progression amène donc M. de Nemours près du but.

*
* *

Pour résister au duc, la princesse de Clèves dispose d'un véritable système théorique qu'elle doit, dans l'ensemble, à sa mère et à son mari, et qui se présente comme une morale mondaine pessimiste et coercitive.
L'aspect mondain s'exprime dans l'enseignement donné à sa fille par Mme de Chartres ; il est fondé sur les notions de bienséance et de réputation propres au milieu dans lequel ces personnages évoluent. Lors de sa dernière conversation avec sa fille, l'argument suprême de Mme de Chartres sera :

> Pensez que vous allez perdre cette réputation que vous vous êtes acquise et que je vous ai tant souhaitée (1141).

Cette exigence méritera à la princesse l' « estime » et la « tendresse » de son mari (1234). Mais Mme de Chartres ne loue jamais la vertu pour elle-même : elle vante seulement les avantages personnels qu'elle apporte : « tranquillité », « éclat et élévation », et même « bonheur » (1113). La vertu n'est jamais rapportée à un idéal moral véritable. Justement inquiète du « péril où était cette jeune personne » (1134),

Mme de Chartres révèle l'anthropocentrisme et l'étroitesse de ses vues ; ses conseils, tirés de son expérience, font preuve d'un réalisme désenchanté que sa fille ne comprendra pas : cette morale très superficielle ne constituera pas une barrière suffisante contre la passion.

Cette morale est pessimiste parce que Mme de Clèves n'est avertie, sur les plans individuel et social, que des dangers de l'amour. L'enseignement de Mme de Chartres se complète en effet de quatre digressions qui sont autant de mises en garde contre les pièges de l'amour : l'histoire de Diane de Poitiers illustre le thème de l'esclavage qu'il inflige (1129) ; le rapprochement de mots par lequel Mme de Clèves résume la deuxième digression est significatif : elle aurait cru Mme de Tournon « incapable d'amour et de tromperie » (1144) ; la triste fin d'A. de Boulen rappelle que l'amour ne produit rien de sûr (1161) ; enfin l'épisode de Mme de Thémines révèle les imbroglios qui peuvent naître de l'amour et dégrader les cœurs (1174).

L'atmosphère morale qui entoure l'héoïne est donc dominée par la sourde hostilité du livre contre l'amour. De tous côtés, les avertissements exacerbent la méfiance de la princesse et la détournent de sa passion. Ces pressions latentes se transforment en interdictions indiscrètes lorsque la lucidité de Mme de Chartres devine l'amour de sa fille pour le duc de Nemours et qu'un malentendu détruit l'estime de M. de Clèves pour sa femme. Tous deux, sur leur lit de mort, profèrent contre cette passion de véritables malédictions. M. de Clèves s'écrie :

> Vous connaîtrez la différence d'être aimée, comme je vous aimais, à l'être par des gens qui,

en vous témoignant de l'amour, ne cherchent que
l'honneur de vous séduire (1235).

Tous deux établissent un lien cruel et égoïste entre
l'éventuelle « chute » de Mme de Clèves et leur propre
mort ; Mme de Chartres peut dire :

(Si ce malheur doit vous arriver), je reçois la
mort avec joie, pour n'en être pas le témoin (1141).

En écho, M. de Clèves :

Je meurs du cruel déplaisir que vous m'avez
donné (...).
Sachez que vous me rendez la mort agréable, et
et que (...) la vie me ferait horreur (1234).

Et, dernière attitude semblable à celle de Mme de
Chartres n'envisageant le futur que pour le maudire :

Mais ma mort vous laissera en liberté (...). Faut-
il que j'aie la faiblesse d'y jeter les yeux !

Ainsi se définit une morale coercitive par laquelle sa
mère et son mari prétendent diriger Mme de Clèves
par-delà la mort — sans qu'elle ait commis quelque
faute qui leur donne un tel droit de regard. Mme de
Chartres cherche à maintenir sur sa fille, qu'elle considère comme une enfant, un pouvoir fondé sur

le besoin que vous avez de moi (1141).

Cette remarque est peut-être conforme à la réalité ;
mais ces interdictions réduisent à néant la liberté de
la princesse ; et le contexte affectif dans lequel elles
sont formulées est tel que Mme de Clèves est prison-
nière d'un carcan qui interdit toute remise en ques-

tion ultérieure. La princesse ne pourra plus, semble-t-il, que le supporter ou renier tout son passé.

La princesse commence par observer ces prescriptions selon un schéma précis qui revient à intervalles réguliers.
En reprenant l'analyse de M. Rousset dans *Forme et Signification,* on rapprochera les temps de réflexion de la princesse qu'il a définis et la méditation chrétienne telle qu'elle s'est répandue au xviie siècle, avec le développement prodigieux de l'oraison mentale. Sous des formes variées, ces méthodes suivent un même ordre : méditation de l'objet de piété, affections et résolutions. A chaque étape de son évolution spirituelle, la princesse exprime ainsi sa prise de conscience d'un changement, l'effroi affectif qu'elle en ressent, et les résolutions qu'elle estime devoir prendre ou dont elle se reconnaît incapable. En voici quelques exemples parmi les plus importants. On les trouve :
— après le premier avertissement de sa mère, lorsqu'elle s'avoue son amour (1139) ;
— après la conversation où M. de Nemours lui a découvert sa passion (1157) ;
— après l'épisode du portrait dérobé (1164) ;
— après l'après-midi de la lettre (1190) ;
— lors des réflexions qui suivent la discussion avec M. de Clèves au sujet de l'aveu divulgué (1211) ;
— à propos de son amour (1212) ;
— après la mort de son mari (1238) ;
— après la rencontre de Nemours à la promenade (1240).
Chaque fois, les trois temps sont nettement marqués. Le premier correspond au sentiment de solitude

et de repliement sur soi-même (point signalé par M. Rousset). L'objet de la méditation y est formulé :

« La douleur qu'elle sentit de *connaître* (...) l'intérêt qu'elle prenait à M. de Nemours » (1139) ;
« Quand elle fut en liberté de rêver, elle *connut* bien qu'elle s'était trompée lorsqu'elle n'avait cru avoir que de l'indifférence » (1157) ;
« Elle *fit réflexion* à la violence de son inclination » (1165) ;
« Elle ne se *reconnaissait* plus elle-même (...). Toutes mes résolutions sont inutiles » (1190) ;
« M. de Nemours quitta sa femme » (nécessité de la solitude) (1211) ;
« Elle s'enferma *seule* dans son cabinet » (1212) ;
« Ce mari mourant ne lui sortait pas de l'esprit » (1238) ;
« Un homme digne d'être aimé par son seul attachement » (1240).

Le deuxième moment est le temps affectif. Après la prise de conscience objective, la réflexion revêt un aspect qui met en jeu la sensibilité.

« Il était *honteux* d'avoir (ces sentiments) pour un autre que pour un mari qui les méritait » (1139) ;
« Elle *ne se flatta plus* de l'espérance de ne le pas aimer » (1157) ;
« Ces paroles (de Nemours) lui donnèrent des *remords* » (1165) ;
Elle redoute les « *cruels* » repentirs et *mortelles* douleurs que donne l'amour » (1190) ;
Elle éprouve la difficulté de montrer « un visage *tranquille et un esprit libre* » (1211) ;
« J'ai *hasardé* tout mon repos et toute ma vie », réflexion qui aboutit à des larmes (fait très rare, car la sensibilité se manifeste très peu dans le roman) (1212) ;

« Elle se faisait un crime de n'avoir pas eu de la passion pour lui » (1238) ;
Elle développe trois arguments contre les raisons d'épouser M. de Nemours :
— il est cause de la mort de M. de Clèves ;
— « la crainte qu'il ne l'épousât »...
— des arguments enfin reprennent le thème de son *repos* (1240).

Cette sensibilité prend donc des formes variées ; il est rare qu'elle se place sur le plan moral (1139, 1165, 1238).

L'étape suivante présente les résolutions que l'héroïne croit devoir prendre :

« Elle *se détermina* à conter (à sa mère) ce ne lui avait point encore dit » (1138) ;
« Elle songea seulement à ne lui en donner jamais aucune marque » (de son amour) (1157) ;
Craignant de « laisser voir à M. de Nemours l'inclination qu'elle avait pour lui », elle éprouve « l'embarras de ne savoir quel parti prendre » (1164) ;
« Il faut m'arracher de la présence de M. de Nemours (...). Elle demeura dans cette *résolution* » (1190) ;
Elle s'avoue incapable de prendre une résolution et s'en tient à des regrets (1212) ;
« Elle *ne ferait* dans le reste de sa vie *que* ce que (M. de Clèves) aurait été bien aise qu'elle eût fait s'il avait vécu » (1238) ;
« Elle *devait* fuir sa vue (de M. de Nemours) comme une chose entièrement opposée à son devoir » (1240).

Toutes ces résolutions prétendent diriger l'action de Mme de Clèves conformément au devoir qui, selon Mme de Chartres et M. de Clèves, interdit à l'héroïne d'épouser M. de Nemours. La princesse dispose donc d'un ensemble théorique et pratique qui semble lui assurer une défense efficace contre M. de Nemours. En fait, la morale qui lui a été enseignée se révèlera aussi inutile que le schéma d'application dont elle se sert.

La rigueur de ce schéma n'est qu'une apparence. De ce qu'il est indéfiniment répété, on peut conclure qu'il n'est jamais respecté. L'héroïne ressent vivement la dégradation progressive qu'il exprime. Si l'on prend par exemple deux schémas successifs (1157 et 1164), on constate que la résolution de « ne donner jamais aucune marque » d'amour à M. de Nemours (1157), déjà à demi détruite par l'attitude ambiguë lors de l'épisode du portrait dérobé, n'est plus reprise dans le schéma suivant (1164), où l'héroïne se borne à constater qu'elle est

> prête à tomber dans ce qui lui paraissait le plus grand des malheurs, qui était de laisser voir à M. de Nemours l'inclination qu'elle avait pour lui,

et déplore

> l'embarras de ne savoir quel parti prendre (*ibid*).

Elle découvre enfin son amour au duc peu après, lors de l'accident dont il est victime (1168). Chaque schéma constate une dégradation similaire, et c'est ainsi que, d'étape en étape, la princesse en arrive à l'aveu de son amour. La princesse prend conscience de son impuissance à tenir ses résolutions dans le premier temps de ses méditations solitaires ; chaque progrès de l'amour entraîne une même réaction, exprimée dans des termes presque synonymes qui traduisent tous un extrême désarroi : elle est « troublée » de voir M. de Nemours (1141, 1155, 1160) ; elle l'est encore lorsqu'elle découvre qu'il l'aime (1154) ; et quand elle s'avoue son amour pour lui, elle en éprouve de la « douleur », car

> elle n'avait encore *osé* se l'avouer à elle-même (1139).

Cet étonnement inquiet se précise lors de l'épisode de la lettre refaite ; nous apprenons qu'

> elle revint comme d'un songe (1190).

Même constatation, bien plus tard, après l'aveu de son amour à M. de Nemours :

> elle ne se connaissait plus,

ses sentiments étaient

> pleins de trouble et de passion (1250).

Cette conscience de son impuissance fait surgir en elle un sentiment d'irresponsabilité :

> elle n'est plus maîtresse de cacher ses sentiments (1141, 1169) ;

Elle s'écrie :

> C'est une inclination qui m'entraîne malgré moi (1191).

Et l'auteur peut conclure que M. de Nemours

> s'en faisait aimer malgré elle.

Ces expressions ne révèlent pas le remords d'une faute commise contre l'idéal qu'elle tient de sa mère et de son mari. C'est plutôt la prise de conscience d'un changement subit, violent et irréversible dont elle est victime dans la profondeur de sa personnalité. Elle ne peut plus croire à la continuité de son personnage. Impuissante devant ces mutations brusques, elle est le spectateur de sa lente transformation :

Elle ne se reconnaissait plus elle-même (1190).

Dans la mesure où elle se sent entraînée dans une évolution qu'elle n'approuve pas et dont elle redoute l'issue, elle n'a pas le sentiment d'une déchéance morale, mais d'une dégradation qui détruit peu à peu sa personnalité et fait d'elle un personnage tragique. En proie à une angoisse métaphysique, elle croit que répondre à l'amour du duc la fera sacrifier ce qu'elle a de profond et de vital. Or à la perte de substance vive qu'elle ressent, elle répond par une attitude qui ne peut que la décevoir ; car les résolutions qu'elle oppose à son inquiétude sont d'ordre moral, et ce n'est pas le sens du devoir moral qui peut raffermir une personnalité qui se désagrège. Une telle attitude se comprendrait si l'héroïne refusait l'amour par vertu ; mais elle ne s'effraie que de son impuissance à arrêter le mouvement de destruction.

Plus que de son amour adultère, elle a honte de sa faiblesse devant l'amour. Ce décalage entre l'angoisse existentielle vécue et les réponses morales proposées explique ses échecs successifs et sa lente retraite devant M. de Nemours.

D'autre part ces résolutions ont un caractère strictement oppositionnel qui les voue à l'échec. La princesse ne les prend jamais de son propre mouvement :

ce sont des réponses à l'activité inlassable du duc de Nemours. Elles sont toujours exprimées sous une forme négative : la princesse décide de

— « ne lui (...) donner *jamais* aucune marque » (d'amour) (1157) ;
— « *d'éviter* la présence de ce prince » (*ibid.*) ;
— de « *s'arracher* de sa présence » (1191) ;
— de ne faire « dans le reste de sa vie que ce que (son mari) aurait été bien aise qu'elle eût fait s'il avait vécu « (1238), résolution significative de cet état d'esprit restrictif ;
— de « *fuir* sa vue » (1239) ;
— de ne « sortir *jamais* » de l'état de veuve (1248) ;
— « de *ne se pas engager* (et même de) *se défendre* de voir M. de Nemours (1251).

Cette attitude ne cherche pas à définir un mode d'action nouveau ; elle se borne à enrayer le mouvement par lequel l'héroïne se sent emportée. Toujours seconde par rapport au duc, la princesse n'a jamais l'initiative. A la fascination de M. de Nemours, elle ne répond que par des réactions timides qui veulent limiter la destruction de sa personnalité ; leur caractère purement négatif les rend inefficaces.

Il semble donc qu'à l'image de M. de Nemours, dont le pouvoir ne peut s'exercer sur la princesse que par l'intermédiaire des conditions mondaines, Mme de Clèves cherche un moyen d'action dans les règles morales de sa mère et de son mari. Mais les résolutions qu'elle adopte ne lui permettent pas d'opposer une résistance franche et solide à la passion du duc, qui, lui, sait ce qu'il veut. La princesse est donc désarmée ; elle devrait succomber. De fait, M. de Nemours la réduit à lui avouer son amour. Il ne l'épousera pourtant pas, car le roman d'analyse est l'illustration toujours nouvelle de l'idée selon laquelle le monde des apparences est le monde des illusions. L'échec menace M. de Nemours d'autant qu'il est plus près du but.

*
* *

Dans la dernière scène, le rapport des forces se modifie brusquement. On découvre une héroïne nouvelle, qui a vaincu sa timidité et son angoisse et qui exerce sur le duc le pouvoir assuré qu'il exerçait auparavant sur elle. Cette supériorité s'exprime dans le ton moralisateur et hautain des propos qu'elle lui fait transmettre :

> ... elle voulait bien qu'il sût, qu'ayant trouvé que son devoir et son repos s'opposaient au penchant qu'elle avait d'être à lui, les autres choses du monde lui avaient paru si indifférentes qu'elle y avait renoncé pour jamais ; qu'elle ne pensait plus qu'à celles de l'autre vie et qu'il ne lui restait aucun sentiment que le désir de le voir dans les mêmes dispositions où elle était (1253).

C'est la princesse qui prétend indiquer la voie à suivre. Bien qu'elle ait été, encore une fois,

> extrêmement troublée et surprise d'apprendre sa venue (*ibid.*),

elle ne se laisse pas surprendre et garde sa maîtrise sur elle-même. Ce personnage est foncièrement différent de celui que nous connaissons.

Le duc, lui, ne semble pas avoir changé.

Il s'en remet à l'action plus qu'à la réflexion et tranche volontiers avec la même aisance :

Quel fantôme de devoir opposez-vous à mon bonheur ? (1245).

Il comprend moins que jamais les réticences de Mme de Clèves, dont le dilemme lui échappe. Mais cette aisance ne lui confère plus de supériorité. Il s'est livré à quelques réflexions (1229) dans lesquelles il a exprimé son désarroi. Même s'il les a conclues par quelques phrases optimistes, cette hésitation est nouvelle chez lui. L'anecdote de la promenade (1239) l'a montré négligeant une occasion unique de rencontrer celle qu'il aime, attitude inimaginable auparavant. Il a perdu sa chance et son habileté à saisir au vol les occasions favorables.

Toutes ces faiblesses trouvent leur aboutissement dans la scène extraordinaire où ce héros, au comble de son désarroi, se livrera aux larmes en présence de Mme de Clèves :

> M. de Nemours se jeta à ses pieds, et s'abandonna à tous les divers mouvements dont il était agité. Il lui fit voir, et par ses paroles et par ses pleurs, la plus vive et la plus tendre passion... (1248).

Il révèle ici son incapacité de s'adapter à cette situation nouvelle ; il continue à jouer les héros épiques et tout-puissants en s'en remettant à l'action :

> Il fit tout ce qu'il put imaginer de capable de la faire changer de dessein (1254),

phrase qui rappelle que

> la perte de ses espérances ne l'empêcha pas de mettre tout en usage pour faire revenir Mme de Clèves (1253),

expression parfaite de son dilemme : il continue à faire comme si une telle attitude pouvait aboutir, à rester fidèle à son personnage antérieur. Mais son agitation fébrile est vaine ; il le sait si bien qu'il use de moyens auxquels il ne s'était jamais confié auparavant :

> il fit écrire la Reine, il fit écrire le vidame, il l'y fit aller ; mais fut inutile (1253).

Pour la première fois il demande une aide extérieure en se servant d'intermédiaires entre Mme de Clèves et lui. Cette démission nous le rend pitoyable, car nous le voyons incapable de surmonter l'obstacle nouveau qui se présente à lui. A la princesse transformée, il oppose une attitude figée, calquée sur celle qui faisait son originalité et sa force. C'est lui qui se trouve désarmé ; et le rythme saccadé de ces dernières phrases transforme en un pantin le héros prestigieux du début.

Ainsi se définit un chassé-croisé qui redistribue les rôles et consacre le succès de la princesse.

Ce succès de Mme de Clèves se fonde sur la constatation du pouvoir tout-puissant par lequel le duc vient à bout de sa résistance, et de sa propre impuissance à mettre ses résolutions en pratique. Ce qui la perdait, c'était l'obligation mondaine de rencontrer le duc, et nous l'avons vu chercher à se dérober au pouvoir du duc. La retraite finale est la conséquence logique de ce désir ; elle est déjà esquissée un peu auparavant, lorsque M. de Nemours demande des nouvelles de la princesse bouleversée par la mort de son mari :

on lui dit que personne ne la voyait et qu'elle avait même défendu qu'on lui rendît compte de ceux qui l'iraient chercher (1237).

Cet épisode présente déjà le thème de la retraite et la volonté de Mme de Clèves de ne pas être informée ; il comporte un personnage intermédiaire dont le but est d'ôter au duc l'occasion d'exercer son pouvoir directement. C'est le schéma que reprendra le dernier épisode. Mais il manque encore deux éléments qui assureront la supériorité de la princesse : l'aveu de son amour au duc, et la retraite au couvent.

Par son aveu (1244), Mme de Clèves met un terme au cycle des succès de M. de Nemours. Elle lui enlève tout moyen de pression ultérieur et se libère ainsi de la servitude morale à laquelle l'asservissait son amour, en accomplissant la dernière étape à laquelle il pouvait la contraindre. C'est le terme de son évolution.

Le choix du couvent la dégage ensuite des contraintes mondaines qui la soumettaient au pouvoir du duc. Ce lieu fermé inaccessible enlève au héros toute possibilité de rencontre. Mme de Clèves est sûre de pouvoir y éviter sa « vue », souhait qu'elle a si souvent formulé. Le couvent lui fournit le seul lieu hors de l'aire d'action de Nemours qu'elle pût trouver. Il stabilise aussi son attitude de fuite hors du temps. Dans ce milieu clos, il n'y a plus pour elle d'évolution possible : tout est arrêté. Le rôle symbolique du couvent est souligné par le caractère a-religieux du reste du livre (la seule phrase d'esprit chrétien étant l'allusion inattendue à « l'autre vie » [1253]). En demandant à cette maison religieuse la stabilité qu'elle n'a pas su acquérir à cause du poids de son passé, et qu'elle a craint de ne pas trouver dans l'avenir commun avec M. de Nemours, la princesse montre qu'elle préfère une absence d'avenir à un avenir incertain.

On peut retrouver ici l'écho laïcisé des thèmes religieux qui font du temps le facteur d'une évolution nuisible ; l'ordre se trouve dans la stabilité hors du temps et de l'espace que proposent les couvents.

Cette attitude révèle également le souci d'indépendance de Mme de Clèves. La princesse trouve dans la reconnaissance de son impuissance et de sa faiblesse un moyen de se dérober, sans le renier, au carcan passé. En renonçant à prendre des résolutions

> — Enfin (...) elle pensa qu'il n'était point encore nécessaire qu'elle se fît la violence de prendre des résolutions (1250),

confirmé par

> Le vidame la vit : elle ne lui dit point qu'elle eût pris de résolution (1253),

elle reconnaît son incapacité d'agir sur le monde extérieur et abandonne purement et simplement le schéma d'application pratique qui s'est avéré inefficace, car à présent

> elle connaissait ce que peuvent les occasions sur les résolutions les plus sages (*ibid.*).

Cette attitude lui permet de ne plus fonder son action sur le passé, dans lequel elle ne se reconnaît pas. Mais par son refus de faire des résolutions, elle cesse d'appréhender l'avenir incertain, trop soumis au pouvoir de M. de Nemours. Elle refuse tout ce qui dans le passé a pu et dans le futur pourrait altérer sa liberté, et se réserve le présent, seul domaine où personne ne lui dispute son indépendance. Cette attitude la fige et lui confère son hiératisme. De victime, elle devient spectateur pur et peut dire à M. de Nemours que

> les autres choses du monde lui avaient paru si indifférentes qu'elle y avait renoncé pour jamais (1253).

Elle échappe ainsi à l'emprise de M. de Nemours, qui n'est qu'un homme d'action et ne peut comprendre la transformation qui rend inaccessible l'objet d'autrefois. Mais par cette attitude, elle cherche moins à être quelque chose qu'à ne plus être détruite. En s'écriant :

> Croyez que les sentiments que j'ai pour vous seront éternels et subsisteront quoique je fasse (1249),

elle prouve qu'elle est, pour la première fois, sûre de ne plus changer, fixée et inaccessible ; son hiératisme en revanche a quelque chose de restrictif qui le rend glacial et peu convaincant. La princesse n'atteint à sa personnalité qu'en s'empêchant d'exister ; si elle interrompt la dégradation, c'est au prix de sa vie. Le roman est ainsi le récit de la révélation selon laquelle la vie n'a de sens que dans le changement et par là qu'il n'y a pas d'unité fixiste de la nature humaine. Le hiératisme de Mme de Clèves n'est qu'un réflexe de défense devant une crise de la personnalité, et la princesse et une héroïne à la recherche de son moi. C'est pourquoi elle ne se refuse pas à l'amour, mais aux manifestations et aux conséquences qu'elle croit être celles de l'amour. Il lui importe peu (ce qui révèle bien la profondeur de l'abîme qui la sépare de M. de Nemours dont c'est le seul but) d'avouer ou non son amour au duc. Elle va même jusqu'à lui laisser quelques espérances :

> Il est vrai (...) que je sacrifie beaucoup à un devoir qui ne subsiste que dans mon imagination. Attendez ce que le temps pourra faire. M. de Clèves ne fait encore que d'expirer... (1249).

Ces phrases ne l'engagent pas. L'amour ni le duc ne comptent en face de l'angoisse métaphysique devant le sentiment de destruction interne. Elle a donc peur moins de l'amour que de la vie, et son seul but est de persévérer dans son être.

Devant cette peinture des redoutables effets de la passion, on peut se demander si l'amour n'est pas seulement ici le support de l'analyse psychologique, et si Mme de Clèves ne réagirait pas de même en face de toute autre passion qui la briserait.

Il reste que sa retraite intérieure et extérieure la transforme en un personnage aussi inaccessible à M. de Nemours que le duc l'était jadis pour elle. Dans cette lutte pour l'hégémonie, ce sont des personnalités hors série qui se heurtent.

*
* *

La princesse achète son triomphe du prix de sa vie. Cette triste victime ne trouve son salut qu'en échappant au poids du passé par le sacrifice de son avenir. Soumise au poids des conventions sociales, elle se bat contre deux ennemis : celui qui grève son passé (sa mère et son mari) ; celui qui engage l'avenir (M. de Nemours). Par son choix final, elle adopte une solution qui la situe d'emblée au-dessus de la question en lui interdisant toute évolution ultérieure. L'auteur se garde bien de porter un jugement de valeur sur cette décision : et l'attitude finale de M. de Nemours peut s'interpréter aussi bien comme la justification suprême de Mme de Clèves, ou comme sa condamnation.

Bernard Chedozeau

REMARQUES SUR LA DISPOSITION PAR LIVRES DES *FABLES* DE LA FONTAINE

L'usage de donner à apprendre aux enfants *certaines* fables de La Fontaine tend à masquer le fait qu'elles furent publiées en *recueils,* eux-mêmes divisés en *livres.* Le premier recueil paru, au printemps de 1668, en comptait six. Le recueil de 1678-1679, cinq. Il arriva à La Fontaine de publier des fables isolées : huit en 1671, sous le titre de *Fables nouvelles et autres poésies* ; onze — sans compter *Philémon et Baucis* — en 1685, dans les *Ouvrages de prose et de poésie des sieurs de Maucroix et de La Fontaine* ; quelques autres encore, dans le *Mercure galant,* en 1690 et 1691. Mais il me paraît important que l'auteur ait réédité ses deux premiers recueils en 1692 sans y incorporer ces suppléments. Il les destinait à un nouveau livre, le douzième, paru en 1693 [1].

---

1. Deux fables seulement, *Le Soleil et les Grenouilles,* et *La Ligue des rats,* furent publiées du vivant de La Fontaine et ne furent pas admises dans un livre. Trois sont restées inédites de son vivant : *Le Renard et l'Ecureuil, La Poule et le Renard, L'Ane juge.*

Sur les raisons de ce regroupement par livres, la critique est généralement discrète. Georges Couton, après Wadsworth, pose la question de la composition du premier recueil, sans la résoudre davantage[2]. Dans le second recueil, il voit pourtant s'esquisser une « organisation » : « les fables s'ordonnent autour de thèmes : thème de la fortune dans le livre VII ; dans le livre X, mise en accusation de l'homme par les bêtes, thème de l'aventure, thème de la condition royale. *Peut-être aussi des fables ne voisinent-elles pas sans projeter les unes sur les autres des reflets malicieux*[3]. »

Devons-nous en rester là ? Il faut avouer que La Fontaine n'encourage guère le lecteur à aller plus loin. Non qu'il soit si discret sur son art et ses intentions : de « dédicaces » en « épilogues », en passant par les « préfaces », les « avertissements » et ce que j'appellerais volontiers les *fables-programmes*[4], cet homme qu'on a dit à tort si négligent nous a laissé les éléments d'un art poétique somme toute assez complet. Mais il n'a à peu près rien dit des raisons qu'il avait d'arranger ses fables dans un ordre déterminé.

---

2. P. xv de son introduction à l'édition Garnier des *Fables* (1962), à laquelle je me référerai constamment ci-après.

Il va sans dire que l'étude de la disposition des *Fables* par livres doit faire abstraction de la date à laquelle chaque fable a été effectivement rédigée. Il n'importe pas à mon propos que *Le Curé et le Mort,* par exemple, ait été écrit en 1672, et *Le Rat retiré du monde* en mai 1675. Il me suffit qu'à un moment donné La Fontaine ait jugé bon d'insérer les deux fables dans le même livre, le septième.

3. *Ibid.*, p. xxvii. C'est moi qui souligne.

4. Comme la fable I du livre cinquième et les fables I et II du livre sixième.

Pourtant, quand il loue dans sa première dédicace au Dauphin l' « ingéniosité » d'Esope, son « art singulier », la manière « insensible » dont il s'insinue dans les esprits, on ne peut s'empêcher de penser qu'il n'apprécie peut-être pas seulement chez son maître le talent qu'il a de « faire passer » une moralité dans un récit agréable. Ne verrait-il pas plus généralement en lui le modèle d'une nouvelle *rhétorique* ? En tout cas la préface du premier recueil des *Fables* est une déclaration de guerre courtoise mais ferme à l'éloquence traditionnelle, représentée en l'occurrence par l'académicien Patru [5]. Malheureusement La Fontaine ne dit pas ce que peuvent être dans la nouvelle rhétorique les règles de la *disposition*. Un passage bien connu de la fable I du livre cinquième (« J'oppose quelquefois, par une double image,/ Le vice à la vertu, la sottise au bon sens,/ Les Agneaux aux Loups ravissants,/ La Mouche à la Fourmi, faisant de cet ouvrage/ Une ample comédie à cent actes divers... ») paraît intéresser davantage la « disposition » des fables prises isolément, et n'avoir aucun rapport avec la disposition en livres considérés comme des ensembles. Rien pourtant n'interdit de penser qu'il peut rendre compte de celle-ci aussi bien que de celle-là. En fait la loi d'opposition à laquelle La Fontaine se réfère est une loi structurelle de son univers mental, dont la portée — morale, philosophique, esthétique —

---

5. C'est pourquoi il faut lire, dans la même préface : « Après tout, je n'ai entrepris la chose que sur l'exemple, je ne veux pas dire des Anciens, qui ne tire point à conséquence pour moi, mais sur celui des Modernes », comme La Fontaine l'a toujours laissé imprimer. Contrairement à Georges Couton, je ne vois dans cette leçon nulle incohérence.

passe infiniment le domaine limité de la rhétorique. Elle le passe, mais elle l'englobe aussi, comme j'essaierai de le montrer. C'est ainsi que la disposition même des fables, si désordonnée, si « diverse », peut être à sa manière une « image » de cette lutte des contraires où La Fontaine voyait volontiers le ressort de la vie physique et morale [6].

Est-ce à dire qu'il lui suffisait de ranger ses fables dans un ordre aléatoire, pour composer *ipso facto* l'image d'un univers régi par la loi de l'opposition ? Je gage que si l'on confiait à un ordinateur le soin de redistribuer absolument au hasard les fables entre les livres, le résultat serait proprement absurde. Imagine-t-on *Le Corbeau et le Renard* entre *La Mort et le Mourant* et *La Matrone d'Ephèse* ? Ou bien *Les Deux Pigeons* s'interposant entre *Le Héron* et *La Fille* ? Absurde, l'univers de La Fontaine ne l'est point, il s'en faut. Il a son ordre, dont rend compte précisément la loi d'opposition exprimée dans la fable I du livre cinquième : les agneaux s'opposent aux loups, la mouche à la fourmi, le vice à la vertu, mais il y a *aussi* une analogie entre la relation loup/ agneau (ou mouche/ fourmi) et la relation vice/ vertu (ou sottise/ bon sens). Car la loi d'opposition a pour corollaire obligé celle des *correspondances*. En un sens tout s'oppose, mais tout se tient aussi, puisqu'il n'est nulle relation dans le macrocosme qui n'ait son analogue dans le microcosme et réciproquement. La Fontaine écrivait dès sa première préface : « [Les Fables] ne sont pas seulement Morales, elles donnent encore d'autres connaissances. Les propriétés des Animaux

---

[6]. Rousseau ne s'y trompait pas, qui discernait une jungle derrière l'exquise façade des *Fables*.

et leurs divers caractères y sont exprimés ; par conséquent les nôtres aussi, puisque nous sommes l'abrégé de ce qu'il y a de bon et de mauvais dans les créatures irraisonnables. Quand Prométhée voulut former l'homme, il prit la qualité dominante de chaque bête : de ces pièces si différentes il composa notre espèce ; il fit cet ouvrage qu'on appelle *le petit Monde*[7]. »

Si l'univers des *Fables* constituait aux yeux de son créateur une véritable encyclopédie, ce n'était pas seulement au sens étroit et si j'ose dire utilitaire du mot (« Il leur faut apprendre [aux enfants] ce que c'est qu'un Lion, un Renard, ainsi du reste ; et pourquoi l'on compare quelquefois un homme à ce renard ou à ce lion[8] »). C'était aussi et surtout dans le sens que lui donnaient les humanistes de la Renaissance. « Tout parle en mon Ouvrage », disait-il[9]. Cela s'entend des animaux sans doute, « et même [des] Poissons », comme il le précisait malicieusement. Mais l'important, c'est le « Tout », dont il use grammaticalement comme pronom indéfini mais à qui sa place dans le vers donne la valeur poétique d'un substantif. « Tout parle » ? à la lettre, non. Mais tout est plein de sens, et le *charisme* du poète est d'expliciter ce sens. Car contrairement à sa légende encore, La Fontaine n'est pas un poète modeste. Son ambition le place même au niveau des plus grands : Ronsard, Hugo, Claudel. « L'Apologue est un don qui vient des

---

7. *Fables*, p. 9.
8. *Ibid.*
9. *Ibid.*, p. 31 (dédicace du premier recueil « A Monseigneur le Dauphin »). Cf. l'épilogue du livre XI, à la fin du second recueil : « Car tout parle dans l'Univers ;/ Il n'est rien qui n'ait son langage » (p. 311).

immortels », dira-t-il plus tard à Mme de Montespan [10].

Ce détour par les grands principes qui sous-tendent la Philosophie et la Poétique de La Fontaine n'est pas inutile si l'on veut considérer d'un œil neuf le problème particulier de la disposition des fables en livres. Il nous garantit *a priori* que cette disposition ne doit rien à la rhétorique traditionnelle ; que son désordre apparent recèle et dévoile tout à la fois un ordre profond ; que cet ordre enfin est à l'image de l'univers de La Fontaine, régi par la loi fondamentale de l'opposition des contraires et celle de l'analogie qui en dérive. Autrement dit, cette disposition n'est ni aléatoire, ni décorative, mais aussi significative que les autres parties de l'œuvre. Apprenons donc a lire *entre les fables*, comme nous avons appris à lire les fables.

« Les Fables ne sont pas ce qu'elles semblent être. » Ainsi commence la double fable — *Le Pâtre et le Lion, Le Lion et le Chasseur* — qui ouvre le sixième livre du premier recueil [11]. Et justement ces deux fables sont de nature à nous préparer à une lecture « entre les fables », partant à la découverte du sens caché de leur disposition. Elles ont en effet un sens intrinsèque que tout lecteur peut aisément formuler. Les réflexions du Pâtre dans la première, l'invocation du

---

10. *Ibid.*, p. 177, dans la dédicace du second recueil. Cf. l'épilogue du livre XI : « C'est ainsi que ma Muse, aux bords d'une onde pure,/ Traduisait en langue des Dieux/ Tout ce que disent sous les cieux/ Tant d'êtres empruntants la voix de la nature » (p. 311).
11. *Fables*, p. 153.

Chasseur dans la seconde en constituent la pointe comme la finalité. Pour faire bonne mesure, La Fontaine les couronne d'une moralité très simple et même lumineuse :

> La vraie épreuve de courage
> N'est que dans le danger que l'on touche du doigt.
> Tel le cherchait, dit-il, qui changeant de langage
> S'enfuit aussitôt qu'il le voit.

Mais dans la seule « mise en page » des deux apologues — placés à la suite l'un de l'autre et simplement séparés par un blanc, comme deux exemples destinés à illustrer une démonstration qui les précède, les enveloppe et fonde en quelque sorte leur existence — il apparaît que leur sens intrinsèque et leur moralité doivent être tenus pour secondaires, relativement au sens profond qu'ils prennent *du fait même qu'ils sont présentés côte à côte et que La Fontaine nous invite explicitement à les comparer.*

Leur sujet, ou leur contenu — La Fontaine dit : « l'événement » — étant identique, et aussi leur morale, c'est dans leur forme qu'ils s'opposent. Ils s'opposent comme Esope à Babrias, comme le *moins* au *plus* dans l'ordre du laconisme. Car Esope est succinct — son apologue tient en cinq phrases, moralité comprise — mais Babrias l'est plus encore puisqu'un quatrain lui suffit. Chez La Fontaine, l'opposition est marquée davantage par la longueur relative des vers (ici des décasyllabes, là des alexandrins relevés d'octosyllabes) que par leur nombre (quinze contre dix-sept). Elle est marquée surtout dans le style, plus relevé, plus orné dans l'imitation d'Esope, plus prosaïque et plus bref dans l'imitation de

Babrias [12]. Mais les deux fables ainsi traitées ne s'opposent point absolument et à tous égards. Si on les compare, non plus entre elles mais avec leurs modèles, comme La Fontaine y invite le lecteur, on voit qu'il a pris ses distances aussi bien à l'égard d'Esope qu'à l'égard de Babrias. Des quatre vers de Babrias, il a tiré un conte de quinze vers. Des cinq phrases assez sèches d'Esope, il a fait une petite comédie dans laquelle les deux prières du berger — une en style indirect, l'autre de vingt-trois mots dans le texte grec — sont traitées en monologues — de trente-huit et cinquante-deux mots. Si finalement la distance relative qui sépare Babrias d'Esope se trouve respectée, c'est parce que La Fontaine, en les déformant, a été d'une scrupuleuse équité. Les proportions sont exactes, et l'illusion est sauve. Mais c'est une illusion. En vérité Esope et Babrias ne sont dans l'histoire que des prétextes, comme les sujets qu'ils ont fournis. Cette double fable [13] n'a en réalité qu'un *contenu,* manifesté dans sa disposition même : la double démonstration que La Fontaine veut faire, à la fois, de son originalité et de sa virtuosité. La véritable « moralité » de l'apologue ne se trouve pas à la fin mais au début :

En ces sortes de feinte il faut instruire et plaire,
Et conter pour conter me semble peu d'affaire.

---

12. Le « Pâtre » d'Esope invoque par deux fois le « Monarque des Dieux », mais le chasseur de Babrias l'appelle bonnement « Jupiter ».

13. Et même *deux fois double,* si l'on restitue aux modèles la place qu'ils doivent occuper au fond de la perspective.

La fable I du livre second — *Contre ceux qui ont le goût difficile* — nous fournit un exemple de fable double qui est peut-être plus subtil. Il ne s'agit d'ailleurs pas à proprement parler de fables, ou d'apologues, mais de deux récits, ou « contes », au sens le plus large du terme. Le premier a pour sujet l'aventure du cheval de Troie ; le second est une petite pastorale mettant en scène Tircis et Amarylle. Au vrai, l' « événement » y a si peu d'importance que ni l'un ni l'autre n'est achevé. Ce sont encore des prétextes, et qui ne portent pas même l'ombre d'une signification intrinsèque. Cette insignifiance tient à leur inachèvement, mais aussi au fait qu'ils reprennent sans effort apparent d'originalité les données les plus traditionnelles de l'épopée (Virgile) et de la pastorale (Théocrite).

En fait ces deux pastiches ont été écrits pour s'opposer ensemble — comme exemples de genres nobles — aux « contes d'enfant » que seraient aux yeux des censeurs les fables familières de La Fontaine. Ils s'opposent accessoirement l'un à l'autre, au niveau de la forme, comme l'épopée à la pastorale, le « style plus haut » au « ton plus bas ». Mais en tant que pastiches, ils ont ce caractère commun, de pousser jusqu'à un point situé juste en deçà de la limite de l'absurde certains traits pertinents des genres imités, qui par là se trouvent finement critiqués. Le style de l'épopée est relevé ? à l'extrême il peut devenir grandiloquent, ampoulé. La Fontaine indique seulement la tendance, par l'usage qu'il fait de la période interrompue. Le style de la pastorale est familier ? la négligence le guette, et c'est ce que suggère la chute calculée sur une rime pauvre (« priant » — « Amant »).

La vraie question posée est en dernière analyse

celle de la dignité comparée des grands genres et de la Fable :

> Quand j'aurais, en naissant, reçu de Calliope
> Les dons qu'a ses Amants cette Muse a promis,
> Je les consacrerais aux mensonges d'Esope.

A cette question, il est répondu de manière très suffisante par la manière dont La Fontaine a choisi et fabriqué ses deux exemples — à partir des modèles traditionnels et en s'opposant à eux —, autant que par l'agencement symétrique qu'il leur a donné, pour forcer le critique à comparer, à réfléchir, et finalement se taire.

Ce n'est sans doute pas un hasard si les deux couples de fables que je viens de rapprocher font partie de ce que j'appelais tantôt les fables-programmes, ces fragments d'un art poétique que l'auteur a su discrètement et habilement mêler à son œuvre créatrice [14]. Par elles, notre attention se trouve naturellement attirée sur les groupes en quelque sorte élémentaires que forment par exemple, parmi les fables pures, *Le Héron et La Fille*, *La Laitière et le Pot au lait* et *Le Curé et le Mort*. Ces deux couples se trouvent dans le livre VII, et d'ailleurs a peu de distance l'un de l'autre [15].

---

14. Quelques auteurs contemporains croient avoir inventé une forme de littérature qui serait autant et parfois plus une réflexion sur les conditions de possibilité de l'écriture, qu'une création littéraire à proprement parler. L'exemple de La Fontaine montre qu'il n'y a rien là de bien nouveau. Et il nous a laissé *de surcroît* une authentique œuvre littéraire...

15. *Le Héron* et *La Fille* portent ensemble le numéro quatre. Les deux autres portent les numéros neuf et dix.

Entre *Le Héron* et *La Fille,* La Fontaine veut évidemment inciter le lecteur à faire une comparaison. Et l'analogie de leur destin sera d'autant plus apparente que tout les oppose en principe : l'espèce (animal *vs* homme) et le genre (masculin *vs* féminin). Dans les parties descriptives du récit, l'analogie des deux destinées est marquée par des détails significatifs : physiques chez le héron (longs pieds, long bec et long cou, il laisse successivement la carpe et le brochet, les tanches, le goujon), psychologiques et moraux chez la fille (« un peu trop fière », elle dédaigne les « médiocres gens » après les « bons partis » et l'âge la fait déchoir année après année). Leur chute même est symétrique : il est « tout heureux et tout aise/ De rencontrer un limaçon » ; elle est « toute aise et toute heureuse/ De rencontrer un malotru [16] ».

Dans ce contexte général, il ne paraît plus invraisemblable que l'oiseau et la fille expriment leur indignation à peu près par les mêmes cris : « Moi des Tanches ? dit-il, moi Héron que je fasse/ Une si pauvre chère ? Et pour qui me prend-on ? » — « Quoi moi ? dit-elle, quoi ces gens-là ? l'on radote, je pense./ A moi les proposer ! hélas ils font pitié. »

Ainsi disposées symétriquement de part et d'autre de la moralité des vers 27 à 34, les deux fables se reflètent en quelque sorte réciproquement, chacune est allégorique de l'autre, comme La Fontaine le souligne du reste avec la plus grande netteté : « Ce n'est pas aux Hérons/ Que je parle ; écoutez, humains, un autre conte. »

---

16. Le chiasme complète la symétrie, il ne la détruit pas, non plus que la substitution de rime.

La correspondance globale que tout lecteur un peu attentif discerne au niveau de l'énoncé ne constitue d'ailleurs pas le seul lien qui les unisse. Il en est d'autres, plus secrets, et de nature proprement musicale, que tisse le jeu subtil des rythmes et des rimes. Un rythme, une rime, ne font naturellement par eux-mêmes aucun sens. Mais les rythmes et les rimes de deux fables que leur sujet et leur composition rend analogues peuvent être un enchantement pour l'oreille et pour l'intelligence si elles sont disposées de telle sorte que le son y joue constamment avec le sens.

Dans sa partie narrative, *Le Héron* est construit sur un rythme lent, et même un peu solennel, qui fait se succéder avec régularité des tercets de deux alexandrins et un octosyllabe — avec la seule exception des vers 10 et 17, qui sont des octosyllabes redoublés. Le monologue intérieur du héron, réparti sur cinq alexandrins qui se suivent [17], prend dans cet ensemble une ampleur certaine, à quoi répond la moralité, avec ses six alexandrins, au milieu desquels se détachent nettement les maximes (des octosyllabes) : « Ne soyons pas si difficiles », et « Gardez-vous de rien dédaigner. »

Il faut garder ce schéma général à l'esprit lorsqu'on vient à lire *La Fille*. Les tercets (12 + 12 + 8) du *Héron* s'y retrouvent, mais sans régularité. L'allure de la fable est plus libre. Elle est même primesautière, comme l'indiquent d'emblée les deux vers d'ouverture, deux octosyllabes au lieu de deux alexandrins. Par deux fois des tercets d'octosyllabes viennent rappeler cette indication, du vers 50 au vers 52 et du vers 57 au vers 59. Le monologue de la fille, déjà très

---

17. Vers 18 à 22.

discontinu dans son énoncé, se trouve ainsi porté par une ligne mélodique au rythme heurté et toujours changeant. La fable comporte pourtant deux séries remarquables d'alexandrins, du vers 60 au vers 64 et du vers 71 au vers 76. Mais ils correspondent pour l'essentiel à un énoncé qui n'a pas son équivalent dans la première fable : c'est la description des effets inexorables du temps sur notre ancienne belle.

De telles différences rythmiques ne modifient pas substantiellement la correspondance générale entre les deux fables, mais elles y introduisent des nuances importantes. La plus bénigne — et la plus attendue — concerne le monologue intérieur des deux personnages. Il est déjà surprenant qu'un héron parle, mais il est hautement paradoxal, et par là très plaisant, que de l'oiseau et de la fille ce soit celle-ci qui tienne les propos les plus décousus. La modification introduite par les séquences d'alexandrins consacrés aux effets du temps est plus inattendue mais aussi plus significative. Par elle, la seconde fable acquiert une profondeur que la première n'avait pas. La destinée du héron et celle de la fille sont comparables sans doute, mais la seconde seule est susceptible d'atteindre au tragique (même si elle n'y atteint pas en fait). Le héron vit dans un éternel présent. Il se promènera demain au bord de la même rivière et pourra, s'il est sage, ne pas répéter l'erreur d'aujourd'hui. Mais l'homme doit compter avec le temps. Ses erreurs sont irréparables et une vie gâchée l'est à jamais. Aussi la leçon de *La Fille*, en dépit de l'humour qui l'enveloppe, est-elle au fond plus grave que celle du *Héron*.

Plus grave, mais non pas vraiment tragique, j'y insiste. A cet égard le jeu des rimes apporte à celui des rythmes un tempérament appréciable. Il ramène en effet l'oreille et l'esprit vers ce qui rend les deux fables comparables, et non plus sur ce qui les oppose. Cet effet est obtenu surtout par des rimes en écho. Aux rimes masculines en *-on* des vers 19, 20, 21, 23, 24 et 26 du *Héron* (renforcées par de nombreuses rimes intérieures), répondent dans la moralité celles des vers 32 et 34, et dans la seconde fable celles des vers 67 et 68, à quoi il convient d'ajouter les rimes féminines correspondantes, aux vers 55 et 57 (« bonne » — « personne »). De même les rimes féminines en *-ère* des vers 3 et 6 trouvent un écho dans *La Fille* à la fin des vers 35 et 37.

Voilà donc deux fables qui pourraient très bien subsister l'une sans l'autre et dont chacune aurait en soi et pour soi un sens satisfaisant. Mais leur disposition en couple, et les rapports complexes d'opposition et de similitude qu'elles entretiennent dans leur forme, et jusque dans leur substance sonore, ajoutent quelque chose à ce sens, créent pour ainsi dire un *supplément de sens*.

La Laitière et le Pot au lait, *Le Curé et le Mort* s'opposent dès leur titre comme *Le Héron* et *La Fille*, mais de façon plus complexe. L'opposition des genres (masculin *vs* féminin) et celle des conditions (état laïc *vs* état clérical) s'y trouve corsée par celle des tons (burlesque ou tragique). En revanche, les deux récits suivent au niveau de l'énoncé des cours tout à fait parallèles. Perrette et le curé entrent de la même manière dans le champ de notre vision : ils vont, l'une vers la ville, l'autre vers le cimetière, la première portant son pot, le second assis près de son cadavre. Le curé, comme Perrette, fait ses comptes en pensée, et leur pensée suit la même pente : « Il m'est, disait-elle, facile,/ D'élever des poulets autour de ma maison » ;

« Monsieur le Mort, laissez-nous faire,/ On vous en donnera de toutes les façons. » Un accident interrompt brutalement cette rêverie : « Le lait tombe... » ; « Un heurt survient. » Chute, désillusion : « Adieu veau, vache, cochon, couvée » ; « Voilà Messire Jean Chouart/ Qui du choc de son mort à la tête cassée. »

Outre le parallélisme rigoureux des deux récits, certains détails concourent à réduire au même registre ce qui dans les titres paraissait en opposition. Par exemple l'opposition état laïc *vs* état clérical est à peu près réduite à rien par le caractère éminemment profane des songes du bon prêtre :

> Certaine nièce assez propette
> Et sa chambrière Pâquette
> Devaient avoir des cotillons.

Mais son nom surtout, ce nom de Jean Chouart emprunté à Rabelais avec une connotation franchement obscène, achève de le « désacraliser ». Le curé se trouve ainsi de plain-pied avec la laitière de village : l'un vaut l'autre, ce sont de simples paysans qui, dans des langages différents, sentent et pensent de même.

Bien qu'elles portent des numéros d'ordre distincts, *La Laitière* et *Le Curé*, comme *Le Héron* et *La Fille*, forment dyptique autour de l'axe que constitue la moralité des vers 30 à 43. Deux charnières les y attachent solidement : le vers 38 du *Curé* (« Et la fable du *Pot au lait* »), qui se superpose étroitement au vers 29 de *La Laitière* (« On l'appela *le Pot au lait* »), et le vers 43 de *La Laitière* (« Je suis gros Jean comme devant »), qui trouve son écho dans le vers 31 du *Curé* (« Messire Jean Chouart »).

Le jeu des rimes dans les deux fables souligne encore pour l'oreille leur profonde analogie : les deux derniers vers du *Curé* se terminent par la même rime en *-é* que les deux premiers et les deux derniers vers de *La Laitière*. Aux rimes en *-on* des vers 13, 15, 16 et 18 de la fable IX répondent celles des vers 12 à 14, 16, 25 et 28 de la fable X. Aux rimes féminines en *-ée* de la première (vers 7, 8 et 10) font écho les rimes masculines en *-é* de la seconde (vers 5, 6, 8 et 10.).

La signification d'une telle disposition est aisément perçue : clercs ou laïcs, hommes ou femmes, nous sommes tous également fous. Telle est en effet la leçon que l'auteur formule explicitement dans sa moralité, sans hésiter à l'appliquer d'abord à lui-même.

Nous n'avons jusque là fait apparaître dans l'entre-deux de ces fables aucun *supplément de sens*. Tout, au contraire, dans leur disposition, nous a paru renforcer le sens obvie de leur énoncé, comme par un pur effet de redondance. C'est que nous avons jusqu'ici négligé leur allure générale, c'est-à-dire leur rythme. Or, sur ce plan-là, *La Laitière* et *Le Curé* s'opposent presque du tout au tout, et au rebours de ce que leurs titres nous faisaient précisément attendre. Sur vingt-neuf vers, la fable IX ne compte que onze octosyllabes, soit à peine plus d'un tiers. Sur les trente-huit vers de la fable X, on en compte au contraire vingt-neuf, soit à peu près les trois quarts. Paradoxalement la légèreté — j'oserai dire l'*allegria* — se trouve donc du côté du prêtre et de son mort, et non pas du côté de la laitière et de son pot[18]. La

---

18. Cette différence est nettement marquée dès l'ouverture : un alexandrin, un octosyllabe, deux alexandrins,

disposition relative des octosyllabes dans les deux récits aggrave encore cette impression. La série la plus longue d'alexandrins, aux vers 15 à 24 de la fable IX, correspond pour l'essentiel au monologue intérieur de Perrette. Dans la fable X, au contraire, deux séries d'octosyllabes correspondent, la première (du vers 10 au vers 15) aux prières machinales récitées par le prêtre, la seconde (du vers 20 au vers 31, avec l'exception du vers 24), à ses rêves d'avenir. Un tel contraste, comme dans le cas du *Héron* et de *La Fille*, suggère naturellement que le sérieux n'est pas toujours du côté où on l'attendait. Ajoutons à cela que l'un des effets d'écho à la rime dont je parlais plus haut se produit au moment le plus surprenant et de la façon la plus irrévérencieuse. Dans les prières du curé, *oraisons*, *leçons* et *répons* sont en effet appelés par les rimes *maison*, *cochon* et *son* du monologue de Perrette. Jointe aux détails qui « désacralisent » le curé, cette disposition très particulière des deux fables est évidemment suggestive. Je ne dirai pas qu'elle charge la fable X d'une connotation anticléricale, dans l'acception gauloise du terme. Je dirai plutôt qu'en poussant l'humour à l'extrême du noir, elle lui rend en quelque manière la dimension tragique dont elle est par ailleurs si dépourvue — et délibérément dépourvue. Perrette après tout ne court que le danger d'être battue. Mais qu'adviendra-t-il, au delà d'une mort purement anecdotique, de l'*âme* d'un tel prêtre, s'il en a une ?

Les fables doubles sont des exemples évidemment privilégiés. Mais il valait la peine de les examiner

---

dans les quatre premiers vers de la fable IX (*andante*) ; quatre octosyllabes au début de la fable X (*allegro vivace*).

d'un peu près, pour mieux jalonner la voie d'accès à la solution du problème plus vaste de la disposition par livres.

Georges Couton, dans sa *Politique de La Fontaine* [19], a donné à propos du livre X un modèle d'étude d'ensemble. Il lui paraît à juste titre que le problème de la disposition n'est pas séparable de celui des intentions profondes de l'auteur : « Chercher d'une manière systématique quelles raisons ont présidé au rangement des fables en livres, quelles malices les rapprochent ou les éloignent, pourrait instruire sur les intentions de La Fontaine. » Le livre X lui paraît organisé autour de trois thèmes principaux, celui des « aventuriers » (fables II, XIII et XV), celui de la mise en accusation des hommes par les bêtes, celui du roi (qui apparaît plusieurs fois avec un visage d'homme et une fois avec un masque léonin). Ces trois thèmes sont liés les uns aux autres de telle sorte que les deux premiers enrichissent le troisième par leur seule proximité. « Dans ce livre » des bêtes qu'on appelle sauvages », écrit Georges Couton, la couleuvre accuse l'homme de cruauté et d'ingratitude envers les animaux et les plantes ; le loup « rempli d'humanité » s'aperçoit que le berger met à la broche les agneaux ; un chien hurle : son maître lui a coupé les oreilles ; la perdrix souffre d'être enfermée par l'homme dans la même cage que les coqs. Ainsi contre « l'animal pervers/ (C'est le serpent que je veux dire,/ Et non l'homme ; on pourrait aisément s'y tromper », un réquisitoire a été dressé. Je ne vois en contrepartie aucun plaidoyer qui tâche de lui restituer son titre de

---

19. Paris, Belles-Lettres, 1959, dans le chapitre intitulé « Les Hommes et la Vie sociale ».

roi des animaux. La Fontaine nous laisse conclure que c'est bien un « chimérique empire » que l'homme s'est arrogé sur les autres êtres, injuste et immérité. Mais l'empire que certains hommes s'arrogent sur d'autres hommes est-il plus justifié ? »

Le livre septième, d'où j'ai tiré les deux couples de fables qui ont servi plus haut à mon analyse, se compose de dix-sept fables, à quoi s'ajoute la dédicace liminaire « A Madame de Montespan ». De ces dix-sept fables, onze pourraient aisément être regroupées sous le titre des « Chimériques ». Elles ont en effet pour protagonistes des êtres que leur imagination déréglée entraîne au mépris du réel. Ce sont *Le mal marié* (La Fontaine dit de la femme : « Rien ne la contentait, rien n'était comme il faut »), *Le Héron* et *La Fille, Les Souhaits, Le Coche et la Mouche* (qui « pense à tout moment/ Qu'elle fait aller la machine »), *La Laitière et le Pot au lait, Le Curé et le Mort, L'Homme qui court après la fortune et l'homme qui l'attend dans son lit* (« Fidèles courtisans d'un volage fantôme »), *L'ingratitude et l'injustice des hommes envers la fortune, Les Devineresses* (« C'est souvent du hasard que naît l'opinion »), *La Tête et la Queue du serpent,* et enfin *Un animal dans la lune* (« La Philosophie/ Dit vrai, quand elle dit que les sens tromperont/ Tant que sur leur rapport les hommes jugeront »).

Six autres fables du même livre pourraient être regroupées sous le titre commun des « Rapaces ». Ce sont *Les Animaux malades de la peste* (« Rien que la mort n'était capable/ D'expier son forfait »), *Le Rat qui s'est retiré du monde* (« Que désignai-je à votre avis,/ Par ce Rat si peu secourable ?/ Un moine ? »), *La Cour du Lion* (« Ce Monseigneur du Lion-là/ Fut parent de Caligula »), *Les Vautours et les Pigeons* (« La gent maudite aussitôt poursuivit/ Tous les pigeons, en fit ample carnage »), *Les deux Coqs* (« Une Poule survint,/ Et voilà la guerre allumée »), *Le Chat, la Belette et le petit Lapin.*

 Le thème des « Rapaces » a évidemment de grandes résonances sociales, politiques, et même religieuses, mais il est remarquable que les fables où il est traité ne mettent en scène que des animaux. La société que ces animaux figurent est divisée schématiquement en deux camps, selon un modèle très traditionnel. D'un côté se trouve le *lion* (et sa cour), le *rat*, les *vautours*, le *chat*, la *belette* ; de l'autre *l'âne*, des *pigeons*, des *coqs*, un *lapin* : des oppresseurs et des opprimés, des maîtres et des esclaves.

 Les fables traitant des « Chimériques » ne mettent au contraire en scène que des êtres humains, a quelques exceptions près : héron, mouche, tête et queue du serpent, qui n'ont, comme chacun sait, que bien peu de cervelle. Ce sont, au gré de l'inspiration, une femme, une fille, un couple de bourgeois du Gange, une laitière, un curé, un homme qui court, un homme qui dort, un ingrat, des devineresses, des astronomes. Hommes et femmes, rustres et savants, clercs et laïcs, tous reçoivent leur paquet. Tous sont ramenés morts ou vifs à la réalité brutale qu'ils voulaient ignorer.

 Que le cycle plus politique des « Rapaces » soit purement animalier, que le cycle plus moral des « Chimériques » mette directement les hommes en cause, il n'y a rien là que de très conforme à la prudence habituelle du siècle. C'est vrai pour le livre septième comme pour le livre X, étudié par Georges Couton. Et d'ailleurs ces deux cycles ne sont pas autonomes ; il y a de l'un à l'autre des cheminements plus ou moins masqués. Ce sont justement ces correspondances qui rendent si fascinante la lecture suivie des *Fables*. Le héros du *Curé et le Mort* est de la race des chimériques, mais il est aussi de celle des rapaces, et même des nécrophages. Pour les contemporains de La Fontaine, *Les Devineresses* évoquaient irrésistiblement la Brinvilliers et les mœurs implacables d'une certaine société. Il n'est pas jusqu'à *Un animal dans la lune* qui ne pose conjointement à la question de l' « opinion » celle de la paix et de la guerre. En jetant ainsi de multiples passerelles entre les deux parties mêlées de son livre, La Fontaine semble nous suggérer que l'engeance des rapaces n'est si funeste aux faibles et aux doux que parce que ceux-ci sont souvent des chimériques, sans prise sur le réel [20].

Les deux Coqs entrelacent justement les deux thèmes d'une façon très équilibrée et par là tout à fait exemplaire. Le coq un peu rapace qui a battu son rival en combat singulier s'abandonne à son imagination chimérique et va claironner sa victoire sur les toits. Ce faisant, il cause lui-même sa perte : un vautour attiré par son chant l'emporte. Le vaincu du premier combat le supplante, mais il n'est pas moins chimérique que son ancien rival, et l'on devine qu'il subira tôt ou tard le même sort : « Tout vainqueur insolent à sa perte travaille./ Défions-nous du sort, et prenons garde à nous/ Après le gain d'une bataille. » Propos qui, à la date du privilège accordé au second recueil des *Fables* (1677), pouvait faire figure d'aver-

---

20. On peut être naturellement un rapace et un chimérique, nous l'avons vu à propos de Messire Jean Chouart. Ceux-là ne tardent pas à voir la violence se retourner contre eux. Ils se font alors bourreaux d'eux-mêmes.

tissement politique sérieux, pour qui du moins savait lire entre les lignes... et entre les fables [21] !

Il resterait à faire une étude d'ensemble de la disposition des fables en livres. Mais, pour être exhaustive et partant tout à fait satisfaisante, cette étude devrait sans doute à un certain moment briser le cadre même des livres. Car il y a bien évidemment des analogies et des oppositions entre des fables quelquefois fort éloignées les unes des autres. Tout lecteur un peu attentif voit bien que *Le Rat et l'Huître* (fable IX du livre VIII) a quelque parenté avec *Le Cochet, le Chat et le Souriceau* (fable V du livre VI). *Le Rat et l'Eléphant* (fable XV du livre VIII) complète d'une certaine manière *La Grenouille qui veut se faire aussi grosse que le Bœuf* (fable III du livre I). *Le petit Poisson et le Pêcheur* (fable III du livre V) est à rapprocher du *Loup et le Chien maigre* (fable X du livre IX). *Le Loup et le Chien* (fable V du livre I) est la lointaine préface du *Paysan du Danube* (fable VII du livre XI). Le même fil relie solidement le *Discours à Mme de La Sablière* (fin du livre IX), *Les Souris et le Chat-Huant* (fable IX du livre XI), et *Le Renard anglais* (fable XXIII du livre XII). Il serait curieux de voir comment deux fables parentes s'éclairent mutuellement à distance, comment aussi leur signification intrinsèque est modifiée, selon le cycle auquel la disposition par livres les rattache. Décidément, « les Fables ne sont pas ce qu'elles semblent être »...

Jacques Proust.

---

21. 1677 est l'année de l'alliance dynastique entre la famille royale d'Angleterre et Guillaume d'Orange, avec qui Louis XIV était en guerre depuis 1672.

MAUCROIX MEMORIALISTE OU CONTEUR ?

Les conteurs utilisent soit des faits authentiques dont ils ont été témoins [1] ou qui sont venus à leur connaissance, soit des contes traditionnels qu'ils ont recueillis oralement ou dans des textes écrits. Quelle que soit l'origine, ils s'efforcent de nous faire croire à l'historicité de leur récit. Ils donnent sur l'époque, le lieu, les acteurs, les précisions que fournirait un historien. Prenons des contes aussi répandus que celui du borgne dont la femme, surprise en galante compagnie, se tire d'affaire en mettant sa main sur l'unique œil valide, ou celui de la femme adultère que le mari justicier force à cohabiter avec le cadavre de son amant assassiné : Marguerite de Navarre précise l'époque et le pays, indique les fonctions du borgne, le nom du témoin français de la scène macabre... Il serait fastidieux d'énumérer les conteurs et les romanciers qui ont recouru à ce procédé.

---

[1] Quelquefois ils sont arrivés à l'auteur lui-même. Le cas le plus curieux est celui de Marguerite de Navarre racontant, sans se nommer, l'audacieuse conduite de Bonnivet à son égard.

Et les épistoliers ? Peut-on leur accorder une entière confiance ? Les *Morceaux choisis* contiennent une lettre de P.-L. Courier : *Un jour que je voyageais en Calabre...* Tous les détails confèrent à cette histoire un cachet d'authenticité. Or le pseudo-laboureur, vigneron, paysan, etc., nous a mystifiés : il l'a dénichée chez un de ces prosateurs du xvie siècle qu'il lisait assidûment.

Et les *Lettres portugaises* ? J'ai longtemps cru à la sincérité de ces pages passionnées. Depuis l'article de Spitzer et la démonstration de Deloffre et Rougeot, je les tiens pour une œuvre habilement fabriquée.

Ces remarques conduisent aux lettres de l'ami de La Fontaine, le chanoine Maucroix. Elles ont été récemment rééditées par Mme Renée Kohn.

Elle a reproduit le texte manuscrit, établi par le chanoine rémois Favart, ami de Maucroix. On y trouve des pièces de vers grivoises et un bon nombre de lettres. Plusieurs de celles-ci contiennnent des anecdotes lestes, qui sont racontées d'une façon charmante : on croirait assister à la scène, entendre les personnages.

Mais un problème se pose : si naturel et si vivant que soit le récit, ces anecdotes sont-elles toutes authentiques ? Le chanoine lettré n'en a-t-il pas cueilli quelques-unes dans la littérature des contes et nouvelles ? Voici quelques exemples.

Lettre XXXI [2]. — Piquante anecdote du marquis d'Erva, de la belle sellière, et de son mari, trompé et pas content. Maucroix reproduit de bout en bout un dialogue très animé, qu'il dit tenir d'un témoin. Qui

---

2. Je renvoie à la numérotation de l'édition Kohn.

est le galant marquis d'Erva, que Mme Kohn n'a pu identifier ? Un personnage inventé ou un noble qui portait réellement ce nom ; ou bien Maucroix l'a-t-il modifié ?

Lettre LVIII (1682). — L'aveu réciproque. Un mari avoue à sa femme une infidélité, qu'il regrette, et lui demande, en lui pardonnant d'avance, si elle ne lui a pas rendu la pareille. Elle finit par avouer qu'un sien cousin... Fureur du mari. Maucroix affirme tenir indirectement de la dame le plaisant dialogue entre elle et son mari. Le croira qui voudra. N'est-ce pas plutôt un conte traditionnel[3] ? Parmi les nouvelles de Maupassant on trouve un récit apparenté : un homme qui a épousé une veuve, ne cesse de tourner en ridicule le premier mari : « Il méritait cent fois d'être trompé, n'en as-tu pas eu envie ? Ne l'as-tu pas trompé ? » La jeune femme finit par dire oui ; le second mari éclate en reproches[4]. Mais, déjà en 1685, La Fontaine avait publié dans un recueil qui portait le nom de Maucroix à côté du sien, le conte des *Aveux indiscrets,* dont la première partie développait un sujet voisin.

Lettre XXXIII (1677). — Le cordelier paillard. Maucroix rapporte une « histoire tragique... bien horrible, bien véritable et bien nouvelle » ; l'affaire se plaide au Parlement de Paris. Un jeune homme épouse une belle fille ; mais, le jour de ses noces, il tombe malade, et s'abstient de coucher avec sa femme. Son

---

3. J'en ai parlé à Mlle Kasprzyk, auteur de thèses sur les contes de Nicolas de Troyes. Elle partage mon opinion.
4. Avec quelques modifications, ce thème a été traité à nouveau par Maupassant dans un passage de *Bel-Ami.*

frère, un cordelier, vient dire à la fille que cette maladie est un prétexte pour éviter les quolibets qui, d'ordinaire, accompagnent le coucher des mariés : l'époux viendra, la nuit, retrouver sa femme. Effectivement la porte de la chambre s'ouvre ; bien entendu, c'est le cordelier qui vient jouer le rôle du mari. Il part avant le jour. La jeune femme va trouver le mari, et félicite ce faux malade de sa vigueur. Etonnement du jeune homme. Explications. Le mari veut faire casser son mariage.

A part les mots grandiloquents *tragédie, horreur,* ... on croit lire le résumé d'un conte de La Fontaine. Si jamais l'on retrouve cette affaire dans les registres du Parlement de Paris, à la date de 1677, j'affirmerai son authenticité. Sinon... je me reporterai à l'*Heptaméron*. Parmi les scabreuses histoires de Cordeliers que la reine de Navarre s'est plu à raconter, l'une d'elles concerne un moine qui, la nuit, va prendre la place du mari[5]. Comme celui de Maucroix, il garde le silence ; mais pour reprendre l'expression du chanoine, il agit « en véritable cordelier ». Le mari vient plus tard, après le bal, sa femme s'étonne, on découvre l'infamie du cordelier. Ici le dénouement est tragique : le mari coupe bras et jambes au cordelier et à un autre moine son complice. Quelques circonstances sont différentes ; chez Maucroix — circonstance aggravante — le moine scélérat est le propre frère du marié. Mais, dans les deux récits, le jour même des noces, un cordelier satisfait sa lubricité ; profitant de l'obscurité et gardant un silence peu vrai-

---

5. Nouvelle VIII de la 5ᵉ journée ; voir aussi la nouvelle III de la 3ᵉ journée : elle est encore plus tragique.

semblable, il se fait passer auprès de la femme pour le mari ; l'imposture est bientôt découverte.

Maucroix connaissait bien les conteurs du XVIe siècle [6]. Je ne prétends pas que les lestes récits des lettres XXXI, LVI et LVIII soient empruntés à la tradition des contes ; mais j'y rattache l'histoire du cordelier paillard, et, mis en défiance par ce conte traditionnel, je ne crois guère à l'authenticité de l'aveu réciproque et de l'enlèvement du bel homme.

Au reste, sur le plan purement littéraire, l'origine de ces historiettes a peu d'importance. Ce qui compte, c'est le talent de narrateur de l'ami de La Fontaine : il est incontestable.

Raymond Lebègue.

---

6. Dans ses lettres on reconnaît la parodie d'un vers célèbre de Marot (XVII), une expression de Marot et de Rabelais (XXVIII), une autre expression de Rabelais (XV).

NOTE SU BENJAMIN CONSTANT :
I *MEMOIRES SUR LES CENT-JOURS*

Abbiamo avuto occasione di ricordare di recente[1] — ma l'argomento meriterebbe di essere ampliato e approfondito, — come la critica italiana, dietro l'impulso di Benedetto Croce[2] ha portato un contributo assai notevole allo studio degli scritti politici di Benjamin Constant : basti ricordare i nomi dell'Omodeo, del De Ruggiero, del Cordiè, del Biondi, sino allo Zaffarino. E in Italia, per merito del Cordiè, subito dopo la guerra (un maggior interesse per l'opera di Constant coincise con il ritorno della libertà, e il fatto è significativo) furono ristampati gli scritti politici giovanili, e poi un'antologia di pagine sue che è nello stesso tempo una specie di guida allo studio dello

---

1. *La critique italienne et Benjamin Constant*, nella rivista *Europe,* marzo 1968 (n° dedicato a B.C.), p. 23-30.
2. Si ricordino le parole conclusive dello scritto *Benjamin Constant in generale e particolarmente nell'* « *Adolphe* », ora in *Letture di Poeti* : « Mi pare che... meriti che i lettori odierni siano invitati a rileggere e rimeditare i suoi scritti politici, i quali appartengono a una storia ancora viva e che di questa rimeditazione della sua parola ha attuale bisogno. »

scrittore. Non che l'opera narrativa di Constant non abbia anch'essa trovato studiosi e interpreti appassionati — esistono anche due edizioni commentate di *Adolphe*[3] — ma gli scritti sull'opera politica rappresentano forse l'aspetto più originale di queste indagini.

Nonostante questo, però, né in Italia né altrove mi pare che si sia rilevato — almeno quanto meriterebbe, a parer nostro — l'importanza che fra gli scritti di carattere storico-politico hanno i *Mémoires*, definiti « fort piquants » da Stendhal, come ha recentemente ricordato Pierre Deguise, affermando « en passant » che essi « dépassent de loin le plaidoyer qu'ils ont été à l'origine[4] ». Le ragioni di questa inadeguata considerazione sono di varia natura : le critiche mosse al brusco cambiare d'atteggiamento di Constant rispetto a Napoleone, spesso giudicato dai contemporanei non disinteressato ; il fatto che a un lettore frettoloso i *Mémoires* possano apparire scritto occasionale, quasi una semplice ripresa, e un prolungamento, di quel « Mémoire apologétique adressé au roi le 21 juillet 1815 », quando Constant fu invitato a lasciare la Francia, e che è stato ristampato qualche anno fa in appendice a una bella edizione con introduzione e note, dei *Mémoires*, a cura di O. Pozzo di Borgo[5]. E certo nei *Mémoires* sono ripresi e svoltii temi già accennati in quelle cinque o sei pagine (« Le Roi s'est éloigné. Je le défendais encore le jour de son départ... » ; « j'ai voulu la liberté, je n'ai voulu

---

[3]. A cura rispettivamente di *Eurialo De Michelis* (Roma, Signorelli) e *Carlo Cordiè* (Napoli, E.S.I.).

[4]. *Benjamin Constant depuis deux siècles,* nel cit. fasc. di *Europe,* p. 45.

[5]. Paris, Pauvert, 1961.

qu'elle » ; « il y a pour moi une condition essentielle devant laquelle tout disparaît... cette condition c'est l'indépendance nationale, c'est l'éloignement de toute intervention étrangère... »), ma mentre quelle poche pagine sono uno scritto occasionale di legittima difesa — come appare anche dal tono commosso, — i *Mémoires*, che cominciarono a uscire quattro anni dopo, sono opera lungamente meditata, nella quale gli avvenimenti non sono più visti in una luce prevalentemente polemica, ma considerati pacatamente con distacco, e i vari documenti che li accompagnano giovano a conferire all'opera l'aspetto di una vera e propria storia di quel periodo fortunoso. Ma soprattutto crediamo che sieno state le critiche all'improvviso cambiamento politico di Constant a mettere quell'opera in un oblio immeritato, e certo le apparenze erano tutte contro Constant, che aveva accettato un invito di Napoleone a collaborare con lui a poca distanza dal famoso articolo dei *Débats* : donde la preoccupazione da parte di alcuni studiosi di ricollegare l'articolo stesso alla sfortunata passione di Constant per Juliette Récamier, quasi per trovare un'attenuante al suo brusco cambiamento nel suo carattere passionale [6]. Non si dimentichino le critiche che furono rivolte, per lo stesso motivo, a un altro scrittore svizzero legato a Constant proprio per le medesime vicende, e di carattere assai più pacato, il Sismondi. Uno dei suoi critici più severi ed ingiusti, dopo la Staël e la Contessa d'Albany, fu proprio il

---

6. Significativa a questo proposito l'ammirazione di Maurice Barrès in *Un Homme libre,* che giunge addirittura a fargli un merito di questo aver subito l'influsso della donna che allora amava.

cugino di Constant, Charles. Tutti questi vari critici non si rendevano conto che la personalità di Bonaparte era così potente, e gli avvenimenti che si susseguivano dopo il ritorno di Napoleone dall'Elba così eccezionali, da mettere in crisi anche scrittori che avevano a lungo lottato contro il regime napoleonico : basti l'esempio della Staël, che nonostante i rimproveri a Constant e al Sismondi per averla abbandonata nella lotta contro Bonaparte, finì con l'aderire al governo dei Cento Giorni.

Se già alla fine del 1815 Constant pensava di fare della sua « apologie » « une chose admirable et nationale », e vi lavorava, il fatto di aver cominciato a pubblicare le lettere solo quattro anni dopo — in un momento politico assai diverso — è una prova dell'importanza che ad essa annetteva : non di scritto occasionale, ma di opera che aveva una sua validità storica, al di là dello scopo contingente al quale era legata la sua origine. L' « apologie » costituì il pensiero costante, e il lavoro continuo di Constant nella seconda metà del 1815, come appare dalle registrazioni in proposito di quei mesi nei « Journaux » ; anzi ai *Mémoires* aveva cominciato a lavorare sino da quando aveva scritto il « mémoire apologétique » : questo di carattere privato e rivolto a uno scopo immediato di difesa, l'altro con carattere di opera destinata a spiegare di fronte alla storia la sua posizione durante i Cento Giorni. Difatti quest'opera fu il suo pensiero costante nella seconda metà del 1815 e fino al marzo 1816, dall'8 di luglio quando nota « Commencé mon apologie » al 26 dicembre quando scrive con aria di trionfo « Je veux faire de mon apologie une chose admirable et nationale ». Giorno per giorno possiamo vedere come questo lavoro — a cui attese in Belgio e poi in Inghilterra — è stato il suo pensiero principale, e come ne ha seguito con sodisfazione i progressi, mentre si veniva svolgendo nel suo spirito. Il 15 agosto ripete ancora : « Commencé mon apologie », e successivamente troviamo — dopo un'esitazione iniziale : « Mon apologie doit se borner au mémoire. » « Décidément je publie mon apologie... Elle mettra bien des gens au désespoir. Il faudra trouver un moyen de la faire noble et mesurée » ; dopo qualche giorno ancora « travaillé à l'apologie ». « Elle fera quelque bruit », poi ancora « Lu l'apologie. Elle n'est pas mal » ; « Refait l'apologie sur un nouveau plan » ; « Mon apologie prend couleur et sera belle » ; « L'apologie sera d'un intérêt général » ; « L'apologie sera bien » ; « L'apologie devient forte ». « Fini de travailler à l'apologie » (19 marzo 1816). In questo periodo d'esilio, per oltre sei mesi i *Mémoires* sono stati dunque un pensiero dominante per Constant.

Sino dalle prime pagine dell'opera si sente subito il loro carattere di necessità : si avverte dal tono, dal respiro che le anima. L'episodio che è alla loro origine viene inserito in una prospettiva storica quanto mai vasta, in una visione della politica valida per la vita umana in genere : « rendre compte des faits relatifs à l'époque des Cent-Jours, avec une franchise entière quant à ce qui m'est personnel, mais en évitant tout ce qui pourrait inquiéter ou blesser des individus dont je ne prétends pas juger les actions ». Massime che derivano dalla sua meditazione sulla politica si alternano ai riferimenti particolari a determinati avvenimenti, per cui la storia dei Cento Giorni non è che un episodio — importante quanto si vuole, ma limitato a un breve periodo — di una vicenda che risale a prima della Rivoluzione : non per nulla i grandi temi a cui si fa riferimento sono quelli della libertà e dell'indipendenza. Cosa insolita in uno scrittore che fa appello con la lucidità della sua prosa alla ragione del lettore, queste pagine sono percorse qua e là da una vibrazione che le rende talora commosse, in certi punti addirittura eloquenti, nel senso migliore della parola. Non solo perché Constant vuole spiegare e giustificare la sua azione, ma per il fatto di svolgere i grandi temi che animarono la sua vita, sperimentati in un periodo eccezionale per la svolta che segna nella storia d'Europa. Si comprende allora come le sue pagine prendano un movimento insolito, finché si giunge addirittura alla commozione con cui è descritto l'incontro con Bonaparte.

*
* *

Ricordavamo non a caso il Sismondi, legato a Constant da lunga consuetudine sino dai primi anni di Coppet, e sulla scia della Staël avversario di Napoleone. Il Sismondi, com'è documentato dalla sua corrispondenza con la madre, visse a Parigi tutto il periodo che precede i Cento Giorni, sino a dopo Waterloo. Non è che il Sismondi sia influenzato direttamente dal Constant — ché il suo atteggiamento nei riguardi di Bonaparte ha uno svolgimento assai complesso[7] — anche se a un certo momento prende le difese della « Benjamine ». E le lettere alla madre sono lo specchio fedele dei sentimenti dello storico.

---

7. Sui legami fra i due amici in quel momento delicato (a cui fa riferimento anche C. Cordiè in *Ideali e Figure d'Europa,* Pisa, 1954, p. 233-234), c'è anche un documento da noi pubblicato una ventina d'anni fa (nel vol. *Madame*

Prima di tutto lo colpisce lo spettacolo meschino che offre il governo della Monarchia : « Il est impossible de voir un gouvernement plus papier mâché que celui-ci, il est tombé quelques gouttes de pluie dessus et le voilà tout de suite fondu dans la boue. » Di pochi giorni dopo è la constatazione del cambiamento improvviso prodotto dal ritorno dit Bonaparte : « La révolution est accomplie, et l'on peut bien dire que c'est la plus étonnante dont l'histoire du monde conserve le souvenir. » Persino lo storico abituato al sereno studio delle vicende è sconvolto dagli avvenimenti, tanto da dover convenire che : « L'effet du nom

---

de Staël, Firenze, 1938, p. 218) del quale forse non è stato abbastanza avvertito il valore per i rapporti fra i due amici. Si tratta di una lettera di Constant a Sismondi, senza data ma evidentemente del 1815, anzi proprio del momento in cui Constant sta terminando la nuova costituzione. Constant risponde a una lettera dell'amico, ringraziandolo con molto calore, soprattutto « pour cette constitution que je regarde comme la meilleure qui ait existé, et comme un tour de force dans ces circonstances ». E' evidente che nel momento in cui attende alla nuova costituzione sollecita l'aiuto dell'amico proprio per difenderla sui giornali, dato che il suo autore si trova attaccato da tutte le parti : « il faut travailler sur une opinion qui est ingrate autant qu'insensée, et qui nous perdra tous, soit en abandonnant le pays à l'étranger, soit d'une autre manière que je vois de plus près et qui, si ceci dure, est inévitable. Je suis abreuvé de dégoûts de la part de mes anciens amis, de lettres anonymes, d'invectives. Votre lettre m'a fait du plaisir et du bien. Mais écrivez vite, vite. Ecrire sera de votre part un bienfait public. » Dove si vede non solo l'intesa che c'è fra i due scrittori amici, ma come Constant sente il bisogno di difendere la sua posizione politica sino da quando sta ancora attendendo a quella costituzione della quale in quelle circostanze è molto contento.

Per Sismondi e Napoleone rimandiamo a un nostro saggio nel volume *Letteratura e Storia nell'Ottocento francese*, Roma, Ed. di Storia e Letteratura, 1967.

de Bonaparte est... prodigieux » ; bisogna convenire che si è di fronte a un « héros français ». I primi propositi annunciati da Napoleone non lo lasciano scettico, ma nell'atmosfera nella quale vive travolgono la sua diffidenza : « Bonaparte annonce qu'il laissera une entière liberté de la presse... Il a déclaré à Carnot les intentions les plus libérales pour le gouvernement... » Un fatto, che riguarda proprio Constant, lo colpisce in modo particolare : « Benjamin Constant est toujours ici et après ce qu'il a imprimé la veille de l'entrée dans Paris, sa pleine liberté *immolested* est un signe de grande modération. » Testimonianza di grande interesse, rincalzata da quanto riguarda anche Chateaubriand, e nella stessa lettera è anche l'annuncio di avere « perdu un peu de temps à écrire un morceau de politique qui a paru hier dans un journal, sous un autre nom que le mien » : si tratta delle *Réflexions sur quelques opinions du jour* nel *Nain Jaune,* fra il 14 e il 30 aprile. E questo anteriormente a un suo incontro con Benjamin Constant, a proposito del quale informa che « *à ce que l'on dit,* a été *consulté* sur la constitution qu'on prépare pour le mois de mai et y travaille à présent. En général ce sont les libéraux qui sont seuls en crédit aujourd'hui ». La lettera è del 3 aprile e quindi gli articoli sono anteriori alla notizia che la costituzione sarà opera dell'amico : egli è stato prima colpito dall'osservazione della realtà quale gli appare nella capitale al ritorno di Napoleone. Da una lettera del 17 si apprende che Auguste de Staël « est revenu à Paris dans l'espérance de suivre la liquidation de sa mère, car le gouvernement paraît assez disposé à la payer. Il est allé loger avec Benjamin Constant et le journal de ce matin m'annonce que celui-ci vient d'être nommé conseiller d'Etat », per aggiungere poco dopo che si aspetta la pubblicazione della nuova costituzione « qu'on dit fort libérale. Benjamin Constant y a fort travaillé ». Poco più oltre, mentre nota che Mme de Staël stessa « est combattue par des sentiments fort différents », per parte sua si dichiara colpito da alcuni fatti molto significativi : « les cris de joie des paysans », « le courage inoui de Napoléon ». Questa testimonianza dell'amico, che vive gli stessi momenti di Constant nella capitale, è preziosa per renderci conto dello stato d'animo di Constant stesso : si tenga presente che nella nota lettera del 29 aprile a Giacomo Mackintosh afferma solennemente : « si je vous dis que je me rallie complètement au gouvernement de Napoléon, que je désire sa stabilité, que je désire ses victoires, cette opinion individuelle d'un homme qui a montré assez ouvertement son opposition, lorsqu'il marchait à la tyrannie universelle, sera pour vous une indication de l'opinion de la France, de celle de tous les hommes libres. » Dichiarazione fatta in una lettera quasi ufficiale, e rincalzata dalle parole che poi lo storico rivolge al cugino di Constant : « il est très possible que je me sois trompé, mais j'ai eu des raisons suffisantes pour me tromper, et c'est assez pour que je sois tranquille. »

L'esempio del Sismondi, mosso nel suo atteggiamento dal più assoluto disinteresse non avendo mai aspirato, al contrario di Constant, a entrare nella vita politica francese (dopo il colloquio con Napoleone, voluto da Bonaparte, rifiutò persino la Legion d'onore inviatagli, perché non ci fosse possibilità di equivoci sul suo assoluto disinteresse), giova a spiegare lo stesso cambiamento di Constant, anche se l'avversione del Sismondi non aveva avuto una manifestazione così aperta come il ricordato articolo dei *Débats*, e aiuta a meglio intendere l' « apologie » di Constant — come questi la chiama sempre nei *Journaux intimes*.

In quest'opera possiamo seguire l'evolversi dell'atteggiamento dello scrittore nei riguardi di Napoleone fino all'incontro con questo, che gli fece una grande impressione dopo il ritorno : l'aggettivo che adopera nei suoi riguardi più d'una volta è caratteristico : « étonnant ». Quando Constant il 6 marzo sente giungere a Parigi la voce dello sbarco di Napoleone al golfo Juan avvenuto il primo, resta come interdetto : « Serait-il vrai que Napoléon fût en France ? », ma subito il giorno dopo è stupito che il ritorno di Bonaparte è salutato con una gioia che non avrebbe mai immaginato : « Il y a de par le monde plus de joie bonapartiste que je ne croyais. » Mentre la resistenza da parte dei monarchici appare impossibile, nota ripetutamente da parte dei bonapartisti un tentativo di ammorbidire la sua opposizione, ma nello stesso tempo vien fatto di osservare come spia con ansia la possibilità di ottenere dall'uomo tornato dall'Elba una maggior libertà : « Y aurait-il vraiment chances de liberté ? » (30 marzo). Il giorno dopo afferma : « Les intentions sont libérales. » Il 10 aprile scrive : « Si ma nomination a lieu je me lance tout à fait, sans abjurer aucun principe. » Man mano che ha contatti più frequenti con Napoleone, resta colpito dal suo modo di rendersi conto delle nuove esigenze : « Il entend très bien la iiberté » (13 maggio), anche se ogni tanto affiorano in lui dubbi e riserve. Ma l'am-

mirazione per l'uomo rimane sempre, più ancora nella
« débacle » : « L'Empereur m'a fait demander. Il
est toujours calme et spirituel. Il abdiquera demain,
je pense. Les misérables, ils l'ont servi avec enthou-
siasme quand il écrasait la liberté, ils l'abandonnent
quand il l'établit » (21 giugno). E tre giorni dopo :
« Il parle de la situation avec un calme étonnant et
de la position générale avec une liberté d'esprit parfaite. » Napoleone è irrimediabilmente caduto, ma
l'ammirazione per le sue eccezionali doti rimane in
Constant, anzi è più forte che mai, perché l'uomo
si misura nella sventura e non nel trionfo. Queste
note intime di Constant — che gli fanno onore —
documentano molto bene quanto la personalità di
Bonaparte avesse influito su lui.

Come abbiamo accennato, Constant ha cura di por-
tare subito la sua difesa su un piano generale, teorico
e storico. Le solenni affermazioni di principio che si
trovano qua e là conferiscono alle sue pagine un tono
alto e solenne, come se le circostanze particolari
passassero in second'ordine. Sono il risultato della
sua esperienza di pensatore e di uomo politico : « La
stabilité d'un gouvernement dépend bien moins de la
manière dont il s'établit que de celle dont il gouverne » ; « Le respect du pouvoir envers les consti-
tutions tient bien plus à la force de l'opinion publique
qu'aux engagements explicites que ce pouvoir a con-
tractés » ; « l'acceptation de toute constitution est
infaillible quand l'autorité la propose » ; « Vingt-
cinq ans de révolutions m'ont assez appris à ne m'indigner d'aucune imposture, à ne m'étonner d'aucune
absurdité », e soprattutto questa profonda asserva-
zione : « Les hommes ambitieux s'aveuglent facilement sur leurs intérêts. Quand, pour conquérir la

faveur d'un parti, ils se jettent dans l'apostasie, le soin qu'ils prennent de mettre leurs personnes sous la sauvegarde d'une exception les occupe en entier, et pour mériter l'exception ils servent avec autant plus de fureur leur nouveau système. » L'uomo politico, che ha avuto frequenti occasioni di osservare gli uomini nei momenti in cui sono più dominati dalla loro umana miseria, si trasforma — qui come altrove — in profondo moralista.

Queste affermazioni di principio qua e là, che abbiamo ricordato, danno al lettore l'impressione che i *Mémoires* non sono un'opera unicamente scritta per giustificare di fronte ai posteri la condotta politica del loro autore, ma l'interpretazione storica di un periodo. Un'apologia « sui generis », dunque, in cui l'autore vede gli avvenimenti dei quali è stato non solo spettatore, ma attore, con sufficiente distacco per obiettivarli ai nostri occhi, — anche se il distacco non può esser totale, e di tanto in tanto la commozione contenuta appare, sia pure con una misura che dà anche a quest'opera di Constant, in parte autobiografica, quel tipico carattere di complessità che costituisce un fascino particolare di questo scrittore.

Non bisogna dimenticare che Constant sino dai primi passi nella vita politica — più di altri scrittori — si è trovato a dover fare i conti con Bonaparte, cominciando dal collaborare con lui nel Tribunato ; poi si è distaccato da lui passando all'opposizione, per poi tornare a collaborarci dopo il ritorno dall'Elba. Come collaboratore e come avversario, Constant ha avuto modo di conoscer Napoleone meglio di tanti altri : si senta con quale chiarezza nei *Mémoires* espone la sua evoluzione nei riguardi di Bonaparte : « ce ne pouvait être sans peine que j'abjurais une opposition qui faisait partie en quelque sorte de mon caractère politique. Je m'étais rangé parmi les adversaires de Bonaparte, dès l'origine de sa puissance. J'avais renoncé, pour ne pas subir son joug, aux seules fonctions que jamais j'aie ambitionnées sur la terre, celles de défenseur de la liberté et de la justice, dans une tribune nationale. J'avais persisté à ne pas lui rendre hommage, quand le monde était à ses pieds. J'avais subi, durant un long espace de temps, tous les inconvénients de cette opposition opiniâtre. Je m'étais vu traité d'ennemi insensé de son pouvoir par ceux qui, depuis, m'ont traité de complice de sa tyrannie. Plus d'une fois, je n'avais traversé l'Europe qu'avec inquiétude et péril... Tout à coup je me suis rallié à l'homme que si longtemps j'avais attaqué ; celui sous lequel j'avais refusé de servir, quand l'assentiment universel l'appuyait, je l'ai servi, quand il était l'objet de la haine européenne ; celui dont je m'étais éloigné, quand il disposait des trésors du monde, je m'en suis rapproché, lorsqu'il n'avait plus que des périls à partager avec ceux qui s'associaient à sa destinée. Assurément, si ma conduite n'eût été dirigée que par des motifs d'intérêt personnel, j'aurais fait le calcul le plus absurde, et j'aurais agi non seulement en citoyen coupable, mais en insensé. »

Come spesso accade a Constant, riesce a parlare del suo passato come se riguardasse un altro, ma con una contenuta commozione che dà alla sua scrittura un movimento ed un accento che gli sono assolutamente propri : riferendoci ad un titolo celebre, diremmo che ci troviamo dinanzi a scritti misti di storia e di invenzione. Eppure Napoleone nelle pagine di Constant rimane sempre un essere imprevedibile, che però in quel mondo che lo scrittore ci raffigura al momento in cui rientra in scena, con tutte le riserve che Constant fa, domina in tutta la sua grandezza. Proprio per l'atteggiamento che sino dalle prime pagine dei *Mémoires* prende lo scrittore. Si pone subito da un punto di vista storico : « fatigué de voir cette époque présentée sans cesse au public sous le point de vue le moins propre à en donner une idée exacte, je formai le dessin d'en écrire l'histoire. » Modo che è anche il più intelligente di fare la sua « apologia », come definisce costantemente la sua opera. Fin dal principio riconosce l'errore commesso « de croire que la confiance nationale l'environnait [Napoléon] de nouveaux lauriers ». Ma subito si affretta a riconoscere : « Cette erreur je l'ai partagée : on verra dans le cours de cet ouvrage quels furent mes motifs et quelles réflexions me décidèrent. Mais je caressais une chimère que rien ne pouvait réaliser : un peuple tolère ce qui est établi, même quand ce qui est établi le blesse ; mais pour relever ce qui est renversé il faut l'assentiment populaire ; quand il est perdu, rien n'est à espérer. »

La storia di questo periodo, quindi, e della parte avuta da Constant nella storia del suo tempo, sarà quella degli sforzi compiuti per ridurre l'uomo straordinario, tornato al potere in modo imprevedibile, a organizzare il suo governo in modo costituzionale, garantendo le libertà fondamentali. Lo scrittore sottolinea le difficoltà incontrate nel tentativo di ridurre Bonaparte in questi limiti : alcune delle quali proprie di tutti i dittatori, e che lo storico mette chiaramente in luce : « il ignorait ce que le pouvoir ignore toujours, c'est que rien ne se crée par artifice. La force créatrice en politique, comme la force vitale dans la nature physique, ne peut être suppléée par aucune volonté, par aucune loi ; les temps, les habitudes, les besoins, l'opinion sont les seuls éléments d'organisation. L'action du pouvoir n'est que mécanique, et ses produits ne sont que factices. Il ne lui est pas plus donné d'instituer quelque chose sans ces éléments qu'il n'est donné au statuaire de faire à coups de ciseaux un être vivant. » Nel caso particolare, poi, l'uomo tornato sul trono aveva dietro di sé dodici anni di regno glorioso, durante il quale aveva cambiato a suo arbitrio la carta d'Europa, ed era convinto che la sua azione personale non solo fosse legittima, ma necessaria, per far sentire la sua presenza a coloro che avevano accolto trionfalmente il suo ritorno, cioè i contadini, sui quali credeva di poter fondare il suo potere per piegare la nobiltà. E ogni tanto il Napoleone d'un tempo risorge nelle espressioni di lui che Constant riferisce, come quando riporta alcune sue parole in un momento in cui rivela la sua vera natura, sostenendo l'utilità che i Francesi avvertano la forza della sua presenza, ma in realtà perché è insofferente dei vincoli che si vuol porre alla sua autorità personale : « A chaque jour sa peine, à chaque circonstance sa loi, à chacun sa nature. La mienne n'est pas d'être un ange. Messieurs, je le répète, il faut qu'on retrouve, il faut qu'on revoie le vieux bras de l'empereur. » Qualche volta di fronte alle insistenze di Napoleone Constant riconosce onestamente di aver ceduto per timore del peggio, come quando cede ad volere dell' Imperatore di ricollegare la nuova costituzione all'antica — donde i titolo di *Acte additionnel* — riconoscendo francamento di avere sbagliato nel cedere[8]. Con semplice efficacia Constant ci offre un'immagine quanto mai viva di Bonaparte che, cessando di mordere il freno che si cerca d'imporgli, ha uno scatto rivelatore della sua natura : « Alors (et c'est la seule fois, je dois ici le dire, où j'ai vu Bonaparte impatient du frein que l'opinion lui imposait, s'efforcer de nous réduire au silence et de ressaisir malgré nous la tyrannie) ; alors il se leva, promenant autour de lui des regards de mécontentement et d'irritation. » Un Napoleone in piedi, rappresentato nel momento in cui si ricorda di quello che è stato, dimenticando quanto è successo nel frattempo, e rivelando il suo vero carattere di despota che non tollera limitazioni alla sua volontà.

Napoleone non interessa Constant, in quel momento solenne della vita della Francia, solo nel rispetto politico, ma lo interessa da un punto di vista umano, come personaggio che attrae il suo temperamento d'artista. Casi di questo genere sono frequenti nei *Mémoires*, ma basti citare un esempio tolto da uno dei colloqui con Napoleone, alla fine della terza lettera della seconda parte.

Napoleone parla un giorno a Constant degli intrighi d'ogni genere orditi nei suoi riguardi al suo ritorno in Francia. L'interesse per l'uomo in quel momento prende in Constant il sopravvento su ogni altro

---

8. Com'è noto, Constant pareva provare una sorta di voluttà nell' annotare le sue colpe e registrare le sue scon- *Cento Giorni :* « in C. c'è sempre una zona d'ombra, nella pref. a un' ed. italiana da lui curata delle *Memorie sui Cento Giorni :* « in C. c'è sempre una zona d'ombra, nella quale non si riesce mai a capire sin dove una sconfitta lo rattristi o una vittoria lo faccia felice. » *Memorie su Cento Giorni*, a cura di *Enrico Emanuelli*, Milano, 1945.

pensiero : « Il ne m'intéressait que comme un individu dans les fers, et menacé de la mort. » E assistiamo a una specie di duello fra quei due opposti personaggi, che si scontrano su un piano esclusivamente umano : per un istante l'opposizione è esclusivamente nei caratteri dei due uomini che si trovano di fronte : Napoleone che non vuol cedere sul piano dell'autorità alla quale è abituato, Constant che vuol fissare un punto fermo sul quale non può cedere : « une seule goutte de sang versé par son ordre, dans les circonstances où nous nous trouvions, mettrait tous les hommes honorables hors d'état de le servir ». Constant ha osservato più d'una volta che un'affermazione decisa, fatta con profonda convinzione, e seguita da silenzio piuttosto che da tentativi di convincerlo, aveva un singolare potere su Bonaparte. E Constant ci fa assistere proprio a questa subitanea svolta nell'atteggiamento di lui : mentre Napoleone aveva parlato dei tentativi che erano stati fatti per ucciderlo, della necessità in cui si trovava di difendersi, il fermo atteggiamento del capo dell'opposizione liberale ha su lui un effetto magico. Sembra d'aver che fare con un uomo nuovo : « je n'ai point de haine, je n'ai nul besoin de vengeance. Tout est changé, il faut que l'Europe le sache et le voie ». Confessiamo che questo Napoleone còlto dallo scrittore in un momento di debolezza ci sembra molto più interessante di quello « trionfante in solio » di manzoniana memoria, o del demagogo che per conciliarsi la simpatia dei contadini che lo avevano scortato nella sua marcia verso Parigi afferma, dimenticando lo splendore inaudito di cui amava circondarsi nei momenti di maggior potenza : « La fibre populaire répond à la mienne. Je suis sorti des rangs du peuple... Je suis l'homme du peuple ; si le peuple veut réellement la liberté, je la lui dois. » Studiando con penetrante attenzione il suo personaggio anche altrove Constant lo coglie in uno di questi momenti di debolezza umana che ce lo rendono più interessante, quasi facendoci dimenticare che si tratta dell' uomo che, sfidando l'Europa, è tornato in un modo romanzesco alla testa della Francia : « ce caractère tranchant dans les formes était, à quelques égards, flexible au fond, et même irrésolu : il commençait par commander, mais il avait besoin de convaincre ; et, ballotté dans ces derniers temps surtout, par des incertitudes perpétuelles, il se rendait au silence de la désapprobation, après avoir résisté à la contradiction directe ».

Per quanto si renda conto del pericolo che corre di spiacere ad amici ed avversari nello stesso tempo, Constant non rinuncia al proposito di rappresentare Napoleone nelle varie manifestazioni del suo temperamento, basandosi sul fatto di aver avuto modo di studiarlo nelle circostanze più diverse. Qualche volta al ricordo Constant sembra commuoversi, e di fronte all'uomo sul quale si era espresso in termini violenti sembra essere preso da quel misto di « lucidité et de passion » che ad altro proposito è stato notato in lui [9]. Le parole che gli escono dalla penna al ricordo della consuetudine avuta con Bonaparte in momenti decisivi hanno una forza e una potenza eccezionali : fra interpretazione storica ed evocazione poetica vi è perfetta identità, giacché anche qui l'interesse per il personaggio prevale su quello politico, sì che questo

---

9. M. Arland, *B.C.*, in *Essais et Nouveaux Essais Critiques*, Paris, 1962, p. 43.

ne esce arricchito senza che si alteri la verità storica.

Un pericolo per Constant era costituito dal fatto che, preoccupato della difesa personale, rimanesse nella cronaca di eventi memorabili. Ma l'attaccamento alla Francia in un periodo molto difficile della sua storia (« la France plus admirable dans ses revers que dans ses succès » — afferma dicendo cosa giusta non soltanto per le circostanze storiche a cui si riferisce) e il sentimento profondamente vissuto, della libertà e dell'indipendenza, animano e inalzano costantemente il suo discorso : « Je suis animé, dans cette publication, du désir qui a été la pensée dominante, le mobile unique de toute sa vie, je veux dire celui de voir la liberté constitutionnelle s'établir possiblement parmi nous. » Questa è la sostanziale coerenza che nessuno può negargli ; quanto al sovrano legittimo, che il 19 marzo aveva difeao nel famoso articolo, il 20 era fuggito : « le 20 j'ai levé les yeux, j'ai vu que le trône avait disparu, et que la France restait encore. » E' testimone che « Avant l'arrivée de Bonaparte sans qu'on prevît, sans qu'on désirât cette arrivée, un mécontentement plus ou moins prononcé agitait toutes les classes. » Premeva salvare la libertà, che « est possible sous toutes les formes », e a lui urge affermare solennemente : « ce n'est jamais contre une forme que j'ai disputé. » A ben altro bisognava pensare : « Quand on a vu la France couverte de bataillons étrangers et de cours prévotales, de commandants russes et prussiens, et de préfets français dénonçant des Français à ces commandants prussiens et russes, l'on a oublié quels sentiments l'apparition de Bonaparte avait excités. »

In una condizione tragica simile Constant (« zélé défenseur de ce qui existe, parce que avant tout ou presque avant tout... je déteste les révolutions ») parte prima di tutto dalla necessità di salvare l'indipendenza nazionale,, con « l'éloignement de toute intervention étrangère » ; e ha buon gioco di affermare : « Quand je me suis réuni à Bonaparte, des Prussiens, des Anglais, des Autrichiens et des Russes marchaient en armes contre la France. » Non poteva rifiutare l'invito di Bonaparte, anche perché in fondo era lui che cercava la collaborazione del maggior rappresentante dell'opposizione, e allora può dichiarare : « ce fut volontairement que j'acceptai l'invitation qui m'était adressée. » L'uomo che era tornato a Parigi in un modo spettacolare sembrava un uomo nuovo, e molte erano le ragioni che potevano far credere a un suo profondo cambiamento. Si spiegano così certi accenti umani che appaiono nello scrittore quando rappresenta il suo incontro con l'uomo combattuto con tanta asprezza fino a poco prima. Il tono a cui dichiara di volersi attenere è quello di un profondo riserbo, doveroso in quelle circostance : « je ne me propose point de mettre en scène un homme malheureux. » Non vuole speculare sulla « puissance déchue » ; vuol riferire solo quanto è indispensabile, con assoluta fedeltà : « je rapporterai ses propres paroles. » D'altra parte tiene a render testimonianza a Napoleone che : « Il n'essaya de me tromper ni sur ses vues, ni sur l'état des choses. » Sono due mondi opposti in presenza, e Napoleone comprende che non è il caso di « se donner le mérite de revenir à la liberté par inclination. » Dall'altra parte Constant non si fa illusioni sul suo interlocutore : « Dans tous ses discours, j'avais reconnu ce mépris pour les discussions et pour les formes délibérantes, caractère inhérent aux hommes qui ont l'instinct du pouvoir absolu. » Nessuna illusione, dunque, né da una parte né dall'altra, ma una collaborazione nell'interesse della Francia.

A parte la logica della condotta di Constant, il punto di vista superiore da cui egli si pone è ineccepibile : « quand on a indissolublement voué son nom et sa vie au triomphe de certains principes, on se console des désapprobations partielles, parce qu'on est sûr de rencontrer tôt ou tard l'approbation générale. » Il dialogo fra i due uomini prende un aspetto diverso : lo scrittore è affascinato dal personaggio che si trova di fronte. Si sente dalle sue parole : « Il y avait plus de grandeur dans ses expressions, je ne sais quoi de plus large dans son dédain, parce qu'il parlait après douze ans de victoires, et le front ombragé d'immortels lauriers. » Questo Napoleone ritornato sulla scena colpisce Constant, e si sente che cerca di difendersi dal fascino che emana da lui, pur ripetendosi le riserve che sono da farsi sul suo conto. Quella figura ha agli occhi dello scrittore qualcosa di profondamente doloroso, tanto insiste sul favore popolare che lo ha accolto al suo sbarco in Francia, sull'affetto dimostratogli dalle persone più umili, e sappiamo che questo è l'aspetto umano che più trascina Constant : « la douleur, vraie ou fausse, sera toujours toute-puissante sur moi [10] » ; e più ancora : « tout ce que je respecte sur la terre c'est la douleur, et je veux mourir sans avoir à me reprocher de l'avoir bravée [11]. » Questo aspetto umano di Napoleone che in certo modo si difende di fronte all'avversario che lo ha combattuto fino a poco tempo prima, chiedendo la sua colla-

---

10. *Journaux intimes*, 25 gennaio 1805.
11. Alla cugina Rosalie, in Benjamin et Rosalie de Constant, *Correspondance*, p. p. *Alfred et Suzanne Roulin*, Paris, 1955, p. 47.

borazione, si sente che ha commosso Constant ispirandogli pagine molto belle, che hanno una loro validità assai oltre lo scopo per il quale furono scritte, e alcuni anni dopo pubblicate. E' che Constant era profondamente sincero quando subiva in quel momento grave della vita della Francia il fascino di Napoleone, come era sincero quando lo aveva combattuto : in ambedue i casi vedeva in Bonaparte la figura straordinaria dell'uomo con il quale si era trovato ad aver che fare, in un senso o nell'altro, in tutta la sua vita di uomo politico. Ma è molto significativo che nella citata introduzione alla seconda edizione dei *Mémoires*, pubblicata l'anno prima di morire, Constant abbia sentito il bisogno di riaffermare solennemente la sua ammirazione per Napoleone in termini che non potrebbero essere più espliciti : « Bonaparte était un homme d'un génie immense ; il était plus propre que personne à dominer un peuple enthousiaste alors de la gloire militaire, et auquel le bruit et l'orgueil de la victoire faisaient oublier par intervalles les jouissances de la liberté. Mais Bonaparte, fils de la République, avait conspiré sa ruine. »

In quel giudizio, nel quale traspare ancora una volta l'ammirazione profonda per l'uomo con il quale ha collaborato, sono condensati i motivi che sono alla base dei *Mémoires :* spiegare — e quindi giustificare — di fronte alla storia il suo operato, e nello stesso tempo illuminare il tramonto dell'uomo al quale era legata la sua vita, come quella degli altri due scrittori amici : la Staël e il Sismondi. Ma rivivendo eventi memorabili, e facendo ancora una volta opera autobiografica tra storia e letteratura, scriveva alcune pagine fra le sue migliori.

Carlo Pellegrini.

RIRES, SOURIRES ET LARMES
DANS *LE ROUGE ET LE NOIR*

 Cette étude sert de pendant et de complément à celle que je consacrai aux *Rires, sourires et larmes dans la Chartreuse de Parme,* lors du colloque stendhalien qui se tint en 1967 à Parme même.
 La différence entre les deux romans, si du moins l'on se fie à la statistique, n'apparaît pas dès l'abord : les trois éléments sont répartis de façon analogue. Les notations de sourires s'élèvent à une quarantaine dans les deux œuvres. Les rires sont plus nombreux que les sourires : soixante-dix notations au total dans chaque roman. Enfin tout lecteur des deux chefs-d'œuvre est surpris par l'abondance des larmes, avec un avantage marqué pour *le Rouge et le Noir,* puisque l'on y relève cent vingt-huit notations de larmes, contre cent neuf dans la *Chartreuse.*
 Chaque roman étant divisé en deux parties, il me parut bon de voir comment se répartissaient rires, sourires et larmes selon cette division même. Les sourires sont également répartis dans chaque volume. Les larmes, à peu près également : dans *le Rouge et le Noir,* soixante et une notations pour la première

partie, soixante-douze pour la deuxième. En revanche les deux romans diffèrent sur le rire : le rire qui va diminuant dans la deuxième partie de la *Chartreuse*, envahit notre roman : vingt-deux notations pour la première partie, quarante-huit pour la deuxième. Il est vrai que dans *le Rouge et le Noir* les deux parties sont inégales : la première partie et les trente-cinq premiers chapitres de la seconde ont approximativement le même nombre de pages : 283 contre 276 ; les scènes de la prison forment un appendice de 71 pages [1]. Or, on constate que les notations de larmes sont dans ces ultimes chapitres particulièrement abondantes : trente-deux dans les deux cent soixante-seize premières pages ; trente-cinq dans les soixante et onze dernières. En revanche les rires qui se multiplient dans les trente-cinq premiers chapitres (quarante notations), se raréfient dans la prison (huit notations seulement), si bien que le rythme général du roman se définit plus exactement par l'alternance : Larmes — Rires — Larmes.

Ces premières observations demandent à être nuancées. Nous savons de reste que rires, sourires et larmes peuvent traduire les émotions les plus diverses, voire les plus contradictoires ; que ces signes peuvent être simulés : une formule étonnante de Stendhal dans *De l'Amour* nous apprend par exemple que « les larmes sont l'extrême sourire ».

Il importe donc d'étudier de la façon la plus attentive la qualification, et l'on constate alors que Stendhal romancier ne se conforme guère aux vues

---

[1]. J'utilise pour ces calculs comme pour les références l'édition procurée par Pierre Jourda aux Belles-Lettres, édition en deux volumes, Paris, 1929.

de Stendhal théoricien et idéologue. Non seulement il introduit des nuances d'une extême diversité malgré les schémas théoriques, mais surtout le romancier opère entre les nuances des regroupements significatifs et établit entre rires, sourires et larmes un subtil contrepoint.

Le premier sourire qui se rencontre dans la *Chartreuse* est un sourire *faux*. *Le Rouge et le Noir* s'ouvre sur les sourires du père Sorel si équivoques qu'ils suffisent à décontenancer M. de Rénal (I, 6) ; au chapitre IV Stendhal souligne qu'un sourire *gauche*... augmentait l'air de fausseté et presque de friponnerie naturel à sa physionomie (I, 20) ». Au début de la seconde partie, le jeune Tanbeau congédié sourit bassement (II, 26). Voici d'ailleurs des sourires *protecteurs* (I, 98) ou *dédaigneux* (I, 176) comme si le sourire semblait fait pour traduire, non la joie, mais le mépris. Quand on nomme Charmier, « le sourire n'est-il pas sur toutes les lèvres ? » (I, 156) — c'est qu'il s'agit d'un cocu notoire. Quant Mme de Rénal parle à son mari *en souriant* (I, 165). C'est qu'elle lui tend un piège. Sur le visage de Julien (I, 50 et 75) sur celui de l'abbé Pirard (II, 8), nous lisons à plusieurs reprises un sourire *amer*. Mathilde au bas se distingue par un sourire *gracieux* ; mais le commentaire des témoins ôte toute spontanéité à cette grâce : « vraiment, elles met toutes voiles dehors pour plaire » (II, 69). De même, le sourire est un signe de compréhension d'une valeur toute relative, puisqu'il peut être simulé : lorsque Julien « sourit de l'air le plus spirituel qu'il put » à l'allusion de l'académicien, ce n'est pas qu'il ait saisi l'allusion, c'est au contraire qu'il tente de donner le change (II, 90). A l'abbé Frilair recevant Mathilde est attribué un « demi-sourire » et Mathilde s'y laisse prendre, mais derrière « la gaîté douce » (expression typiquement stendhalienne) apparaît peu à peu « une finesse mêlée de fausseté profonde » (II, 294-295).

Le sourire fleurit cependant lors de la réunion secrète à laquelle Julien a le privilège d'assister : « tout le monde sourit » (II, 185) ; « M. de la Mole sourit agréablement au lieu de se fâcher » (II, 189). Politesse souriante, certes, mais aussi finesse et duplicité encore. La discussion s'ouvre sur les sourires de l'homme aux gilets et à l'air paterne. « Alors, note Stendhal, ses yeux, entourés de paupières flottantes, prenaient un brillant singulier et une expression moins indécise que de coutume » (II, 184). Elle se ferme sur un sourire *fin* du cardinal (II, 194). C'est ce sourire ou le sourire *malin* de l'évêque de Besançon que nous devinons souvent sur les lèvres de l'auteur, et c'est celui qu'il lui plaît d'attribuer à son lecteur, encore que dans le seul cas où ce dernier soit mentionné : « le lecteur qui sourit peut-être » (I, 225), la plaisanterie ne soit pas des plus fines.

De cette poussière de remarques, dégageons la conclusion nette qui s'impose : dans *le Rouge et le Noir*, le sourire est exceptionnellement associé à la bonté ou au plaisir. Lorsque Julien demande son nom à Amanda Binet, c'est, note Stendhal de façon exquise, « avec le sourire caressant de la timidité heureuse » (I, 203). A la différence de *la Chartreuse de Parme* qui offre le cas privilégié d'un amour cristalisant autour d'un sourire, ce sourire de bonheur est ici des plus rares. Le monde dans lequel vit Stendhal en 1830 interdit-il son épanouissement ? Si, dans la prison, Mme de Rénal finit par sourire, ce sourire demeure imprégné de timidité et de mélancolie (II, 328).

*
**

En dépit de Hobbes, le rire ne semble pas être produit « par la vue imprévue de notre supériorité sur autrui ». C'est le sourire, nous venons de le voir, qui semble réservé à ce rôle.

Tantôt le rire est un signe de vulgarité : c'est le cas pour M. de Rénal caractérisé par son *gros* rire. Plus loin, le rire sera pour le même un moyen de cacher son embarras : « en riant de l'air le plus faux », note Stendhal (I, 78).

Lorsque l'abbé Pirard, qui n'a rien d'un joyeux drille, *rit aux larmes* en raison du comportement de Julien, il ne manque pas à la charité. Tout simplement l'attitude de Julien, prenant l'obséquiosité du tailleur pour un outrage, est des plus divertissantes, et le rire jaillit d'une façon incoercible (II, 15).

Donc le plus souvent le rire est l'expression de la gaieté naturelle, de la joie de vivre. Au début du roman, l'enfant Rénal riant de ses prouesses d'équilibriste, est l'image parfaite de cette joie (I, 15). Le rire jaillit lorsque Julien et Mme de Rénal sont heureux. Grâce à Géronimo et à sa bonne humeur communicative, Julien, Mme de Rénal, les enfants connaissent une joie sans mélange, les enfants *pouffent,* tout le monde *pleure à force de rire* (189, 191). Stendhal manifestement partage le bonheur de ses héros ; il est heureux avec eux.

L'hôtel de la Mole ne cesse de retentir de rires, et, mieux encore, bien qu'un dandy joigne à la passion des chevaux « l'habitude de ne jamais rire », ou que l'auteur lui-même observe qu'à Paris « on a l'attention de se cacher pour rire » (II, 106 et 45), le rire semble s'épanouir à Paris dans « ces salons dorés où les gens aiment à rire ». Norbert rit aux éclats (II, 27). Mathilde essaye en vain de dissimuler un éclat de rire (25) ; et Julien se laisse prendre à cette gaieté communicative : « tous trois finirent par rire, comme auraient pu faire trois jeunes habitants d'un village au fond d'un bois » (26). Triomphe de la jeunesse !

Mais le rire semble aussi bien la récompense accordée à la sagesse de nobles vieillards. A la fin de la première partie, le vieil évêque de Besançon, qui « aime à voir manger gaiement », parle lui-même *gaiement* ou *en riant* (I, 257-258). Au début de la seconde, le marquis de la Mole professe : « Il faut *s'amuser,* il n'y a que cela de réel dans la vie » (II, 56). Il demande à Julien : « Quelle idée *amusante* m'apportez-vous d'Angleterre ? » Il préfère le ton plus amusant qu'il a pris avec un Julien en habit bleu et tour à tour il *parle en riant, rit aux larmes, rit de bon cœur, éclate de rire* (II, 62-64). Mathilde sait que son père craint ses *larmes* (II, 272).

C'est le rire que nous associons spontanément au nom du prince Korasoff, lui que le nom de Mme de Dubois suffit à remplir d'hilarité (II, 204). Julien — excellent élève du prince — est sur le point de céder au *rire fou,* lorsqu'il écrit à la maréchale (II, 227), et, comme s'il était un marquis de la Mole en herbe, Stendhal en vient à dire de lui : « Cette découverte l'*amusa* toute la soirée et le rendit *amusant* » (II, 227).

Ce rire cependant n'est plus le signe de la gaieté. On pressent que la comédie mondaine est cruelle, et les leçons de Korasoff — pour peu qu'on se mette à la place de la femme-victime — impliquent un tel sadisme qu'elles nous font dire elles aussi que lorsqu'on sort d'en rire on devrait en pleurer.

*
* *

Ce ne sont pas les larmes qui manquent pourtant dans le roman. Continuellement les larmes coulent. Stendhal use si volontiers du complément de manière les *larmes aux yeux* qu'il l'applique aussi bien à Julien, à Mme de Rênal, à Mathilde, à M. de Rênal, à Elise, à l'abbé Chélan, à Mme Valenod, au pickpocket du Père Lachaise.

Il n'est pas sans savoir que ces larmes ne témoignent pas toujours d'une tendresse réelle, et il dira implacablement du marguillier : « C'était un imbécile qui pleurait de tout » (I, 155), ou attribuera à Julien l'expression méprisante : *pleurer comme un sot* (II, 311). Il n'ignore pas davantage le caractère contagieux des larmes, et de même que le parti dévot sait à l'occasion en tirer profit : « Les larmes que votre conversion fera répandre, dit le janséniste à Julien, annulerait l'effet corrosif de dix éditions des œuvres impies de Voltaire » (II, 344), de même le romancier, avec plus ou moins d'ironie, tire des effusions de larmes morceaux de bravoure et scènes à faire.

La réception triomphale d'un roi à Verrières s'achève sur les grandes eaux. L'effet produit par la statue de saint Clément, le gracieux martyr : « A cette vue la jeune fille de Julien pleura à chaudes larmes : une de ses larmes tomba sur la main de Julien », est renforcé par l'éloquence de l'évêque d'Agde. C'est *en fondant* en larmes que les jeunes filles jurent d'être persévérantes — et « le roi lui-même pleurait » (I, 136).

Lors de la scène du Jugement — en dépit de la situation pathétique — Stendhal ne peut s'empêcher de manifester son ironie car il ne sait que trop que les larmes sont des larmes de crocodile : « A peine (l'avocat) avait-il parlé pendant cinq minutes, que presque toutes les femmes avaient leur mouchoir à la main... toutes les femmes fondaient en larmes... plusieurs hommes avaient des larmes aux yeux... les femmes autour de lui sanglotaient » — ironie qu'il prête à son héros : « Le pauvre président des assises, se dit Julien, tout juge qu'il est depuis nombre d'années, avait la larme à l'œil en me condamnant » (II, 314-317) (du pluriel *les larmes aux yeux* au singulier *la larme à l'œil,* si les pleurs diminuent l'ironie augmente).

On trouve heureusement des effets plus délicats. Dans le chapitre XXX de la deuxième partie, où — avant les merveilleuses scènes de *la Chartreuse* — se manifeste le pouvoir lacrymogène de la musique, nous assistons à un subtil échange. La musique de Cimarosa fait fondre en larmes Julien — Mme de Fervaques voit ces larmes. « Le peu qui restait chez elle d'un cœur de femme la porta à parler, commente l'ironiste. Elle voulut jouir du son de sa voix en ce moment » — « Avez-vous vu les dames de la Mole, lui dit-elle — il vit Mathilde ; ses yeux étaient brillants de larmes » (soit dit en passant l'emploi des possessifs est plus d'une fois d'une ambiguïté fâcheuse, mais le lecteur qui s'identifie aux héros n'hésite pas) (II, 240-241).

Les effets les plus heureux sont ceux qui associent les larmes et les rires. Le chapitre de conclusion de la première partie décrit un remarquable chassé-croisé. Alors que Mme de Rénal au début du roman ne cesse de fondre en larmes (I, 32, 71), qu'elle baigne de larmes ses propres lettres au point de les effacer à demi (I, 148 et II, 274), c'est devant une femme sèche et dure que Julien « pleure longtemps en silence », qu'il tente de parler « d'une voix coupée par les larmes ». Il interrompt par ses larmes les réponses de Mme de Rênal, et sur l'exemplaire Bucci, Stendhal ajoutera : « Elle entendait le bruit de ses sanglots. » Puis, sentant qu'il pleurait encore, elle lui dit : « Ne pleurez point. Vous me faites tant de peine. » Or, tandis que Julien devient « un peu plus maître de lui », c'est elle qui se met à pleurer. Il sent « au mouvement de sa poitrine, qu'elle avait des sanglots » ; « sa voix (est) presque étouffée par les larmes ». Le plus beau est que la crise s'achève sur un retour à la gaieté. Julien, d'abord déconcerté, constate avec admiration que la femme supérieure retrouve sa gaieté parce qu'elle oublie ses remords. C'est *en riant* qu'elle lui dit : « Mais il ne faut pas que tu meures de faim. » Et Stendhal ajoute ce commentaire étonnant : « Son amie le plaisantait sur la simplicité de ce repas, car elle avait horreur de parler sérieusement » (I, 281), invitant ainsi le lecteur à ne pas se faire une idée trop simple de l'amour tendre. L'amoureuse est la même qui, lors de la première rencontre, avait été si troublée par les larmes de Julien, mais qui bientôt après, s'était mis à rire « avec la gaieté folle d'une jeune fille » (I, 34).

L'exemple de Mathilde prouve de même que la passion fait bon ménage avec la gaieté, en dépit de l'idée reçue : ses yeux si beaux sont des yeux *riants* (II, 126). Mais ces yeux versent également des pleurs, si dure que soit son âme altière. Ces larmes sont alors des *larmes* de *rage* ou de *honte,* des larmes *amères* (II, 145, 246) mais en même temps qu'elle découvre l'amour, Mathilde apprendra à *fondre* en larmes (II, 233), à pleurer sans nulle retenue (II, 242).

Autour de Julien prisonnier vont rivaliser les deux pleureuses. Le génie de Stendhal se plaît à des variations étincelantes. Quand Mathilde se voit trahie par Frilair, la fureur l'empêche de pleurer. Et Julien : « Cette pauvre Mathilde qui pleure maintenant, ou plutôt qui ne peut plus pleurer », ajoute lucide : « Elle a pleuré toute la nuit peut-être ; mais un jour, quelle honte ne lui fera pas ce souvenir » (II, 321).

Mathilde ayant fait retomber sa fureur sur Julien, celui-ci pour oublier la furie qui « continue à être éloquente », évoque Mme de Rénal apprenant son supplice : « Elle pleurera à *chaudes larmes.* » « Pendant un grand quart d'heure que dura encore la scène que lui faisait Mathilde, il ne songea qu'à Mme de Rénal. Il voyait Mme de Rénal pleurer... il suivait la route de chaque larme sur cette figure charmante » (II, 323). Ainsi le héros s'enivre de larmes imaginaires, en présence d'une femme qui a eu le tort de parler au lieu de pleurer.

Lorsque Julien est éveillé par les larmes (authentiques celles-là) qu'il sent couler sur sa main, Stendhal nous convie à une scène d'amour qui est une communion dans les larmes et s'achève sur la note si émouvante dans sa retenue : « Elle s'appuya sur Julien, qui était à ses genoux, et longtemps ils pleurèrent en silence (II, 326). Mais Mme de Rénal toujours fidèle à elle-même, fait mentir la formule : les larmes sont l'extrême sourire, ou plutôt prouve que l'inverse est aussi vrai, lorsque par-delà ces pleurs harmonieusement écoulés s'épanouit son merveilleux sourire. « A propos, nous quitterons-nous ? lui dit-elle en *souriant.* » (II, 327.) Ce sourire est la quintessence de la tendresse.

*
* *

Ce sont les larmes de Julien qui invitent aux analyses les plus suggestives, et, pour mieux dire, elles nous aident à le connaître. Il convient à cette fin de démêler à la fois les diverses sortes de larmes et de suivre le contrepoint subtil qui entremêle aux larmes les rires et les sourires.

Dans la première partie du roman, Julien qui ne rit pas (il se mettra seulement à *rire comme un fou* à la sortie d'un médiocre (I, 171) Julien, qui sourit peu et qui sourit plus souvent d'un sourire amer (I, 50, 75) que d'un sourire de plaisir (I, 87), Julien ne cesse de pleurer et à jamais hantent notre mémoire « ses grands yeux noirs et remplis de larmes » (I, 23).

La Chartreuse de Parme oppose de façon nette larmes douces et larmes amères. Cette opposition se dessine dans *le Rouge et le Noir*, encore qui ne figure nulle part l'expression *douces larmes*. Julien, touché de se voir aimé par l'abbé Chélan, *pleure avec délices* (57). Mais à la différence de Fabrice qui « assis sur un rocher isolé... protégé par la nuit profonde et le vaste silence... a ses yeux mouillés de douces larmes », et bien que l'impression finale soit la même chez les deux héros : Julien — « (il) resta dans cette grotte plus heureux qu'il ne l'avait été de la vie » (90) ; Fabrice — « il trouva là, à peu de frais, les moments les plus heureux qu'il eût goûtés depuis longtemps », Julien — au sein de la nature — ne pleure pas.

C'est qu'il a honte de ses larmes. Dès la première rencontre avec Mme de Rénal, il est dit « tout honteux de ses larmes qu'il essuyait de son mieux » (34) ; dans la scène avec l'abbé Chélan, de même : « Julien avait honte de son émotion » (57), et son premier mouvement est d'aller cacher ses larmes dans les bois. Mais en même temps il fait une découverte essentielle : « Qui m'eût dit que je trouverais du plaisir à répandre des larmes » (57). Il sera désormais partagé entre cette honte et ce plaisir.

Grâce à l'amour, Julien découvre un nouveau sourire, un sourire sans amertume, et grâce à l'amour il apprend à *fondre* en larmes (I, 105). Ces larmes du reste sont moins provoquées par les joies de l'amour que par ses surprises. C'est la sureté de Mme de Rénal qui déclenche la première crise. C'est en découvrant la saveur du renoncement ou du service amoureux qu'il fond en larmes pour la deuxième fois (I, 143).

Julien considère de son devoir de contrôler son émotion ; mais le monde est pire que ne le suppose sa jeune amertume. Un Valenod est un monstre, capable d'empêcher un misérable de chanter : (Julien) « avait les manières, mais pas encore le cœur de son état. Malgré toute son hypocrisie si souvent exercée, il sentit une grosse larme couler le long de sa joue » (I, 173-174).

L'entrée au séminaire constitue une nouvelle étape de sa formation, si l'on en juge par deux formules remarquables. « Il eût été heureux d'oser pleurer » (I, 210). Il est donc devenu celui qui n'ose plus pleurer. Mais, de même que l'amitié de l'abbé Chélan, celle de l'abbé Pirard aura raison de cette inhibition, et au chapitre XXIX comme au chapitre VIII nous retrouvons le même mélange de douceur et de honte : « Il y avait si longtemps que Julien n'avait entendu une voix amie, qu'il faut lui pardonner une faiblesse : il fondit en larmes. L'abbé Pirard lui ouvrit les bras ; ce moment fut bien doux pour tous les deux. » (246.) Les larmes, signes de faiblesse ! Stendhal ironise aux dépens de son héros. Pourrait-il, lui, assimiler la tendresse à une faiblesse ?

L'ultime chapitre de la première partie fait ressortir l'absurdité de cette lutte contre la tendresse. Nous savons avec quelle spontanéité Julien retrouvant Mme de Rênal avait répandu des larmes, des larmes plus amères que douces puisqu'il croit ne plus être aimé. Mais, lorsqu'il obtient ce qu'il ne croyait pas possible, des larmes en réponse à ses larmes, « il eut, constate le narrateur, le malheur de devenir un froid politique, presque aussi calculant et aussi froid que lorsque, dans la cour du séminaire, il se voyait en butte à quelque mauvaise plaisanterie de la part d'un de ses camarades plus fort que lui (I, 275). »

La deuxième partie semble d'abord une reprise de la première. A son arrivée à Paris, Julien a devant l'abbé Pirard la même réaction que devant l'abbé Chélan : « A sa grande honte, (il) se sentit les larmes aux yeux » (II, 12). Le petit Tanbeau est un monstre comme Valenod, et devant lui comme devant Valenod, Julien ne peut retenir ses larmes. Stendhal, sans ironie cette fois, use d'un qualificatif qui revalorise les larmes : « Ah, monstre ! s'écria Julien à demi haut, et des larmes *généreuses* vinrent mouiller ses yeux » (II, 39). On peut rapprocher encore l'arrivée à l'hôtel de la Molle de l'arrivée au séminaire : « Jamais à l'hôtel de la Mole l'amour-propre de Julien n'était blessé ; mais souvent à la fin de la journée, il se sentait l'envie de pleurer. »

Mais cette reprise n'en constitue pas moins un progrès. Si dans la grotte Julien n'avait pas pleuré comme Fabrice, une nouvelle ascension avait fait naître un sourire de plaisir (I, 79) et à la Malmaison, il pleure bel et bien (II, 7).

Son apprentissage à l'hôtel de la Mole, les faveurs que lui accordent aussi bien le père que la fille donnent lieu à de nouvelles variations sur les rires et les larmes.

A Paris, Julien apprend à rire. Nous l'avons vu partager la gaieté de ses maîtres, bien que sa maladresse à cheval soit à l'origine de cette gaieté. Il sympathise avec le marquis et rit en sa compagnie. Mais quelle tempête sous son crâne lors de la déclaration d'amour de Mathilde ! Stendhal note alors un extraordinaire jeu de physionomie : « La joie qui contracte ses joues le force à rire malgré lui » (II, 115). Julien est-il fou de bonheur comme il prétend, ou fou d'orgueil ? C'est alors qu'est employé pour la première fois une expression fascinante : « Eh bien, se dit-il, *en riant comme Méphistophélès,* j'ai plus d'esprit qu'eux » (II, 118). Balzac, qui se trompe assurément en attribuant à Stendhal un rire de démon, aurait-il pu tirer argument du satanisme de son personnage ? Dans les pages qui suivent, la joie de la conquête dépouille vite le rire de son grincement méphistophélique pour n'en laisser subsister que la franche gaieté. C'est alors que Julien s'endort fort gai (II, 125), alors que Stendhal emploie à plaisir pour lui comme il le fera pour Mosca, la tournure *en riant,* alors que Julien monologuant se parle à lui-même « avec une gaieté et un accent gascons » (II, 129) Méphistophélès n'est plus qu'un mousquetaire à la Rostand.

Les surprises de l'amour sont plus déconcertantes pour lui que lors de sa première expérience, et, tout autant que Mathilde, il apprend à aimer. Mais au prix de quel entraînement ? Si le régime auquel le soumet

Mathilde risque de le rendre fou, il risque aussi bien de le rendre ridicule : « Deux jours après, au lieu d'être fier avec M. de Croisenois, il l'aurait presque embrassé en *fondant en larmes* » (II, 145). La scène d'explication avec Mathilde provoque un quiproquo dont l'ironiste se délecte : Mathilde est ravie de se voir menacée d'une vieille épée ; mais Julien dont la douleur avait été « centuplée par les larmes de honte qu'il voyait répandre » à Mathilde (145), est soudain traversé par l'idée : « Elle va éclater de rire à la vue de ce mouvement de mélodrame » (146). Ici apparaît l'aspect complémentaire de son complexe : la peur de faire rire.

Cependant Julien se sent de plus en plus malheureux. Comment confier sa peine à autrui, puisqu'autant que la discrétion lui impose silence la peur de « répondre par un torrent de larmes à l'indiscret qui l'interrogerait » (160), et lorsque, en désespoir de cause, il a recours aux bons offices de Korassoff, les propos du prince qui plaisante sur l'amour, mettent des larmes dans ses yeux (203). S'il s'amuse finalement à suivre les leçons du prince, il n'en reste pas moins une âme sensible, et il a beau pester contre cette sensibilité sotte, il est ému jusqu'aux larmes à la vue du canapé où s'asseyait Mathilde (213), il pleure en écoutant la musique de Cimarosa (240), il se dissimule auprès d'un berceau de chèvrefeuilles pour pleurer l'inconstance de Mathilde (245), et en présence de celle-ci, il se laisse aller. « Sa faiblesse fut complète, commente Stendhal, des larmes inondèrent ses yeux » (245). L'ironie du destin fait que Julien se croit maladroit lorsqu'il est sincère. « Ses yeux s'éteignirent un instant. » Pour sauver la face, il se flatte de son mensonge : il ment quand il se montre tendre. Comment les larmes qui inondent alors les joues de Mathilde (246), ne seraient-elles pas les plus amères ? Mais grande est sa responsabilité puisque c'est par sa faute que Julien, lorsqu'il découvre en lui-même l'amour le plus vrai et le plus abandonné, a peur. Avoir honte des larmes, c'est avoir honte d'aimer.

Les progrès de Julien ne sont pas des progrès authentiquement spirituels et c'est pourquoi son âme demeure insatisfaite. Le signe révélateur de cette insatisfaction, plus que dans ses rires et ses larmes, nous le trouverons dans un exceptionnel sourire. Quand il lui est donné de mesurer au chapitre XXVII, le pas immense qu'il a fait dans le monde, Julien ne peut sourire qu'avec mélancolie (225).

Le séjour en prison permettra-t-il la libération de l'âme ? sur ce point l'étude conjointe du rire, du sourire et des larmes invite à nuancer les considérations habituelles sur la prison heureuse.

C'est un Julien ironique qui nous attend dans sa prison : souriant lorsqu'il réplique au juge, ou amusé par l'hypocrisie du gardien. Mais la nouvelle que Mme de Rénal a survécu à son attentat provoque une crise de larmes. C'est en hâte qu'il chasse le geôlier pour tomber à genoux en pleurant à chaudes larmes. Ici reparaît la glose élogieuse qui valorisait les pleurs versés devant Valenod : « Ses larmes avaient une *source généreuse* » (281). Ainsi Julien se sent-il détendu, au point de *rire de bon cœur* d'une naïveté du garde, et, dans son monologue intérieur, d'ajouter en *riant :* le séjour est tranquille ! je n'y ai point d'ennuyeux.

Il vaut la peine d'analyser en détail les assauts que

subit cette belle sérénité, et l'on découvre alors un développement cyclique.

La venue, ou plutôt la vue de l'abbé Chélan ne provoque pas l'émotion réciproque dont le lecteur s'émut naguère. Le vieillard ne pleure pas, ou bien verse quelques larmes qui, souligne Stendhal, « descendaient silencieusement le long de sa joue » (285-286). Quant à l'émotion que ressent Julien, elle est de celles qui *éloignent* les larmes. Car en cet instant « cruel », il surprend sur le visage du vieux prêtre le travail de la mort. Il voit « la mort, et dans toute sa laideur » (286).

Il échappe au désespoir grâce à une idée qui *l'amuse* : le degré plus ou moins élevé où il situe la mort, selon qu'il se trouve lui-même excité ou déprimé, le fait penser à un thermomètre.

La noblesse de Fouqué prêt à tout sacrifier pour le sauver lui rend sa force d'âme, et par surcroît lui permet de subir sans faiblir les assauts de Mathilde. Car les « sacrifices étranges » dont rêve celle-ci n'ont pas le même effet que l'attitude sublime de l'ami. Julien s'étonne de se découvrir insensible, et son objectif immédiat semble être de sécher *ses* larmes (302) (encore une tournure ambiguë, mais qui n'arrête pas le lecteur complice).

Julien peut donc aborder juge et avocat avec le même sourire ironique qu'au début de son emprisonnement.

Arrive le jour du procès. Sous les regards qui le cernent et qui sont des regards humides, Julien est soumis à une épreuve redoutable. Stendhal dans tout ce dénouement a voulu que son héros se montre sensible aux *paroles*. Que l'avocat parle, « Julien frémit, il se sentait sur le point de verser des larmes. Grand

Dieu ! que diraient ses ennemis. » Un regard de Valenod qualifié d'insolent l'empêche de céder à l'attendrissement. Julien a donc toujours honte de ses larmes. Lorsque Valenod a prononcé la sentence de mort, Julien continue de plus belle : « Tâchons de ne pas apprêter à rire à ce fripon de Valenod » (317). C'est ici que le complexe de Julien se noue inextricablement. Il a honte de pleurer — il a peur de faire rire de lui — il a peur que ses larmes fassent rire, même si ses larmes ont une source généreuse, même si ces larmes sont, comme dirait Bernanos, des larmes d'amour.

Dans la cellule des condamnés à mort recommence le cycle. Julien plaisante *in petto* et rit *de bon cœur* de sa propre plaisanterie (319). Nous reconnaissons ce personnage qui joue : c'est le Julien qui prenait l'accent gascon à l'heure de l'épreuve d'amour, maintenant il cabotine et déclame du Rotrou.

C'est alors qu'il doit affronter Mathilde qui tente une démarche cruciale : le décider à faire appel. Il est touché malgré tout par la peine de la femme : « La parole la plus commune, si elle est dite avec un accent vrai, peut attendrir ma voix, et même faire couler mes larmes » (320). Paradoxalement c'est l'absence de pleurs qui le touche. Les yeux rouges de Mathilde ne peuvent plus pleurer. Mais comment consentirait-il à faire appel, puisque l'attente peut réveiller sa hantise : « En ce moment, je me sens le courage de mourir sans trop faire rire à mes dépens » (322). La fureur de Mathilde devant cet entêtement absurde aura le résultat que l'on sait : Julien oubliera la présence de la femme qui parle (ainsi les paroles des femmes n'ont pas l'efficace des paroles masculines) pour s'enivrer de l'image de Mme de Rênal en pleurs.

Lorsque le rêve devient réalité, Julien se sent libéré de toute névrose. Nous avons vu comment la communion dans les larmes favorisait l'éclosion du plus pur sourire. C'est avec un bonheur tout nouveau pour lui que Julien embrasse Mme de Rênal. Mais hélas ! il la perd sitôt après l'avoir retrouvée. Comment subirait-il sereinement les derniers assauts que le sort lui réserve ?

— Assaut du prêtre qui veut le convertir : les paroles du prêtre ont le même effet que les paroles de l'avocat. Si la vue du visage décrépit de l'abbé Chélan avait éloigné les larmes, l'idée de sa propre putréfaction fait pleurer Julien. « Pour la première fois, la mort lui parut horrible. » Il réussit à écarter une fois de plus le témoin de sa faiblesse. Alors seul il pleure beaucoup, et, dit Stendhal en une ellipse admirable, « il pleure de mourir » (331).

— Assaut de Mathilde : mais elle a beau fondre en larmes, cette profusion de larmes ne fait qu'irriter Julien, qui dément ainsi la tendresse qu'il s'attribuait plus haut.

— Assaut du père : les paroles paternelles ont un pouvoir supérieur à celles de l'avocat ou du prêtre : Julien ne peut retenir ses larmes. D'où sa rage folle à l'idée que le père sera le témoin irrécusable de sa faiblesse devant la mort. On sait, comme l'a montré L.P. Quint, que Julien, avant les surréalistes, découvre la vertu libératrice de l'humour noir. Le « mot de génie » : J'ai fait des économies suffit à l'affranchir de son angoisse, et le récit continue dans le même ton, car dans cette prison on boit du champagne après la visite des parents du condamné à mort, et l'on invite à la fête des scélérats *fort gais* (334). Dès lors Julien n'est plus le même homme : « toute sa colère contre lui-même avait disparu ».

— Mais il lui reste à subir le plus terrible assaut, de lui-même contre lui-même, de l'étranger vêtu de noir que suscite sa mélancolie. Julien est pareil à un étudiant allemand au caractère exalté et faible. Son extraordinaire monologue est ponctué par « le sourire amer du plus extrême mépris » à l'adresse des hypocrites qui ont eu raison de lui (377) ; puis par un rire amer : ô dix-neuvième siècle ; et enfin par le rire de Méphistophélès que nous entendons pour la deuxième fois et qui a ici une vertu libératrice comme précédemment le trait d'humour (339). Car Julien sait désormais qu'il triche, et il peut formuler enfin sa vraie pensée : « Donnez-moi cinq années de vie de plus, pour vivre avec Mme de Rênal. » Le chapitre se clot sur une formule où se trouve portée au sublime la fameuse expression de Marivaux : « Julien se sentait fort et résolu comme l'homme qui voit clair dans son âme » (339).

Il ne reste plus au romancier qu'à expédier son dénouement. Julien cède à Fouqué et se confesse, mais ne cède pas à Mme de Rênal. Le retour de la femme aimée achève de réconcilier Julien avec le destin, « au point, dit le texte, qu'elle partageait presque son insouciance et sa douce gaieté » (343) mais Stendhal a voulu que Mme de Rênal tentât *in extremis* un dernier assaut ; comme Mathilde suppliait Julien de faire appel, elle lui demande qu'il lui permette d'aller se jeter aux pieds du roi. Julien une fois encore refuse — et il est remarquable que dans cette fin où les larmes cessent de couler, l'ultime argument du héros est toujours : « N'apprêtons point à rire » (345).

Ainsi l'âme de Julien n'est pas entièrement libérée, et cette persistance du complexe nous paraît plus significative que la découverte du bonheur en prison, la renonciation à l'hypocrisie et à l'ambition, le triomphe de la tendresse.

De ce roman à la *Chartreuse de Parme* nous assistons à une évolution qu'il faudrait appeler une aération. La peur du rire n'est autre que la peur de vivre. Mais comment vivre dans un monde étouffant, un monde où le vrai sourire, un sourire tendre, spontané, voluptueux et frais ne peut éclore. « Au lieu de marcher du tendre au rusé comme la plupart des hommes, écrivait Stendhal de Julien, l'âge lui eût donné la bonté facile à s'attendrir. » Ce n'est finalement qu'un vœu pieux. Seul Fabrice nous permet de deviner quel pouvait être pour Stendhal un être selon son cœur, une âme libre.

Léon C<small>ELLIER</small>.

UN HEROS STENDHALIEN D'IRLANDE

Miss Edgeworth peut rendre grâces aux distributions de prix qui, pendant longtemps, sous la forme de livres rouges à tranches dorées, l'ont fait survivre. L'intérêt constant que Stendhal lui porta montre assez que son œuvre mérite d'échapper à l'oubli [1].

S'ils ne se rencontrèrent jamais, on sait que Stendhal envoya à la romancière un exemplaire de *Rome, Naples et Florence en 1817*. Cette lecture plongea Maria dans la plus vive perplexité. Etrange écrivain que celui qui faisait de l'imprévu, voire du décousu, son premier principe [2] ! En 1800, H.B. avait recom-

---

[1] A signaler la réédition récente de *Castle Rackrent* et de *The Absentee* dans *Everyman's Library*. Important pour la littérature irlandaise : *The Irish Novelists*, de Thomas Flanagan, Columbia University Press, 1959.

[2] On trouve dans *The Genevese background*, de H.W. Haüsermann (London, 1952, 224 p. in-8°) une lettre de Miss Edgeworth sur ce sujet, du 27 janvier 1818 : « Do you know or hear anything of a Count de Stendhal who has written a sort of Journal which he calls *Rome, Naples et Florence*. He has sent me his book and unfortunately for me, all that I can find to like in it, is written by other people.—by M. de Neri—a criticism on Alfieri—and by

mandé à Pauline de lire miss Edgeworth, en particulier son « traité d'éducation des filles, traduit par C. Pictet[3] ». En 1813, il appuyait quelques réflexions sur les qualités nécessaires aux préfets et aux politiques, sur les mésaventures d'un héros de miss Edgeworth, Vivian[4]. Dans son *Courrier Anglais*, il range miss Edgeworth — et précisément pour *Ennui*, ce roman que nous allons étudier — parmi les peintres les plus valables de la vie anglaise, en compagnie de Fielding, d'Harriet Wilson et du général Pillet, le narrateur des pontons[5]. Pas plus que Scott, elle n'a su peindre l'amour, mais il faut lui accorder « assez d'esprit pour savoir que, pour peindre la passion, il faut l'avoir sentie[6] ». Les reproches que Stendhal lui adresse prennent souvent, d'ailleurs, la forme de

---

Forsyth—observations on French society—. The count seems to be a scatter—brained man who writes in the most free and easy style to the public—sense or nonsense haphazard. »
3. *Correspondance* (éd. Divan), I, p. 12.
4. La traduction de *Vivian, ou l'homme sans caractère* (par Jos. Joly, 3 vol. in-18) parut en 1813. — Pour l'allusion de Stendhal, voir *Molière, Shakespeare, La Comédie et le rire*, p. 227. — Je compte consacrer une étude à cet ouvrage. Entre autres pilotis stendhaliens, cette réflexion de lord Glistonbury au précepteur de son fils : « Voici tout mon plan pour Lidhurst : il faut qu'il connaisse ce qu'il y a de mieux dans les livres existants ; mais qu'il évite surtout la manie de devenir érudit ; dans tout ce qu'il dira, si ce n'est au Parlement, il ne faut pas qu'il ait l'air d'avoir lu une page dans sa vie ». On croirait entendre le prince de R... au château d'Andilly .(*Armance*, éd. Garnier, p. 183). — D'autre part la jeune fille dont Vivian est amoureux joue un peu auprès de sa mère le rôle d'Armance auprès de Mme de Malivert.
5. *Courrier Anglais*, v. p. 142. *Ennui* parut en 1809, dans la première série des *Tales of fashionable life* et fut traduit en 1813 par Mme E. de Bouchez Galiguani.
6. *Corres.*, v. p. 256.

regrets : où ne fût-elle arrivée, si, au lieu « de transporter la chaire dans le roman », elle avait su « s'affranchir de la considération nécessaire à une jeune miss anglaise [7] » ! Plus saisissant enfin, cet aveu du *Journal* par lequel Stendhal lui reconnaît le privilège d'entrer au royaume du Mocenigo et du beyliste... [8].

*
* *

De tous les *Tales of Fashionable Life*, *Ennui, or Memoirs of the Earl of Glenthorn* est le plus commode pour nous faire comprendre cette sympathie de l'idéologue jacobin pour la sagesse didactique de la romancière irlandaise. Ce roman étant peu connu, nous nous permettrons d'en esquisser rapidement le sujet.

Le comte de Glenthorn est un jeune seigneur irlandais qui dissipe sa vie et sa fortune dans sa propriété anglaise de Sherwood Park et dans les milieux mondains de Londres, bien résolu, comme tant d'autres *absentees* [9], à ne plus remettre les pieds dans sa patrie. Il a confié ses affaires au capitaine Crawley, intendant plus que douteux. Et pourtant, en dépit de vulgaires mais puissants palliatifs, Glenthorn s'ennuie à mourir. Aux bords de la ruine, il se résout au mariage. Mais la comtesse — et il sera le premier à l'en excuser — s'enfuit avec le capitaine Crawley ! Laissé pour mort après un accident, il a l'occasion d'entendre sur lui des choses fort désagréables. Il se

---
7. *De l'Amour*, gde. éd. Divan, p. 193.
8. *Journal*, Divan, t. V, p. 153, à la date du 25 mars 1813 : « Miss Edgeworth, Carmontelle et les mémoires écrits avec vérité sont les sources du talent *of the Moc (enigo).* »
9. Employé dans *De l'Amour*, p. 193.

découvre alors aimé d'un seul être, sa vieille nourrice Ellinor. Celle-ci lui arrache la promesse de retourner dans son château natal, situé dans la région la plus sauvage, la plus romantique de l'Irlande, un royaume au bord de la mer... Mais là, il ne réussira pas davantage, en dépit des conseils éclairés et déférents de son régisseur, à trouver, dans l'exploitation de ses terres, remède à son ennui. Une passion naissante pourrait le sauver. Mais celle qu'il aime s'est promise à un jeune poète de Dublin. Voici qu'un débarquement français déclenche une explosion révolutionnaire. Notre héros se prend au jeu. Il n'a vraiment plus le temps de s'ennuyer. Il est en butte aux soupçons de ses voisins. Les rebelles veulent l'avoir à leur tête, prêts à le tuer s'il se dérobe ! Il n'est sauvé d'un complot contre sa vie que par une courageuse intervention de Christy, le forgeron, son frère de lait. Mais Ellinor vient le supplier de laisser échapper son second fils qu'elle croit arrêté avec les rebelles. Au cours de cette dramatique entrevue, Glenthorn découvre qu'il n'est pas le vrai comte de Glenthorn ! Par égoïsme maternel, Ellinor avait substitué son propre fils à celui des Glenthorn ! Le vrai comte de Glenthorn, c'est Christy ! Notre héros remet titre et fortune au possesseur légitime. Alors seulement, il triomphera de l'ennui. Un de ses amis l'encourage à embrasser la profession d'avocat. Il y réussit brillamment, fait, après son succès, le plus honorable des mariages. Cependant, les nouveaux maîtres de Glenthorn ne peuvent s'habituer à leur condition. Après l'incendie du château, au cours duquel périssent sa femme et son fils, Christy retourne à sa forge, laissant à son frère de lait le soin de porter le titre des Glenthorn.

Donc, au premier abord, un roman didactique, visiblement organisé pour faire accepter une leçon [10], et romanesque. A plusieurs reprises, d'ailleurs, miss Edgeworth rappelle que le vrai n'est pas toujours vraisemblable [11]. Il n'y avait rien là qui pût déplaire à Stendhal. Il serait aisé de retrouver chez lui, sous le rythme musical de la narration, des intentions didactiques (pous certaines parties, ses romans apparaissent comme des expériences montées pour illustrer ou vérifier le système beyliste), et il a toujours pensé que l'aventure était la trame même du roman. J'ajouterai enfin qu'en dépit de jugements parfois un peu vifs, il ne dissimula jamais sa sympathie pour les romans de dames [12].

*
* *

De toute manière, le thème abordé par miss Edgeworth était, par excellence, stendhalien : l'aristocrate devant l'ennui. Chez Glenthorn, l'ennui prend la forme d'une véritable maladie, — maladie si étrange que l'on

---

10. Richard Lovell Edgeworth fait remarquer dans sa préface aux *Tales of Fashionable Life* que les romans de sa fille mettent en œuvre « some of the ideas that are unfolded in *Essays on Professionnal Education.* »
11. Voir en particulier le début du chap. XVII : « Le vrai n'est pas toujours vraisemblable », says an acute observer of human affairs. The romance of real life certainly goes beyond all other romances ; and there are facts, which few writers would dare to put into a book, as there are skies which few painters would venture to put in a picture. »
12. Stendhal considérait le petit roman de Mme de Cubières, *Marguerite Aimond* comme un chef d'œuvre,. On sait l'importance qu'il attribuait aux œuvres romanesques de la duchesse de Duras. On trouve à l'origine de *Lucien Leuwen* une ébauche de Mme Jules Gaulthier, *Le lieutetenant.*

ne trouve pas de mot anglais, affirme miss Edgeworth, pour la nommer [13]. Les symptômes en sont scientifiquement décrits : agitation incessante, impuissance de la volonté, apathie de l'esprit perdu dans cette rêverie que les Anglais appellent *brown study* [14]. Incapable d'avoir une conduite normale envers ses serviteurs, le malade se laisse tyranniser par eux [15]. Il tourne à la misanthropie. Les beautés de la nature n'ont plus aucun effet sur Glenthorn, qu'il s'agisse de Sherwood Park [16], sa propriété, du lac de Killarney ou de la Chaussée des Géants.

Il y a pourtant loin, à première vue, de Glenthorn aux héros de Stendhal. Glenthorn me paraît plus près de cet étrange héros de Gontcharov, dont le nom Oblomov, a donné naissance à cette maladie sociale que fut en Russie, *l'oblomovchtchina* [17]. Ils sont, l'un et l'autre, incapables de supporter la pensée d'être au monde. La conscience de soi est en eux obscurcie,

---

13. *Ennui* (t. I *des Tales of Fashionable Life,* 4ᵉ éd. 1813), p. 3 « For this complaint there is no precise Enflish name,—but, alas ! the foreign term is now naturalized in England.— Among the higher classes, whether in the wealthy or the fashionable world, who is unacquainted with *ennui ?*— ». — Et le *spleen ?* dira-t-on ? Stendhal emploie souvent ce dernier mot. Glenthorn emploiera, lui l'expression « the *tedium* of my days » (p. 58). Je pense que, pour un lecteur d'Helvétius, le mot *ennui* avait une résonance politique plus nette que le mot *spleen.*
14. *Ennui*, p. 3.
15. *Ibid.*, p. 55 et sqq.
16. *Ibid.*, p. 58.
17. Le mot *oblomovchtchina* — la maladie d'Oblomov — est employé par le romancier lui-même (4ᵉ partie, chap. IX et X). — N. Dobrolioubov a consacré une très importante étude au roman de Gontcharof *Qu'est-ce que l' « Oblomovchtchina ? »* (Voir ses *Textes philosophiques choisis,* éd. en langues étrangères, Moscou, p. 227 et sqq.

comme étrangère à son objet. Chez les héros stendhaliens, au contraire, la conscience de soi est comme hypertendue. « Je ne puis te comprendre ; tu es le devoir *incarné*. » Ces paroles du commandeur de Souvirane soulignent cette intensité spirituelle du héros stendhalien. Octave ou Julien ne s'accordent jamais les facilités des demi-mesures. Ils *se mettent en expérience* [18], ne se découvrent que pour s'affronter. Leur vie est un perpétuel combat, un effort constant d'exorcisme, une quête héroïque de la pureté de soi [18 bis]. De telles exigences morales, par elles-mêmes, abolissent toute possibilité d'ennui. Le héros stendhalien peut paraître indifférent, voire dissipé, tel Fabrice en ses débuts, fort vulgaires, de la chasse au bonheur. Il peut se tromper sur les vraies grandeurs, tel Julien éperdu d'admiration devant la magnificence de l'hôtel de la Mole [19]. Mais il s'agit là de moment prébeylistes, vécus par des héros qui n'ont pas encore découvert la pente royale de leur destin, ou, à un degré moindre, de leur carrière. Au séminaire, Julien cessera de

---

18. *Armance,* éd. Garnier, p. 18.
18 *bis.* « Telle est la faiblesse de mon caractère : Je ne puis secouer les oreilles et me moquer de tout, comme le veut Mme d'Aumale » (*ibid.*, p. 112).
19. On trouve à ce sujet le plus frappant des rapprochements entre *Ennui* et *Rouge et Noir*.
Ennui (t. I, p. 10, Ed. Galignani, 1812). « ... Je fus tiré de mon assoupissement habituel par ces paroles que j'entendis prononcer à un des étrangers : « Que le propriétaire de cette demeure doit être heureux ; manque-t-il de rien ? peut-il avoir le moindre souci ? »
Julien, entrant dans « la patrie du bâillement et du raisonnement triste », entendons l'hôtel de La Mole : « Comment peut-on être malheureux pensait-il, quand on habite un séjour aussi splendide ! » (R. et N., II⁰ partie, chap. II.)

trouver ennuyeux les exercices de piété quand il aura compris l'importance que ses maîtres leur accordent.

Le héros stendhalien aurait-il le privilège de ne jamais s'ennuyer ? Henri Beyle avait mis Pauline en garde contre une telle prétention. L'aveu de l'ennui est insupportable à l'amour-propre [20]. A l'abri des vanités bruyantes, le beyliste sait l'accueillir, le transmuer en ces rêveries mélancoliques qui ouvrent les portes de la poésie, de la peinture, de la musique [21]. Ennui, marque des âmes délicates.

De telles formes de l'ennui sont évidemment compatibles avec les rigueurs de l'exercice de soi. Julien et Fabrice ne s'ennuient guère en leur prison. Aussi bien, ces formes poétiques ne peuvent-elles se développer que dans la solitude d'une âme qui se recueille. Le héros se mêle-t-il au monde ? Il perd ce privilège de poésie. Cette perte sera d'autant plus déchirante que le héros sera plus élevé dans l'échelle sociale. La caste essaie pourtant de prémunir ses membres contre les atteintes du mal. Elle leur ouvre les arcanes de ses rituels, les appelle à la splendeur de ses cérémonies et des décorations qui distinguent. Vains palliatifs pour qui a percé les dessous du jeu. Féroce pour les autres et pour elle-même, en un siècle « dégénéré et ennuyeux », Mathilde s'ennuie en espoir [22]. Octave à Armance : « Que ces conversations sont insipides ! Toujours la chasse, la beauté de la

---

20. *Corres.*, IV, p. 237.
21. *Ibid.*, II, p. 162, 225. — On trouvera une excellente étude des sources et des effets de l'ennui stendhalien dans l'ouvrage de Jules G. Alciatore, *Stendhal et Helvétius. Les sources de la philosophie de Stendhal,* chap. XII.
22. *Rouge et Noir*, éd. Garnier, p. 285, 307, 327.

campagne, la musique de Rossini, les arts ! et encore ils mentent en s'y intéressant. »

Glenthorn, assurément, n'est pas capable de telles virulences dans le mépris. Il n'en a pas moins horreur, lui aussi, du vide de la vie *fashionable*. Comme Octave, il se soucie peu de voir se précipiter à l'eau un cerf et une meute [23]. Pourtant, que l'ennui devienne chez lui une maladie alors qu'il ne trouble jamais l'équilibre du héros stendhalien, cela importe peu. Par son impuissance à vivre, tout autant qu'Octave ou une Mathilde, Glenthorn porte témoignage sur les difficultés de l'aristocratie à s'adapter aux temps nouveaux. Sa maladie est d'ordre politique.

***

L'Irlande représente d'ailleurs pour Stendhal une des plus étonnantes expériences de tyrannie politique. Exploitée dans tous les domaines par l'Angleterre, elle connaît ces atmosphères de frustration et de haine si propices à l'éclosion des grandes passions [24]. Nous n'avons guère cette impression à lire miss Edgeworth : à la différence de Stendhal, elle se plaît sur les coteaux modérés de la politique et compte plus sur la sagesse que sur la violence pour résoudre les conflits. Stendhal, de son côté, a carrément *stendhalisé* le héros de miss Edgeworth. Cet être qui nous

---

23. *Armance*, p. 61. — *Ennui*, p. 252. « A nobleman in the neighbourhood had the politeness to invite us to see a stag-hunt upon the water. « Dans *Armance* la chute du cerf et des chiens dans la Seine est accidentelle. La stag-hunt de Killarney est organisée de manière à obliger le cerf à plonger.
24. *De l'Amour*, chap. XLVI.

paraît annoncer Oblomov, Stendhal le rapproche, lui, « à la férocité près », il est vrai... d'Alfieri [25] !

Quoi qu'il en soit, Glenthorn fut mêlé aux terribles événements que les Edgeworth avaient vécus. Le 2 août 1798, sous les ordres du général Humbert, les Français débarquaient à Killala, dans le Connaught. Les paysans confondant la cause de Robespierre et celle de la sainte Vierge, se joignirent aux envahisseurs. Les Edgeworth durent quitter leur manoir. Finalement les Français furent repoussés. La répression, par Cornwallis, fut terrible. Richard Lovell Edgeworth, le père de Maria, prit parti contre la Révolution, sans pour autant céder aux sollicitations anglaises, puisqu'il vota contre l'Acte d'Union imposé par Castlereagh, persuadé que la justice politique en Irlande dépendant, avant tout, de l'établissement d'un véritable parlement. Mais il est bien difficile, pendant une révolution, de se tenir à l'écart des extrêmes. Glenthorn, comme Richard Edgeworth, en fit l'expérience. Du moins découvrit-il que la passion politique, autant que les passions amoureuses, est un des plus efficaces remèdes contre l'ennui [26]. Qui sait même si l'ennui n'est pas à l'origine des révolutions ! Sur ce thème, miss Edgeworth écrivit des pages spirituelles que ne désavouerait pas Stendhal [27].

---

25. *Rome, Naples et Florence en 1817* (gde éd.), p. III.
— Le jugement de Stendhal sur Alfieri me paraît très hâtif. La lecture des *Mémoires* d'Alfieri ne confirme pas cette aptitude à l'ennui.
26. *Ennui*, p. 240 : « At all events I acted, and acted with energy ; and certainly at this period of my life I felt no ennui. »
27. *Ibid.*, p. 247 : « Perhaps *ennui* may have had a share in creating revolutions. A French author pronounces ennui to be « a moral indigestion, caused by a mono-

Glenthorn reconnaît d'ailleurs lui-même avoir agi sous l'impulsion du moment, sans la moindre arrière-pensée politique. Cette attitude passive n'en devenait pas moins le symptôme du mal politique, tel que l'avait dénoncé Helvétius, dans cette section VIII de son ouvrage *De l'Homme*, tant admirée de Stendhal [28]. Ce mal était d'abord celui de l'aristocratie. Il n'est pas une de ses œuvres où Stendhal ne l'ait dénoncé, d'une manière le plus souvent ironique, mais qui n'excluait pas une certaine sympathie pour le malade. La noblesse ne remplira son rôle que si elle se tient informée des méthodes et des vrais besoins du monde moderne. Le temps des Croisades est révolu.

Richard et Maria Edgeworth ne pensaient pas autrement. Ils s'adressaient surtout au hobereau irlandais, mais leurs conclusions sont valables pour l'ensemble de l'aristocratie. Dans ses *Essays on professional education*, Richard Edgeworth consacre un

---

tony of situations. » — Glenthorn raconte l'histoire d'un Français condamné à mort sous la Révolution et qui disait de Robespierre, après Thermidor. « D'ailleurs, c'était un grand philanthrope. » La condamnation à mort, excellent remède contre l'ennui !

28. *De l'Homme*, t. II, p. 198, éd. Londres, 1774 : « Partout où les citoyens n'ont point de part au gouvernement, où toute émulation est éteinte, quiconque est au-dessus du besoin, est sans motif pour étudier et s'instruire ; son âme est vide d'idées ; il est absorbé dans l'ennui ; il voudrait y échapper : il ne le peut. Sans ressource au-dedans de lui-même, c'est du dehors qu'il attend la félicité. (...) La richesse a-t-elle engourdi dans un homme la faculté de penser ? Il s'abandonne à la paresse ; il sent à la fois de la douleur à se mouvoir et de l'ennui à n'être point mû. Au chapitre VI, Helvétius définit ainsi l'ennui : « L'ennui est une maladie de l'âme. Quel en est le principe ? l'absence de sensations assez vives pour nous occuper. »

29. Richard Lovell Edgeworth, *Essays on Professional education*, p. 289.

chapitre à l'éducation du *country gentleman*. Premier conseil : résister aux tentations du luxe est un danger pour toutes les classes sociales, mais plus particulièrement pour ces *absentees* qui, tel Glenthorn, dissipent à Londres leur patrimoine irlandais. Le devoir du gentilhomme est de rester sur ses terres, d'en diriger l'exploitation selon des principes scientifiques [29]. Comme Stendhal, Richard Edgeworth devait admirer ces nobles lombards ou toscans qui se transformaient en ingénieurs agronomes. Il recommande à ceux de son pays les voyages d'études [30]. Qu'ils ne mésestiment pas les plaisirs du travail. Un noble doit savoir se servir des instruments d'optiques, avoir des notions d'architecture, être capable de faire un devis [31]. Pour Stendhal, le mal politique de la Restauration vient du fait que, à la différence de Napoléon, elle n'a pas imposé aux jeunes nobles de travailler [32].

---

30. *Ibid.*, p. 299. — Ces voyages d'études sont précisément ceux que ne sait pas faire le comte de Glenthorn.
31. *Ibid.*, p. 309 : « Without being a professed architect, he (the country gentleman) should be acquainted with the principles and general rules of architecture, and his ear should be familiar with its tecnical terms, that he may not be liable to be imposed upon by the apparent superiority, which a mere knowledge of these terms gives to certain professional artists. A gentleman should be able to show an architect, who lays before him a plan of his house or his castle, that he understands enough of the business to prevent him from being easily imposed upon (...) The power of estimating, both as to the expense and time which any given work will require, must be of daily service to him. »
Le polytechnicien Octave de Malivert plairait donc à Richard Edgeworth. Faut-il rappeler qu'Octave (*Armance*, chap. II) « passa une heure à écrire le devis de la dépense de son salon » ?
32. *Courrier Anglais*, t. V, p. 29.

* *

Cette conformité de vue sur le rôle et les devoirs politiques de l'aristocratie entre Stendhal et miss Edgeworth s'est exprimée dans une étrange rencontre de thèmes romanesques. A propos de Glenthorn, Stendhal évoquait Alfieri. Il me paraît plus juste d'évoquer Octave [33]. Ce rapprochement ne concerne nullement la *singularité* physiologique d'Octave, — ni son aptitude à l'ennui. Car, à la différence de Glenthorn, s'il s'ennuie parmi les plats consommateurs de l'indemnité, il ne s'ennuie jamais avec lui-même. En revanche, face à la situation politique de la Restauration, il se trouve jouer avec lucidité, avec résolution, le rôle que miss Edgeworth a dévolu à son héros. Porteur d'un nom qui fut celui d'un Croisé, Octave rêve d'y renoncer. Au siècle de l'industrialisme, quelle importance que la gloire d'un nom ? « Ah ! si le ciel m'avait fait le fils d'un fabricant de draps, j'aurais travaillé au comptoir dès l'âge de seize ans ; au lieu que toutes mes occupations n'ont été que de luxe [34]. » Il se voit « commandant » un canon ou une machine à vapeur, chimiste dans une manufacture. Voire domestique. Il a appris à cirer les bottes. Il aurait soin de se « gâter les mains avec un acide étendu d'eau ». Il est assoiffé d'incognito et il ne voit que six

---

[33]. Ne pas oublier qu'Octave lui-même est grand lecteur d'Alfieri.

[34]. Ce rêve d'Octave (*Armance,* chap. III) est exactement le contraire de celui de Leonard Leidgate, le héros du conte de Miss Edgeworth, *Out of debt, out of danger* « (...) tout en pesant de petites épingles ou en mesurant pour un penny de ruban, il abandonnait par la pensée ces menus détails et faisait une excursion dans Bond-Street ou Hyde-Park. »

mois de domesticité pour se corriger de ses faiblesses. Mais le plus étonnant dans cette fantaisie, c'est la volonté d'Octave de prendre un nom de la foule obscure, Martin, Lenoir, — Pierre Gerlat, nom de ce valet qu'il lui arriva de jeter par la fenêtre. Ce rêve d'Octave est exactement à l'opposé de celui de Julien. Celui-ci apparaît à Mathilde comme *un prince déguisé*. Il ne lui faudra rien moins que la prison pour retrouver son unité spirituelle. Mais au moment où il croit triompher, avec quelle orgueilleuse joie, revêtu de la tenue des hussards, il s'entend appeler M. le chevalier Julien Sorel de La Vernaye !

Or, miss Edgeworth attirait l'attention de Stendhal sur la fonction du nom dans l'accomplissement du héros. Cette expérience dont rêvait Octave, elle la faisait vivre jusqu'au bout par le comte de Glenthorn. Du jour au lendemain, il se trouvait précipité, ou plutôt se précipitait, en dehors de la forteresse aristocratique. Une vraie scène des *Mille et une nuits*, comme Stendhal lui-même, perpétuellement tenté de jouer avec son propre nom, avec son identité même, pouvait l'imaginer. Au réveil de sa première nuit de voyageur plébéien, Glenthorn appelle son valet : « Where is my man ? send up my man ! » Et de découvrir, au cours d'une conversation avec sa logeuse toutes ces petites difficultés de la vie domestique, que ses domestiques, précisément, lui masquaient. C'est tout un art que d'allumer, d'entretenir, d'éteindre un feu... Et comment signer de ce nom si étrange, le sien désormais, *C. O' Donoghoe*[35] ? Mathilde remerciera son père de lui épargner le nom

---

35. *Ennui*, p. 349 : « (...) when I came to the signature, I felt a repugnance to signing myself, C. O' Donoghoe... »

de Sorel. La maréchale de Fervaques, à sa seconde lettre à Julien, sera « presque arrêtée par l'inconvenance d'écrire de sa main une adresse aussi vulgaire A M. Sorel, chez M. le marquis de La Mole ». Le marquis, il est vrai, par jeu, peut-être aussi pour quelque raison secrète qu'il n'ose pas s'avouer, signera du nom de Paul Sorel, la lettre qu'il envoie à un jeune séminariste de Besançon. Mais le marquis n'est pas un parvenu...

Glenthorn a la loyauté de raconter son aventure à lord Y..., ce gentilhomme éclairé qui le tournera vers la carrière juridique. Le conseil n'était pas donné au hasard. Dans ses *Essays on Professional education*, Richard Edgeworth avait insisté sur la grandeur d'une profession qui ne dépend ni de la chance ni de la faveur [36]. Lord Y... avait senti chez l'ex-comte de Glenthorn cette volonté méthodique de parvenir que Stendhal allait retrouver chez Vivian Grey, le héros de Disraéli. En Angleterre, talents et volonté étaient naturellement récompensés [37]. La victoire finale de notre néo-plébéien peut apparaître comme une complaisance romanesque. La leçon que Lord Y... en tire est de celles que Stendhal eût volontiers prises à son propre compte : « Des honneurs que vous avez mérités par vous-même ! Comme cela est supérieur à n'importe quel titre héréditaire ! »

Stendhal et miss Edgeworth n'entendent pas con-

---

36. Richard Lovell Edgeworth, *op. cit.*, p. 318 : « Success in this profession depends neither on chance nor connexions. »

37. *Ennui*, p. 372 : « In our country, you know, the highest offices of the state are open to talents and perseverance ; a man of abilities and application cannot fail to secure independance and obtain distinction. »

damner l'aristocrate. Ils le rappellent à ses devoirs. A lui de renouveler les efforts et de prendre les risques qui permirent à ses ancêtres de conquérir leur puissance. Dans la dialectique de l'Histoire, la décoration qui le distinguera le mieux, c'est de savoir, inlassablement, retourner aux commencements de sa race et de lui-même. L'ennui est la maladie du refus.

Henri-François Imbert.

LUCIEN PINVERT ET ADOLPHE PAUPE
CORRESPONDANCE STENDHALIENNE INEDITE

Lucien Pinvert ne nous était connu que par l'ouvrage qu'il a publié en 1915 : Un ami de Stendhal. Le critique E.D. Forgues, 1813-1883 [1], ouvrage foisonnant de documents stendhaliens inédits. D'ailleurs, le livre est « dédié aux dévots du culte de Stendhal qui sont chaque jour plus nombreux ».

Et c'est ce culte qui a rapproché Pinvert de celui qui incarnait alors le stendhalisme : Adolphe Paupe. La correspondance inédite dont nous publions ici les principales pièces contribue à bien mettre en lumière « les travaux et les jours » de ces hommes aux origines et aux professions très diverses — Lucien Pinvert, qui se qualifie de « docteur ès lettres » sur le frontispice de son livre [2] était, en fait, avocat à la Cour d'appel de Paris — et que réunissait la commune ferveur pour Stendhal.

---

1. Paris, Librairie Henri Leclerc, 1915, in-4°, 84 p., ill.
2. Lucien Pinvert a publié une autre étude relevant de l'histoire littéraire : *La condamnation de Ronsard au dix-septième siècle*. Paris, Librairie Henri Leclerc, 1911, 28 p.

Ils étaient, certes, des « dilettantes », mais ce n'est par nous qui leur en ferons grief. Bien au contraire, ils reflétaient en cela un des aspects, et non des moindres, de la personnalité de leur idole. C'est lorsque les « dilettantes » se transforment en « professionnels » que le charme court le risque de se rompre.

Commencés en 1913, les rapports de Pinvert avec Paupe sont bientôt devenus très amicaux, ils se sont prolongés jusqu'à la veille de la mort de ce dernier survenue le 20 février 1917.

Cette correspondance, dont l'intérêt documentaire est indiscutable, provient du fonds Paupe. Le hasard l'a mise en notre possession.

V. del Litto.

— 1 —

Paris, le 15 septembre 1913.

Cher Monsieur Paupe,

Des passage à Paris, je trouve votre lettre. J'allais vous écrire pour vous demander de vos nouvelles, et je n'ai pas besoin de vous dire combien je suis heureux d'apprendre que votre guérison est en bonne voie d'achèvement. Mais le caractère du *Mercure* est très fin. Je pense que vous ne commettez pas d'imprudence et que vous ne faites que ce qui vous est permis.

Je vous remercie de m'avoir signalé cet article de M. de Gourmont ; il me fait bien plaisir, le *Mercure* étant très lu. C'est à dessein que je ne vous avais pas envoyé mon article, me proposant de vous en parler à la rentrée, et pensant que vous deviez utiliser la permission de lire qui peut vous être accordée pour des choses plus intéressantes. Je vous l'envoie ci-inclus, mais c'est comme souvenir, et non pas pour que vous le lisiez ; vous le connaissez suffisamment par le *Mercure* [3].

Je ne suis à Paris que pour quelques jours (soit dit sans le moindre snobisme !). A la fin de la semaine, je serai au Thillot (Vosges), où je compte passer tout octobre.

Tous mes vœux encore en vous redisant combien j'ai été heureux de recevoir de bonnes nouvelles. Mes hommages, je vous prie, à Mme Paupe.

Bien cordialement à vous.

Lucien Pinvert.

— 2 —

184, avenue Victor-Hugo.
20 novembre 1913.

Cher Monsieur Paupe,

Je vous remercie de votre aimable pensée : il m'est très agréable de posséder l'article du *Temps* que vous avez bien voulu m'envoyez, et il a déjà pris rang dans ma collection.

Mais surtout, combien il m'est agréable de recevoir de bonnes nouvelles de votre vue ! J'avais eu de vos nouvelles par Champion. Mais combien il m'est agréable d'en recevoir de vous, de votre main !

Et vous travaillez ! Je me retiens pour ne pas vous crier : N'en faites pas trop, soyez prudent !... Je sais combien vous êtes entouré, et que les bons conseils ne vous manquent pas.

---

3. Article joint : *Variétés*. — *Sur un mot d'Amiel*. Sans aucune référence.

J'irai vous voir un prochain dimanche et nous causerons de Mérimée, de Stendhal et de bien d'autres choses.

Présentez, je vous prie, mes hommages à Madame Paupe.

Votre bien cordialement dévoué,

Lucien Pinvert.

— 3 —

184, avenue Victor-Hugo.
18 février 1914.

Cher Monsieur Paupe,

On propose de me communiquer quatre lettres inédites de Stendhal. Faut-il donner suite ?
Je veux toujours aller vous voir, et puis...
Bien amicalement.

Lucien Pinvert.

Excusez cette carte séditieuse [4] !

— 4 —

184, avenue Victor-Hugo.
22 mars 1914.

Cher Monsieur Paupe,

C'est encore moi.
En revenant de chez vous, je trouve une lettre de M. Forgues me demandant s'il a été publié en ces dernières années un bon portrait de Beyle.

---

4. Légende de cette carte : « LL.AA.II. le Prince et la Princesse Napoléon (Moncalieri, le 14 novembre 1910). »

Je lui signale les deux portraits de la *Correspondance*[5]. Je crois que c'est ce que je puis lui indiquer de mieux.

J'ai écrit à Bosse[6].

Merci encore, et à bientôt.

Toutes mes amitiés.

Lucien Pinvert.

— 5 —

184, avenue Victor-Hugo.
24 mars 1914.

Cher Monsieur Paupe,

Voici ce qu'on m'a donné rue des Petits-Champs. Et je n'ai pas été forcé de « consommer[7] » !

Merci pour l'inédit de Mérimée. Je ne le connaissais pas, et il m'est précieux.

---

5. En réalité, un seul portrait, celui de Stendhal par Södermark, figure dans la *Correspondance* de 1855, t. I.

6. Editeur de la *Correspondance* de Stendhal procurée par Paupe en 1908. Voir lettre suivante.

7. Lucien Pinvert joint à sa lettre deux cartes publicitaires de l'hôtel *Paris-Mondain*, situé au n° 78, de la rue des Petits-Champs. On lit sur la première : « La Maison discrète et tranquille, située dans le quartier le plus central des affaires, se trouve à proximité de toutes les attractions. Toutes les pièces sont meublées avec le plus grand luxe ainsi que chauffées ou ventilées suivant la saison. L'on y sert à des prix très modiques, à toute heure et sur commande, consommations, collations, déjeuners, dîners et soupers. »

Sur l'autre carte, Adolphe Paupe, au-dessous de l'adresse, « 78, rue des Petits-Champs », a consigné ce commentaire désabusé : « Ce qu'est devenue, en 1914, la maison où est mort Stendhal. »

Bosse m'a écrit qu'il tenait la *Correspondance* à ma disposition au prix réduit de dix francs. Je me suis empressé d'aller la chercher. C'est une bonne affaire et je vous la dois.

Merci, et à bientôt.

Bien cordialement à vous.

Lucien Pinvert.

— 6 —

184, avenue Victor-Hugo.
3 mai 1914.

Cher Monsieur Paupe,

C'est moi qui ai bien regretté de ne pas vous trouver. Mais c'est de ma faute !

Je prends note de vos jours de « visibilité », et je passerai vous voir un prochain jour.

Je veux vous remercier de mon admission au « Stendhal-Club ». Cette bonne surprise m'a fait beaucoup plaisir.

Ainsi les honneurs m'arrivent à un âge où on ne les recherche plus ! !

Bien à vous.

Lucien Pinvert.

— 7 —

184, avenue Victor-Hugo.
12 mai 1914.

Cher Monsieur Paupe,

Ceci vous intéresse-t-il ?

Ces éditions originales de Stendhal seront vendues le jeudi 28 mai [8].
Bien amicalement.

Lucien Pinvert.

— 8 —

Bruxelles, 8 juin 1914.

Cher Monsieur Paupe,

En effet, je serais allé vous voir, si je n'avais dû venir ici. C'est partie remise.

Je vous remercie de ce que vous avez l'amabilité de m'envoyer. Vous savez avec plaisir je recueille les documents de cette nature. Le texte a été imprimé dans un grec macaronique, où il y a autant de fautes d'impression que de mots ou de lettres ! Je m'amuserai à mettre cela au net quand je serai à Paris.

Mon article *Un ami de Stendhal* est à l'impression. Naturellement, il est beaucoup parlé de vous là-dedans.

Pour la question dont vous me parlez, vous savez ce que j'en pense. Si cela dépendait de moi... Et si je pouvais faire quelque chose ? Si je voyais à nouveau notre jeune ami ? Qu'en dites-vous ?

C'est pour moi une question d'esprit de corps, maintenant que je suis soldat dans l'armée où vous êtes général en chef.

Je vous présente les armes, stendhaliennement et affectueusement.

Lucien Pinvert.

---

8. Il s'agit de la vente de la bibliothèque de M. Pierre Dauze. Stendhal figure au catalogue d'abord dans un lot d'autographes, ensuite dans vingt numéros.

— 9 —

De la septième conférence de M. René Doumic sur Saint-Simon (Société des conférences) :

« Je ne me souviens plus si Stendhal a eu connaissance des aventures de Vatteville. Nul doute que ce récit de meurtres, de parjures et de cynisme ne l'eût enchanté et ne lui eût arraché ce cri d'admiration qu'il poussait en pareil cas : « Il y a de l'énergie [9] ! »

Bonnes amitiés.

Lucien Pinvert.

Monsieur Adolphe Paupe
 50, rue des Abbesses
  Paris

— 10 —

20 juin 1914.

Cher Monsieur Paupe,

Pour acquit de conscience : je trouve dans *l'Illustration* du 29 août 1846, sous la rubrique *Bulletin bibliographique,* un compte rendu (anonyme) de *Le Rouge et le Noir.*

Ce compte rendu n'est cité ni dans votre *Histoire des œuvres,* ni dans la *Bibliographie* de Cordier.

Quel temps ! Je pense que vous ne vous êtes pas installé à la campagne. Je passerai vous voir un jour.

Mille bonnes amitiés.

Lucien Pinvert,
Membre du S.-C. [10]

---

9. Coupure de journal sans aucune référence.
10. Lire : Stendhal-Club.

— 11 —

Paris, 184, avenue Victor-Hugo.
16 juillet 1914.

Cher Monsieur Paupe,

Merci encore de votre mot, et du renseignement inclus. Je vois que vous ne m'oubliez pas.

J'espère que vous vous trouvez bien, malgré ce mauvais temps, de votre repos à la campagne.

Décidément, il y a encore de beaux jours pour le mériméisme. — Et pour le beylisme donc ! — Je suis en train de lire le volume Martino [11]. C'est proprement fait, c'est consciencieux, ça ne casse rien.

Bien cordialement à vous.

Lucien Pinvert.

— 12 —

Paris, 184, avenue Victor-Hugo.
27 juillet 1914.

Cher Monsieur Paupe,

Que vous êtes donc aimable de penser à moi chaque fois que vous rencontrez l'ami Prosper !

Je me suis rendu acquéreur chez Voisin, vu la modicité du prix, de la lettre en question : assez curieuse en ce qu'elle recommande un Corse ; le voyage en Corse, ou le succès de *Colomba,* ou les deux avaient donné au sénateur Mérimée une clientèle corse.

La question posée par *l'Intermédiaire* m'intéresse. Je la connaissais : c'est une vieille fable. Les réponses

---

11. C'est le *Stendhal* de Pierre Martino (Paris, Société Française d'Imprimerie et de Librairie, 1914).

m'intéresseraient aussi ; malheureusement je quitte Paris, et ne puis suivre *l'Intermédiaire,* auquel je ne suis pas abonné, mais je vous remercie bien de m'avoir signalé la question.

Je quitterai Paris samedi, pour trois mois ! Je serai donc longtemps sans avoir le plaisir de vous revoir. Je serai pendant quinze jours à Chambéry, Hôtel de France. Puis, je ne sais pas, mais on me fait suivre mon courrier.

J'ai trouvé la deuxième partie du volume Martino plus intéressante que la première.

Bien cordialement à vous.

Lucien Pinvert.

— 13 —

Hôtel Terminus
Chambéry.

6 novembre 1914.

Cher Monsieur Paupe,

J'aurais dû vous remercier depuis longtemps de votre aimable lettre [12]. Je suis en retard avec vous, et voici que je vous écris aujourd'hui pour vous demander un renseignement, peut-être un service !

Je ne voudrais pas partir d'ici sans être allé à Grenoble. Oh ! je sais bien qu'on n'a pas le cœur de penser à grand'chose, à autre chose qu'à cette horrible guerre... Mais, enfin, j'ai l'intention d'aller, si je le puis, à Grenoble. Il me semble me rappeler qu'il y a au

---

12. Le 19 octobre, Adolphe Paupe avait envoyé à son correspondant une lettre de quatre pages et deux coupures sur Mérimée, l'une à propos de la mort de Jules Lemaître, l'autre d'origine anglaise.

Musée de Grenoble, un dessin ou des dessins de Mérimée [13] ! (Le plus fort, c'est que je crois que j'ai parlé de cela dans mes volumes Mérimée), et puis il y a les manuscrits de Stendhal !

Connaissez-vous quelqu'un à Grenoble à qui vous puissiez me recommander ?

J'écrirais bien à Champion. Mais où est Champion ?

Il n'a pas, comme moi, cinquante-cinq ans.

Vous ai-je dit que j'avais fait une demande pour être soldat d'administration soit à Belfort, soit à Neufchâteau, ayant, dans ces deux endroits, d'excellents amis qui sont officiers d'état-major ?

J'ai été réformé pour ma vue en 1881 ; j'ai, depuis, à peu près perdu l'œil droit, et je ne suis pas de l'Académie française ; je ne pouvais faire plus.

Je n'ai même pas reçu de réponse. Et j'avais écrit quatre fois, avec insistance. On n'a sans doute pas pris ma demande au sérieux.

Ecrivez-moi pour me donner de vos nouvelles et des nouvelles de M. votre fils. Mais *ne m'écrivez pas quatre pages*. Malgré tout le plaisir que j'aurais à les lire, il faut que je vous rappelle à la sagesse. Mais je suis heureux de voir que vous avez retrouvé vos yeux ! Seulement, il ne faut pas abuser.

Toutes mes bonnes amitiés en attendant le plaisir de vous revoir.

Lucien Pinvert.

---

13. Nous ne sommes pas renseigné sur ces dessins de Mérimée.

— 14 —

Le Grand Hôtel
Grenoble.
22 novembre 1914.

Cher Monsieur Paupe,

Votre nom est le meilleur des passeports pour venir ici, et, grâce à vous, j'ai trouvé partout le plus aimable accueil.

J'ai vu MM. Chabert, Meignien et Debraye (qui va partir : il était temps !).

J'ai vu les manuscrits, la maison natale, la maison de l'oncle Gagnon. La première n'a certainement subi aucun changement : triste rue, triste et sombre demeure, qui peut expliquer, pour sa part, chez un enfant dont le caractère ne s'est pas *adapté*, la réaction et le hérissement intime de la personnalité.

De la maison Gagnon, l'extérieur a été modernisé ; mais l'escalier, la cour intérieure ont conservé tout leur cachet ancien, et, par-derrière, du jardin de ville, on voit très bien la fameuse galerie. Mais je vous parle là de choses que vous connaissez mieux que moi.

J'ai même vu, au hasard de mes promenades, la rue Beyle-Stendhal. La plaque porte : rue Beyle-Stendhal. Ecrivain. Je trouve qu'on n'a pas été très généreux pour l'auteur de *Rouge et Noir*. Les gens du peuple disent, paraît-il : la rue de la belle Stendhal [14].

Je ne vous rapporte pas le moindre souvenir, pas même une vulgaire carte postale : les papetiers n'ont que des cartes postales de la guerre.

---

14. Un demi-siècle s'est écoulé, et Stendhal n'a toujours à Grenoble que cette artère secondaire sans intérêt ni caractère...

Je retourne à Chambéry. Je pense rentrer à Paris au commencement de décembre. J'irai vous voir dès que cela me sera possible.

Bien amicalement à vous.

Lucien Pinvert.

— 15 —

Hôtel Terminus
Chambéry.

24 novembre 1914.

Cher Monsieur Paupe,

Voici finalement toute ma récolte pour vous, maigre moisson [15].

Comme adresse commerciale, je n'ai pas pu trouver mieux. La rue n'est pas longue, elle est peu habitée, et, sur un de ses côtés, elle est non bâtie.

Je vais rester ici pendant quelques jours. Puis, je me dirigerai vers Paris, probablement en m'arrêtant à Lyon. Pendant ce temps, les événements et les Russes auront marché.

Bien amicalement à vous.

Lucien Pinvert.

---

15. Pinvert joint à sa lettre une carte postale représentant le Musée-Bibliothèque place de Verdun et une carte commerciale portant l'adresse de l' « Agence Panhard et Levassor. Location - Garage - Réparations. Grenoble, 15, rue Beyle-Stendhal ».

— 16 —

184, avenue Victor-Hugo.
15 février 1915.

Cher Monsieur Paupe,

Je vous envoie ces deux petites choses [16].
Avec toutes mes amitiés.

Lucien Pinvert.

— 17 —

184, avenue Victor-Hugo.
10 juin 1915.

Cher Monsieur Paupe,

Voilà bien longtemps que j'ai le très grand désir d'aller vous voir, et j'en suis toujours empêché, étant difficilement libre le samedi.

J'ai trouvé dans un ouvrage récent des pages sur Beyle. Je ne sais si vous les connaissez. Je vous les indique à tout hasard :

Robert de Traz, *L'Homme dans le rang,* Lausanne, Payot, édit., 1914, 4e édition, in-16, p. 257-287, sur Stendhal (dans le chapitre intitulé *Figures d'officiers*).

Ma brochure *Un ami de Stendhal* est composée, mais n'est pas encore tirée. On a de la peine à trouver du papier.

Agréez l'expression de mes sentiments bien cordialement dévoués.

Lucien Pinvert.

16. Deux coupures relatives au programme des cours et conférences du 11 février 1915) : « Collège libre des Sciences sociales : 19 h 1/2. M. Charles-Brun, agrégé de l'Université : *La peinture des combats : Hugo, Stendhal.* »

— 18 —

184, avenue Victor-Hugo.
19 juin 1915.

Cher Monsieur Paupe,

En attendant que j'aille vous porter mon volume, voici, en épreuves, les deux lettres inédites de Stendhal [17].

Votre bien dévoué.

Lucien Pinvert.

— 19 —

19 juillet 1915.

Cher Monsieur Paupe,

J'irai samedi, à quatre heures et demie vous porter mon Forgues.

Bien amicalement.

Lucien Pinvert.

Quelle outrecuidance est la mienne de rapprocher mon écriture de l'écriture ci-contre !... J'espère que vous me pardonnerez cette irrévérence [18].

---

17. Il s'agit des fac-similés des deux lettres de Stendhal à Forgues publiées par Pinvert dans son volume. Elles sont datées du 20 décembre 1841 et de 1842 (*Correspondance*, Bibl. de la Pléiade, t. III, p. 512-513 et 518).

18. Le billet de Pinvert est écrit au dos d'un autre exemplaire du fac-similé de la lettre datée de 1842.

— 20 —

184, avenue Victor-Hugo.
16 juillet 1915.

Cher Monsieur Paupe,

J'attends de jour en jour qu'on me livre ma brochure, pour aller vous en porter le premier exemplaire. Et je ne vois rien venir. En temps de guerre, il ne faut pas être pressé. Toutefois, cela ne peut plus tarder beaucoup, et je pense vous écrire prochainement pour vous annoncer ma visite. De toute façon, devant quitter Paris dans les premiers jours d'août, je ne serais pas parti sans aller vous dire au revoir. Et je pense bien que vous me verrez arriver avec le volume, trop annoncé, je le crains, pour son peu de valeur.

Votre amicalement dévoué,

Lucien Pinvert.

— 21 —

184, avenue Victor-Hugo.
25 juillet 1915.

Cher Monsieur Paupe,

Merci, bien des fois merci pour votre si intéressante rectification.

Que ne vous ai-je consulté avant d'imprimer ! Ai-je été bête [19] !

---

19. Allusion à la transcription fort défectueuse de la lettre datée de 1842. Non seulement Pinvert n'a pu tout déchiffrer, mais encore il a imprimé : « Un cosaque (?) peut-il être voleur de gloire ? » alors que Stendhal a écrit : « Un anonyme... »

Mais j'y pense : pourquoi ne donneriez-vous pas un petit article au *Mercure* sur ce sujet ?
Bonnes amitiés.

Lucien Pinvert.

— 22 —

Royan (Charente-Inférieure).
Grand Hôtel.

23 septembre 1915.

Mon cher ami,

L'agence a dû vous envoyer ou vous enverra un feuilleton d'A. Jullien dans les *Débats* du 22 septembre : *Revue musicale. Stendhal, Bombet et Crozet.*

A tout hasard, je vous le signale. Je n'ai pas le numéro du journal sous la main ; je vous le donnerais, si vous le désiriez, une fois revenu à Paris.

Et puis, pour tout vous dire, c'est un peu un prétexte que je saisis pour vous demander de vos nouvelles et vous envoyer toutes mes bonnes amitiés.

Lucien Pinvert.

— 23 —

184, avenue Victor-Hugo.
8 août 1915.

Mon cher ami,

Voici quelque chose que le *Courrier de la Presse* ne dénicherait peut-être pas [20].

---

20. L'article de Marcel Astruc, *La musique sur la place* (« La Vie parisienne », 7 août 1915). Dès la réception de la lettre de Pinvert, Paupe s'est empressé d'écrire à l'auteur. Voir V. Del Litto, *Contribution à l'histoire du stendhalisme. Cinq lettres inédites d'Adolphe Paupe* (« Stendhal Club », n° 38, 15 janvier 1968).

L'apparition continuelle de ce nom dans la presse quotidienne ou dans la littérature frivole prouve combien ce nom a pénétré...

Bien à vous.

Je colle dans un coin le nom de l'auteur de l'article. A l'instant je reçois une lettre charmante de Miss Gunnel[21]. Je voudrais bien lui accuser réception, mais je n'ai pas conservé son adresse.

— 24 —

184, avenue Victor-Hugo.
10 août 1915.

Mon cher ami,

Merci pour l'adresse de Miss Gunnel. Je tenais à répondre à sa lettre, qui est charmante, et d'une très grande amabilité. Elle me disait : « J'ai passé avec vous un après-midi délicieux, au soleil sur la plage, à vous écouter parler, vous et votre ami M. Forgues, qui est devenu aussi un peu le mien. Nous y retournerons demain. M. Stendhal viendra peut-être aussi. »

Vous voyez, mon bon ami que mes âneries de lectures trouvent de l'indulgence, même parmi les gens compétents.

Si *la Vie parisienne* reparlait de Stendhal et de vous, je vous le dirai, car je la parcours tous les samedis.

Quand on vous donnera une photographie du portrait de Stendhal dont vous me parliez, si vous pouviez, *sans aucune incommodité* pour vous, en deman-

---

21. Miss Doris Gunnel, auteur de l'ouvrage *Stendhal et l'Angleterre*, publié chez Bosse en 1909.

der une pour moi... Cela me serait infiniment agréable. Mais encore faut-il que cela ne vous gêne en rien. Vous pouvez parler d'un amateur éventuel...
Au revoir. Bien cordialement à vous.

Lucien Pinvert.

— 25 —

Le Grand Hôtel et du Parc
Royan-sur-l'Océan.

25 septembre 1915.

Mon cher ami,

Je vous remercie bien vivement pour votre bonne lettre et son contenu.

Faut-il vous renvoyer tout de suite la photographie ? Faute d'une réponse immédiate, je la conserve jusqu'à nouvel ordre.

Est-ce Stendhal ? Il est déjà fâcheux qu'on se pose cette question à propos d'un portrait. La bouche dirait assez volontiers oui, mais les lunettes disent non ! Jamais — que je sache — le regard étincelant de Stendhal n'a eu besoin de secours [22], et nous sommes sur ce point, vous et moi, de bien mauvais stendhaliens.

Vous pourriez ne pas vous occuper de *la Vie parisienne* [23]. Même en voyage, j'achète toujours (du diable

---

22. Pinvert fait erreur. Stendhal lui-même nous apprend qu'il a eu recours aux lunettes le 1er septembre 1835. Quant à ce prétendu portrait de Stendhal aux lunettes nous ne savons rien.

23. Malgré les assurances répétées de son correspondant, Paupe a souscrit à un abonnement à *la Vie parisienne* pour être sûr de ne pas manquer la moindre allusion à Stendhal (voir V. Del Litto, art. cité).

si je sais pourquoi !) ce journal idiot. Le jour où j'y trouverai quelque chose de vous ou d'Astruc, je vous informerai aussitôt. Et ce jour-là *la Vie parisienne* ferait preuve d'esprit.

Bien amicalement à vous.

Lucien Pinvert.

— 26 —

Le Grand Hôtel et du Parc
Royan-sur-d'Océan.

22 octobre 1915.

Mon cher ami,

C'est entendu, je continuerai à lire *la Vie parisienne*, puisque même là il peut se trouver des choses qui nous intéressent. Vous seriez informé tout de suite, comptez sur moi.

J'ai été sensible à la mort de M. de Gourmont parce que je savais qu'elle vous chagrinerait. Quoique ne connaissant bien ni l'homme ni l'œuvre, je savais que l'homme était un galant homme et l'œuvre celle d'un haut esprit[24]. Sceptique, dites-vous. Cela, c'était son droit. Je crois vous l'avoir dit et c'est une opinion à laquelle je tiens : les façons de penser, à l'occasion différentes des miennes, sur les grands problèmes qui divisent et diviseront toujours les hommes, doivent être sans aucune influence sur l'appréciation des caractères. Que deviendrait sans cela la vie de société ?

---

24. Nous possédons l'exemplaire du livre sur Forgues que Pinvert a envoyé à Rémy de Gourmont. Il porte cette dédicace : « A Monsieur Rémy de Gourmont, hommage empressé de l'auteur. Lucien Pinvert. »

Dans quelques jours, je serai à Bordeaux, où je compte passer une semaine. Je ne sais quelle sera mon adresse à Bordeaux : écrivez-moi à Paris si j'ai la chance que vous ayez à m'écrire. On fera suivre.
Bien amicalement à vous.

Lucien Pinvert.

— 27 —

184, avenue Victor-Hugo.
5 décembre 1915.

Mon cher ami,

Sauf avis contraire de votre part, je serai chez vous samedi à quatre heures et demie pour vous remettre votre Forgues rebroché.
Agréez l'expression de mes sentiments bien dévoués.

Lucien Pinvert.

— 28 —

184, avenue Victor-Hugo.
[Décembre 1915.]

Mon cher ami,

J'ai trouvé.

Et vous aviez bien deviné : *Duriflar,* c'est Quérard [25].

Mais il faut que je retourne à la Bibliothèque nationale pour copier le passage intéressant et décisif.

Laissez-moi quelques jours, je vous en prie : j'ai en ce moment très peu de liberté.

---

25. « Duriflar » figure dans la lettre de Stendhal à Forgues de 1842 mentionnée plus haut. Nous ignorons pourquoi Pinvert a identifié Duriflar avec Quérard.

Mais vous n'avez rien perdu pour avoir attendu.
Bien amicalement à vous.

Lucien Pinvert.

— 29 —

Paris, 184, avenue Victor-Hugo.
2 mars 1916.

Mon cher ami,

Comment allez-vous ? Voilà plusieurs samedis que je fais le projet d'aller vous voir, et j'en suis toujours empêché. Et ce sera pour bientôt, mais pas encore pour demain.

Et pourtant, quoi de mieux que nos causeries littéraires comme distraction pendant ces journées d'anxieuse attente qui s'aggravent pour vous d'un douloureux anniversaire [26] ?

Je vous porterai, quand j'irai vous voir, quelque chose qui vous intéressera peut-être : une analyse de la thèse *latine* de doctorat ès lettres qui a été consacrée à Beyle en 1899 : Alb[ert] Kontz, *Jugements de Beyle sur la littérature allemande.* (Cette thèse est signalée dans la *Bibliographie* Cordier, p. 343, n° 312).

J'ai reçu le dernier fascicule de la *Revue d'histoire littéraire de la France* (juillet-décembre 1915). Il s'y trouve, p. 617-621, un compte rendu du *Stendhal* de Pierre Martino par M. Arbelet. Quatre pages 1/2 in-8° en petit texte ! Je vous en reparlerai quand j'irai vous voir.

Bien amicalement à vous.

Lucien Pinvert.

---

26. Le fils d'Adolphe Paupe était mort au mois de mars 1915 (voir la lettre de Paupe à Marcel Astruc du 24 août 1915 dans notre article déjà cité).

— 30 —

184, avenue Victor-Hugo.
13 mars 1916.

Mon cher ami,

Voici la copie de la lettre que j'envoie à Civitavecchia. Elle est un peu emphatique, mais je connais les Italiens, c'est ainsi qu'il faut leur écrire.

Nous verrons ce que cela produira !

J'ai fait une recherche à la Bibliothèque nationale pour Dechamps, *Stendhal et Napoléon*. Le volume ne s'y trouve pas. C'est une thèse de Liège [27]. Après la guerre (et souhaitons que ce sera bientôt), je m'adresserai à M. Wilmotte, professeur à l'Université de Liège, avec qui je suis en fort bons termes. Je suis sûr qu'il vous procurera non seulement des renseignements bibliographiques, mais la thèse elle-même.

Je vois dans le *Dictionnaire général des artistes de l'Ecole française* de Bellier de la Chavignerie que Ducis (Louis), neveu du poète, élève de David, est né en 1773 et mort en 1847.

Maintenant, voici qui est plus important.

J'ai eu l'idée — je me demande comment elle ne m'était pas venue plus tôt — de consulter les *catalogues* de la Bibliothèque nationale [28].

Ils sont de deux sortes.

Il y a un grand catalogue imprimé, par noms d'auteur, dont la publication entreprise il y a quelques

---

27. Cette thèse n'a jamais été publiée.
28. Adolphe Paupe, tout en habitant Paris, n'a donc jamais eu la curiosité d'aller se documenter sur Stendhal à la Bibliothèque nationale ! C'est là un trait révélateur de son caractère.

années, se poursuit assez régulièrement. Le dernier volume paru est consacré à une partie de la lettre G. J'ai pris une note pour le mot Beyle, et je vous l'envoie sur une feuille à part.

Outre ce catalogue imprimé, il y a divers catalogues par fiches, qui sont à la disposition du public, et qui concernent quantité d'ouvrages dont ne fait pas mention le grand catalogue imprimé, soit parce que ce sont des ouvrages acquis depuis l'impression de celui-ci, soit parce qu'ils ont pour auteurs des écrivains dont le nom ne figure pas encore sur le catalogue imprimé, qui, ayant actuellement plus de 50 volumes, n'a pas épuisé la lettre G.

J'ai relevé ces diverses fiches. Je vais vérifier dans le Cordier en ce qui concerne ceux des ouvrages qu'il a pu citer, et je vous enverrai la liste de tous les autres. Peut-être y en a-t-il un ou deux que vous ne connaissez pas.

Bien amicalement à vous.

Lucien Pinvert,
Sous-bibliothécaire du Stendhal-Club
pendant la durée de la guerre.

— 31 —

184, avenue Victor-Hugo.
14 mars 1916.

Mon cher ami,

Comme suite à ma lettre d'hier, voici la liste des ouvrages relatifs à Beyle qui figurent sur les catalogues *par fiches* de la Bibliothèque nationale, et qui, sauf erreur de ma part, ne sont pas mentionnés par Cordier [29].

Je vous suis bien obligé de m'avoir envoyé la touchante notice que vous avez consacrée à votre fils. Elle a déjà pris place en tête de votre *Histoire des œuvres*. Je regrettais de n'avoir pas connu votre regretté fils. Je le connaîtrai un peu par vous.

Cordialement à vous.

Lucien Pinvert.

Il est un peu étonnant — ne trouvez-vous pas ? — que Cordier ne mentionne pas le chapitre *Stendhal*, p. 1-64 dans Emile Faguet, *Politiques et moralistes du dix-neuvième siècle*, 3ᵉ série, Paris, 1900, in-16.

Je sais bien que ce chapitre ne doit être que la reproduction pure et simple de la *Revue des Deux Mondes* par le même Faguet (1892) que Cordier mentionne p. 339.

Je vous le signale tout de même.

— 32 —

Paris, 184, avenue Victor-Hugo.
19 mars 1916.

Mon cher ami,

Voudriez-vous me donner l'adresse de M. Henri Martineau [30] ? Merci d'avance.

Heureux de passer au *Mercure* dans votre sillage.

---

29. Cette liste n'est pas jointe.
30. A cette époque, le docteur Henri Martineau exerçait encore à Coulonges-sur-l'Autize (Deux-Sèvres).

Croirez-vous que je ne vois pas la « perle » de la p. 316 [31] ?

Bien à vous.

Lucien Pinvert.

— 33 —

184, avenue Victor-Hugo.
3 avril 1916.

Mon cher ami,

Voici la traduction.

Un de mes amis est en ce moment à Farnborough, chez l'Impératrice. Je l'avais chargé de voir le portrait de Stendhal donné à celle-ci par Mérimée [32]. Il l'a vu, et m'a écrit à ce sujet une lettre que j'irai vous lire samedi.

Bien amicalement à vous.

Lucien Pinvert.

— 34 —

184, avenue Victor-Hugo.
1ᵉʳ juin 1916.

Mon cher ami,

Je vous envoie cette bribe stendhalienne pour le cas où elle aurait échappé à l'Argus de la Presse [33].

Il y avait, vous le savez sans doute, une autre bribe dans le *Figaro* d'hier.

---

31. Au crayon, de la main de Paupe : « M. Paupe, que Rémy de Gourmont aimait *comme la dernière pensée de Stendhal.* »
32. Quel est ce portrait, et qu'est-il devenu ?
33. Aucune coupure n'est jointe.

Pas plus tard qu'hier soir, je dînais avec des gens du monde qui se sont mis, je ne sais pourquoi, à causer littérature. Une dame, ma voisine, charmante d'ailleurs, a jeté quelque trouble dans la conversation en confondant Stendhal et Mme Steinheil. Après un peu de flottement causé par cet incident, les propos ont repris cahin-caha.

Bien amicalement à vous.

Lucien Pinvert.

— 35 —

184, avenue Victor-Hugo.
27 octobre 1916.

Mon cher ami,

Je viens vous prier de me donner un renseignement qui me serait précieux.

On offre (ceci un peu entre nous) de me vendre le portrait de Stendhal par Södermarck, provenant des collections et vente Cheramy.

Mais je croyais que Cheramy l'avait donné — ou légué — à l'Etat, et qu'il était à Versailles [34] ??? Je suis un peu estomaqué, et j'ai recours à vos lumières...

Bien amicalement à vous.

Lucien Pinvert.

---

34. Le portrait de Stendhal par Södermark se trouve bien à Versailles. C'est une copie qu'on avait offerte à Pinvert et que celui-ci a achetée. Voir lettre suivante.

— 36 —

184, avenue Victor-Hugo.
4 novembre 1916.

Mon cher ami,

C'est fait. J'ai acheté le portrait qui est reproduit — et bien mal reproduit — en tête du tome II de la correspondance.

J'irai vous voir samedi pour vous en parler.
Tout à vous.

Lucien Pinvert.

— 37 —

184, avenue Victor-Hugo.
6 janvier 1917.

Mon cher ami,
Connaissiez-vous cette curieuse rencontre de mots... qui probablement n'est pas due au hasard ?

M. de Girardin veut que je le mène un jour chez vous [35].

Tous mes souhaits, mon cher ami, pour cette nouvelle année.

Bien cordialement à vous.

Lucien Pinvert.

---

35. C'est chez son correspondant que Paupe avait rencontré le marquis de Girardin. En effet, il a noté sur une carte de visite : « Samedi 9 décembre, déjeuné chez Mᵉ Lucien Pinvert avec le marquis de Girardin. Chère exquise. Conversation captivante. Heures inoubliables (A.P.). »

UN INFORMATEUR DE GAUTIER :
FRANÇOIS MAZOIS
(A PROPOS D'*ARRIA MARCELLA*)

L'information archéologique de Théophile Gautier dans ses romans antiques a fait déjà l'objet d'assez nombreuses et savantes recherches pour qu'il paraisse vain de les poursuivre ; cependant, si les récits égyptiens ont été particulièrement étudiés [1], le conte sarde et le conte romain ont moins retenu l'attention, du moins de ce point de vue. Sans doute le riche travail de miss Dillingham sur l'imagination créatrice de Gautier a-t-il très justement insisté sur l'inspiration picturale des deux contes et spécialement d'*Arria Marcella* [2], et H. Bedarida a-t-il signalé que Gautier a pu trouver des indications archéologiques dans le

---

1. Il suffit de rappeler la synthèse qu'a faite de ces études et les compléments qu'y a apportés J.-M. Carré dans les pages consacrées à Gautier de ses *Voyageurs et écrivains français en Egypte* (Le Caire, 1956, t. II, 2ᵉ partie).
2. L.-B. Dillingham, *The creative Imagination of Théophile Gautier, Psychological Review*, vol. XXXVII, 1927, p. 114-116.

Guide Richard et, ajoute-t-il sans préciser, dans des
« ouvrages contemporains [3] » ; l'un et l'autre ont
songé aussi qu'il avait pu emprunter aux récents
souvenirs de son voyage en Italie, mais il semble que
personne n'ait pensé au premier grand ouvrage fondé
sur une science archéologique certaine qui ait paru
sur la cité victime du Vésuve, *les Ruines de Pompéi*,
de François Mazois [4].

D'abord attiré par la carrière militaire, poussé qu'il
était par la « passion des armes », la « soif de l'honneur » et la gloire [5], comme la plupart des gens de
sa génération (il était né en 1783), mais contraint d'y
renoncer par un accident de santé, Mazois se tourna
vers l'architecture et fut vite entraîné par elle et par
son goût des lettres antiques et de l'histoire des
mœurs vers l'archéologie. Etant allé en Italie en fin
1808 et ayant été appelé dans le royaume de Naples,
il eut la chance, grâce à la protection de la reine
Caroline Murat, d'être autorisé à s'installer au milieu
des ruines de Pompéi et à dessiner, à lever des plans

---

3. H. Bédarida, *Théophile Gautier et l'Italie,* Paris, Boivin, 1934.
4. Seul A. France, éclairé par son érudition, sa passion pour l'antiquité et pour les vieux ouvrages, a soupçonné que Gautier avait pu lire Mazois ; dans la préface qu'il a écrite pour une édition du *Roi Candaule* en 1893, il définit le sentiment de la beauté plastique que Gautier y manifeste comme fondé sur « le goût antique qui commence à Quatremère de Quincy » et « que Mazois vulgarisa dans son *Palais de Scaurus* » (*Pages d'histoire et de littérature,* in : *Œuvres complètes,* Calmann-Lévy, t. XXIV, 1934, p. 347).
5. Ces expressions sont extraites d'une lettre à sa mère, citée par Varcollier dans sa *Notice sur F. Mazois,* en tête du *Palais de Scaurus,* 4ᵉ éd., Paris, Firmin-Didot, 1869. Cette notice, ainsi que celle du Chᵉʳ Artaud en tête de la 4ᵉ partie des *Ruines de Pompéi,* Paris, Firmin-Didot, 1838, constituent les meilleures informations sur Mazois.

et à fouiller, faveur qui n'avait jamais été accordée auparavant, ce qui fit de son ouvrage un document original et unique et qui explique qu'il ait eu, comme le dit son biographe, « dans le monde savant un retentissement immense », et qu'il fut considéré pendant longtemps au XIXe siècle comme la seule publication d'un caractère scientifique réel et de vulgarisation sérieuse, satisfaisant à la fois les amateurs, les savants et les artistes [6]. On conçoit que Gautier, porté à aimer à ces trois titres ce genre d'ouvrages — son utilisation quelques années plus tard, de l'*Histoire des usages funèbres* de Feydeau en apporte une autre preuve —, y ait recouru pour revivre ses visions de Pompéi ; il a pu y être d'autant plus incité que la conception même de l'ouvrage répondait à l'une des exigences de son imagination créatrice : l'inspiration puisée directement dans l'image ; *les Ruines de Pompéi* se présentent en effet avant tout comme un recueil de plusieurs centaines de planches, dont quelques-unes en couleur, l'explication de ces planches constituant l'essentiel du texte, et Gautier semble en avoir consulté les grands in-folio pour composer le décor d'*Arria Marcella* avec autant d'application qu'il chercha dans Feydeau des matériaux pour *le Roman de la Momie*[7]. Il a même probablement dû le compulser avant son voyage en Italie, si l'on veut prendre pour indication une phrase d'*Arria Marcella* présentant les jeunes touristes comme préparés « par les livres et les dessins [2] » à leur visite et il est inutile de souligner combien l'un d'eux ressemble comme un frère à Gautier.

---

6. *Notice sur Mazois*, O.C., p. XXXII et LXX-LXXI.
7. Th. Gautier, *le Roman de la Momie, précédé des trois contes antiques*, éd. Boschot, Paris, Garnier, p. 114.

Sans nier que Gautier ait pu trouver de lui-même le procédé de la visite guidée d'un étranger — et Octavien est un étranger dans le temps, sinon dans l'espace — à travers une ville qui lui est inconnue, on peut penser que, outre la toile de Gérôme commentée dans le *Salon de 1850-1851* [8], les ouvrages de Mazois ont pu jouer leur rôle. Ainsi le *Palais de Scaurus* est présenté, selon un procédé fréquent depuis le *Voyage du jeune Anacharsis,* comme un fragment du voyage de Mérovée, fils d'Arioviste, en Italie, décrivant sa visite à travers Rome qui aboutit à la description détaillée d'un des plus beaux palais de la ville, sous la conduite de l'architecte Chrysippe ; ainsi *Arria Marcella* est-il aussi une visite archéologique double, faite à l'aide de guides, et aboutissant chaque fois, après un circuit à travers Pompéi, à la plus belle maison de la cité — et nous verrons que ce « palais de Scaurus » est tout simplement la transposition à Rome de la maison de Diomède, augmentée d'un morceau de la maison dite « d'Actéon », et qu'il va devenir la maison d'Arria. De plus, la visite de Mérovée se termine comme celle d'Octavien, par les bains et un festin, avec cette différence que le jeune Germain a fui vertueusement le *venereum,* mais avec cette ressemblance que les plaisirs de la chair sont condamnés ici et là, puisqu'un philosophe cynique, portant une longue barbe comme le père d'Arria, vient à la fin « insulter au luxe voluptueux » de cette société pervertie [9]. *Le Palais de Scaurus* offrait donc à Gautier comme l'ébauche d'un cadre très général dans

---

8. *La Presse,* 1ᵉʳ mars 1851.
9. *Palais de Scaurus,* Paris, Firmin-Didot, 1819, p. 233-234.

lequel il pouvait faire entrer n'importe quelle histoire et l'esquisse de l'opposition philosophique entre le paganisme amoureux de la beauté et de la volupté et une secte hostile à ces valeurs, idée qui est d'ailleurs un des thèmes de Gautier et qu'il utilise de tout autre façon que ne le fait Mazois, plus proche de l'abbé Barthélémy et de Rousseau que de Gautier. Cependant, Mazois est aussi artiste, et il sentit vivement l'émerveillement et l'étonnement que provoque l'aspect de Pompéi ; il le note dans une page de la préface des *Ruines de Pompéi,* dont il semble que Gautier se soit souvenu dans quelques lignes d'*Arria Marcella* :

> « ... tout y est demeuré (à Pompéi), écrit Mazois, d'une intégrité presque parfaite ; les édifices ont conservé toutes leurs parties, et, je peux m'exprimer ainsi, un air de jeunesse qui charme. (...) A ce qu'un tel spectacle peut avoir d'enchanteur se mêle encore l'espèce d'enthousiasme dont on est saisi en se trouvant tout à coup transporté au milieu d'une ville antique, à laquelle il ne semble manquer que ses habitants (...) : on finit par oublier qu'on se promène au milieu des ruines, on croit seulement traverser une ville habitée à ces heures brûlantes du jour où les cités les plus peuplées de l'Italie paraissent désertes, et à chaque pas le voyageur s'arrête surpris et charmé ; mais les savants, les artistes qui visitent ces lieux sont encore plus émus, car chaque monument est pour eux une leçon nouvelle, chaque débris leur révèle un secret [10]. »

---

10. *Les Ruines de Pompéi,* préface, p. 4. Nous utilisons la seconde édition de l'ouvrage, qui se présente ainsi : 1re et 2e parties, Paris, Firmin-Didot, 1824, qui traitent la 1re partie de la voie publique, des tombeaux, des portes et des murs, la seconde des fontaines, des rues et des habitations particulières ; 3e partie, continuée par H. Gau,

Gautier exprime le même sentiment dans plusieurs passages de son conte pompéien, soit qu'il constate que cela « produit un singulier effet d'entrer ainsi dans la vie antique [11] », soit qu'il note que « ce brusque saut de dix-neuf siècles en arrière étonne même les natures les plus prosaïques et les moins compréhensives » et que les jeunes artistes qu'il promène dans « ces rues où les formes d'une existence évanouie sont conservées intactes, » éprouvèrent « une impression aussi étrange que profonde [12] ». Mais plus encore que des impressions générales, que tous les visiteurs un peu sensibles de Pompéi ont pu éprouver, c'est une foule de précisions archéologiques que Gautier emprunte à Mazois.

Les remarques faites par les trois amis au cours de leur visite ou par Octavien pendant sa vision se retrouvent dans le texte ou apparaissent dans les planches de Mazois. Les « ornières de char creusées dans le pavage cyclopéen des rues » sont bien proches des « traces profondes que les roues ont laissées sur le pavé » dont Mazois dit qu'il est formé de « larges morceaux de lave [13] » ; les trottoirs font l'objet d'une mention ici et là [14], ainsi que « les pierres espacées

---

Firmin-Didot, 1829, et traitant des monuments municipaux ; 4ᵉ partie, publiée seulement en 1838, toujours par Firmin-Didot, et traitant des temples, des théâtres, des bains et du plan complet de la ville (cette partie est précédée d'une notice sur Mazois et d'une explication de la grande mosaïque découverte en 1831, par Quatremère de Quincy). La première édition fut publiée à Paris par Firmin-Didot, 1812-1829, en deux vol. grand in-f° avec planches.

11. *O.C.*, p. 118.
12. *Ibid.*, p. 114.
13. *Ibid.*, p. 111 ; Mazois, *Ruines de Pompéi*, 1ʳᵉ partie, p. 26.

qui relient les trottoirs et entre lesquelles roulent les roues des chars », phrase qui condense cette remarque de Mazois : « Pour procurer aux piétons le moyen de traverser d'un côté à l'autre de la rue sans se mouiller les pieds, on plaçait dans la largeur de la voie, de distance en distance, des pierres élevées au-dessus du pavé de la chaussée, et séparées entre elles de manière à laisser le passage pour les chevaux et les roues des chars [15] ». Gautier note après Mazois les briques et la herse disparue de la porte qui conduit à la voie des tombeaux [16] et cite les tombeaux cités par Mazois de Mammia, Labéon, Nevoleia Tyché, de la famille Arria, dont les épitaphes sont données par Mazois [17]. L'un et l'autre ont vu les colonnes doriques cannelées qui ornent l'entrée d'une maison et les fûts peints en rouge d'un autre portique, Gautier ayant mêlé, semble-t-il, les impressions des deux planches [18] ; les colonnes « peintes d'ocre et de minium » de la caserne sont attestés par Mazois, sauf qu'il en met des vertes

---

14. Gautier, *O.C.*, p. 130 ; Mazois, *O.C.*, p. 26.
15. Gautier, *O.C.*, p. 137 ; Mazois, *O.C.*, p. 36.
16. Gautier, *O.C.*, p. 116 ; Mazois, *O.C.*, p. 29 et pl. XI, fig. II ; voir aussi la pl. XXXVII, fig. I, qui représente la porte du Sarnus, sur laquelle les rainures de la herse sont parfaitement visibles.
17. Gautier, *O.C.*, p. 117 ; Mazois, *O.C.*, p. 40-41 et surtout pl. XXI, fig. II qui donne l'inscription portée sur le tombeau de Nevoleia Tyché et sur laquelle seule figure le nom de Tyché : Gautier a usé ici de la planche et non du texte.
18. Gautier, *O.C.*, p. 126 ; Mazois, 2e partie, pl. XVII, fig. I qui représente une entrée de maison à quatre colonnes doriques cannelées, de même pl. XXXI (les deux planches représentent les maisons avec le toit reconstitué), et pl. IX, fig. IV et V, représentant une entrée avec deux colonnes doriques cannelées peintes au tiers (voir de même pl. XX, fig. I, et d'autres).

à côté des jaunes et des rouges [19]. Mazois fait arrêter son lecteur devant l'album, comme s'y arrête Max, mais les incriptions qu'il reproduit n'ont pas été utilisées littéralement par Gautier : les annonces de spectacles ne sont pas les mêmes, et il traduit à la façon désinvolte d'un satirique latin la simple indication « vela » de l'album [20] ; s'il rend d'une courte phrase l'impression de multiplicité des fontaines sur laquelle Mazois avait insisté [21], il emprunte un détail remarqué par Mazois dans une boutique particulière pour en faire un trait commun à presque toutes : décrivant la boulangerie qui fait partie de la maison de Pansa, Mazois écrit : « au-dessus de l'ouverture du fond, il existe un bas-relief en terre, représentant grossièrement un *Phallus* peint en vermillon, et autour duquel est écrit : *Hic habitat felicitas* », ce que Gautier reprend ainsi : « au-dessus de la plupart de ces échoppes, un glorieux phallus de terre cuite colorié et l'inscription *hic habitat felicitas* témoignaient de précautions superstitieuses... », l'allusion aux superstitions populaires étant faite par Mazois quelques lignes plus loin [22]. Il lui arrive en revanche, à d'autres moments, de négliger le texte et de s'en tenir à une vision rapide des planches, au point d'en être trompé ; lorsqu'il décrit le théâtre comique, appelé « petit théâtre » par Mazois, il constate que « quatre » escaliers le divisent en cinq coins, alors qu'en fait il existait six escaliers ; mais la planche représentant le

---

19. Gautier, *O.C.*, p. 115 ; Mazois, *O.C.*, 3ᵉ partie, p. 14.
20. Gautier, *O.C.*, p. 117 ; Mazois, *O.C.*, 1ʳᵉ partie, p. 29 et pl. XI, fig. II et surtout 3ᵉ partie, pl. I et p. 12.
21. Gautier, *O.C.*, p. 130 ; Mazois, *O.C.*, 2ᵉ partie, pl. III et IV.
22. Gautier, *O.C.*, p. 130 ; Mazois, *O.C.*, 2ᵉ partie, p. 84.

théâtre en porte un de chacun côté du demi-cercle de telle sorte qu'il n'en apparaît nettement que les quatre qui séparent les coins, ce qui a pu entraîner l'erreur de Gautier [23] ; mais il a été très frappé par la patte de lion qui termine les balustrades, qu'il dit « magnifique » après que Mazois l'eût qualifiée « d'un ciseau sévère et hardi [24] » et il s'inspire pour décrire le spectacle de l'amphithéâtre, du texte de Mazois, notamment au sujet des eaux parfumées lancées en l'air et qui retombaient « en pluie fine et odorante [25] ». D'autres rapprochements de détail sont possibles entre les deux ouvrages, mais nous nous limiterons à ceux, peut-être plus probants encore, qui concernent l'héroïne elle-même et sa maison.

Gautier décrit à deux reprises la maison d'Arrius Diomedes, dans son état de ruine, puis dans son état primitif, s'inspirant pour l'une du plan et des planches de la maison de campagne, appelée faussement d'Arrius Diomedes selon Mazois [26], et pour l'autre d'une partie d'une autre maison de Pompéi, dite maison d'Actéon [27] ; pourquoi cette double inspiration ? c'est que la maison de campagne ne comportait pas dans la réalité cet « appartement secret » qui pouvait seul fournir le cadre convenable aux amours d'Arria et d'Octavien ; comme d'autre part le corps de la

---

23. Gautier, *O.C.*, p. 133 ; Mazois, *O.C.*, 4ᵉ partie, pl. XXVIII.
24. Gautier, *O.C.*, p. 132 ; Mazois, *O.C.*, 4ᵉ partie, p. 60 et pl. XXIX, fig. V.
25. Gautier, *O.C.*, p. 133 ; Mazois, *O.C.*, 4ᵉ partie, p. 53.
26. Mazois, *O.C.*, 2ᵉ partie, p. 89, n. 1 ; la description de la maison occupe les pages 89 à 99 et les planches XLVII à LIII.
27. Mazois, *O.C.*, 2ᵉ partie, p. 76-77 et planches XXXVII-XXXIX.

jeune fille avait été retrouvé dans la maison dite d'Arrius, il était poétiquement logique de réunir les deux endroits en un seul.

Gautier suit dans sa description de la maison en ruines les grandes lignes de la description de Mazois, amalgamant des détails empruntés tantôt à l'explication du plan, tantôt à celle des dessins des planches. L'ordre de la visite est assez naturellement celui de la description du plan, Gautier empruntant volontiers les termes latins employés par Mazois pour désigner les différentes parties de la maison, quelques éléments venant cependant du *Palais de Scaurus*, telle l'allusion au nomenclateur [28]. Dans sa description, Gautier insiste sur les mêmes détails que Mazois, en les transformant légèrement parfois : ainsi les réflexions sur le « salon d'été » qui viennent en droite ligne des remarques de Mazois sur le triclinium d'été « soustrait, dit-il, à l'action trop immédiate des rayons du soleil, et par conséquent propre à recevoir des convives durant la saison brûlante, [ne jouissant] pas moins de la vue de la campagne et de la mer, au moyen de la porte ouvrant sur la terrasse [29] », ou bien la vue de la terrasse « sur les jardins et la totalité du golfe de Naples », Gautier s'étant contenté d'ajouter les couleurs [30] ; il s'intéresse comme Mazois particulièrement au péristyle, notant comme lui le revêtement de stuc des colonnes [31], la mosaïque rouge et

---

28. Gautier, *O.C.*, p. 118, et Mazois, *Palais de Scaurus*, 4ᵉ éd., p. 69.
29. Gautier, *ibid.* ; Mazois, *Ruines de Pompéi*, 2ᵉ partie, p. 95.
30. Gautier, *ibid.* ; Mazois, *O.C.*, 2ᵉ partie, p. 92.
31. Gautier, *ibid.* ; Mazois, *O.C.*, 2ᵉ partie, p. 97 et pl. XX, fig. I.

blanche [32], le bassin central, mais qu'il dit de marbre, alors que Mazois note plus précisément que seul le dessus des murs d'appui est recouvert de dalles de marbre ; Gautier généralise sans doute par goût de la belle matière [33]; il fait de même lorsqu'il s'agit de décrire la baignoire de la cour des bains, qu'il dit également toute de marbre [34] ; il ne manque pas de signaler comme le fait Mazois, et presque dans les mêmes termes, l'existence des anneaux auxquels pendaient les rideaux fermant les alcôves des chambres à coucher [35] ; enfin les degrés de brique de l'entrée ont pu lui être rappelés par la planche qui représente cette entrée et sur laquelle ces marches sont très apparentes [36]. Mieux encore, Gautier semble bien suivre Mazois quand il s'agit de présenter l'héroïne du conte : les paroles du guide et la description des lieux où fut trouvé ce qui restait d'Arria sont très proches du texte des *Ruines de Pompéi* : « La fille, écrit Mazois, jeune et d'une beauté dont un hasard miraculeux ne saurait nous permettre de douter, vêtue, comme on l'a reconnu, d'étoffes précieuses, se retira dès les premières alarmes dans un souterrain de la maison, suivie de sa mère et de ses domestiques : la voûte épaisse et solide de cette crypte (...), les amphores de vin déposées à cet endroit (...), firent regarder à tout le monde ce lieu de refuge comme un asyle assuré.

---

32. Gautier, *ibid.* ; Mazois, *O.C.*, 2ᵉ partie, p. 52 : il s'agit d'une mosaïque mélangée de noir, rouge et blanc d'une maison autre que celle d'Arrius Diomedés, dont Mazois ne spécifie pas les caractéristiques.
33. Gautier, *ibid.* ; Mazois, *O.C.*, 2ᵉ partie, p. 98.
34. Gautier, *ibid.* ; Mazois, *O.C.*, 2ᵉ partie, p. 92-93.
35. Gautier, *O.C.*, p. 119 ; Mazois, *O.C.*, 2ᵉ parties, p. 92.
36. Gautier, *O.C.*, p. 118 ; Mazois, *O.C.*, 2ᵉ partie, pl. LI.

(...) Lorsqu'on découvrit le cryptoportique de cette maison, on trouva les squelettes de dix-sept personnes au pied des marches de l'entrée [37] » ; les réflexions que cette découverte et ce destin inspirent à Mazois et l'émotion qu'il manifeste ne sont pas moins proches de celles que Gautier attribue à Octavien, en particulier cette idée que l'admiration pour la beauté et la pitié suscitée par son sort tendent à abolir la notion du temps ; la cendre consolidée avait, dit Mazois, comme moulé les formes des corps, mais « on s'aperçut malheureusement trop tard de cette propriété, et l'on ne put sauver que l'empreinte de la gorge de la jeune personne, qu'on s'empressa de couler en plâtre. Cette empreinte déposée au musée de Portici, prouve en faveur de la beauté de l'infortunée qui périt à peine âgée de quelques lustres ; jamais le beau idéal dans les ouvrages de l'art n'a offert de formes plus pures, plus virginales ; on remarque sur le plâtre les traces d'une étoffe bien visible, mais dont la finesse rappelle ces gazes transparentes que Sénèque appelait du vent tissu. Lorsque l'on contemple ce fragment unique et miraculeux, en vain se représente-t-on la fragilité de la vie, la nécessité de la mort, en vain compte-t-on les siècles écoulés que ne devait jamais voir l'intéressante victime de Pompéi, la jeunesse, la beauté et le malheur semblent être là d'hier pour exercer sur le cœur toute la puissance de la pitié [38] » : on comprend la larme que laisse tomber Octavien que « cette catastrophe, effacée par vingt siècles d'oubli (...), touchait

---

37. Gautier, *O.C.*, p. 119 ; Mazois, *O.C.*, 2ᵉ partie, p. 90.
38. Mazois, *O.C.*, 2ᵉ partie, p. 91 : la réflexion de Mazois sur la beauté idéale de cette gorge semble avoir trouvé son développement dans les remarques de Gautier au début du conte sur la pureté de ses lignes (*O.C.*, p. 111).

comme un malheur tout récent [39] ». A cette beauté unique, dont les vêtements précieux et légers semblaient révéler le tempérament voluptueux, ne pouvait convenir qu'un cadre raffiné ; aussi Gautier choisit-il ce temple de Vénus lyriquement célébré par Chrysippe dans *le Palais de Scaurus,* reconstitution de l'appartement secret destiné « au plaisir et à l'amour [40] » de la maison d'Actéon décrit dans les *Ruines de Pompéi,* dont il a encore accentué la beauté en y intégrant quelques éléments choisis parmi les plus beaux qui ont été conservés. Les détails architecturaux viennent pour la plupart de la maison d'Actéon ; tout d'abord le plan : la porte dérobée correspond chez Mazois à « une petite porte qui devait clore parfaitement [41] », chez tous les deux le portique comprend ces colonnes peintes terminées par des chapiteaux coloriés « aux ornements capricieux [42] » — toutefois les couleurs semblent empruntées à une planche en couleurs représentant une colonne et un chapiteau du temple de Vénus, et qui offre les trois teintes indiquées par Gautier : jaune, rouge et bleu [43] — Mazois signale dans cette cour le bassin auprès duquel devaient pousser des plantes que Gautier ne manque pas d'y placer [44] ; la décoration a la même origine : sans parler des fresques dont Gautier avait pu voir plusieurs reproductions au long des *Ruines*

---

39. Gautier, *O.C.*, p. 119-120.
40. Mazois, *Ruines,* 2ᵉ partie, p. 77.
41. *Ibid.*
42. Gautier, *O.C.*, p. 137 ; Mazois, *ibid.*, p. 79 et pl. XXXVII, fig. II et III, pl. XXXIX. La planche XXXVIII, fig. II donne une vue d'ensemble de la cour du venereum reconstituée, qui a pu servir à Gautier.
43. Gautier, *ibid.* ; Mazois, *O.C.*, 4ᵉ partie, pl. XXI.
44. Mazois, *O.C.*, 2ᵉ partie, p. 76.

de Pompéi[45], il semble bien que la frise qui orne la salle où se trouve Arria soit prise au triclinium pour repas funèbre dessiné par Mazois tandis que la décoration du plafond n'est autre que la peinture d'un des cabinets du *venereum* de la maison d'Actéon[46] ; mais la mosaïque, dont l'originalité et le goût baroque lui devaient de figurer dans un pareil lieu et ne pouvaient qu'avoir attiré l'attention de Gautier, ne provient ni de la maison d'Actéon ni même de Pompéi ; elle est seulement signalée et décrite par Mazois en termes presque identiques dans les *Ruines de Pompéi* et dans *le Palais de Scaurus*, où Gautier a pu la découvrir : « Le pavé en mosaïque représentait, par un singulier caprice de l'artiste, toutes sortes de débris de repas, comme s'ils fussent tombés naturellement à terre ; de façon qu'au premier coup d'œil il semblait n'avoir point été balayé depuis le dernier festin[47]. » La petite table à pieds de griffons qui a remplacé la table à un pied que Mazois avait mise dans le venereum de Scaurus, a pu être suggérée à Gautier par une table semblable figurant sur une peinture de Pompéi qui représente une déesse couchée sur un lit de table dans une pose qui peut se rapprocher de celle d'Arria et a pu l'inspirer autant que la femme du Parthénon ou l'*Intérieur grec de Gérôme*[48] ; quant à l'oiseau du

---

45. Voir par exemple la planche XXXVII, fig. I, et son commentaire, 2ᵉ partie, p. 76 : une décoration faite « de fontaines jaillissantes ou de bosquets peuplés d'oiseaux divers » ; cf. Gautier, *O.C.*, p. 138.

46. Gautier, *O.C.*, p. 138 ; Mazois, *O.C.*, 2ᵉ partie, p. 77 : « On y voit Mars enchaîné dans les bras de Vénus, tandis que l'amour joue en riant avec les armes terribles du dieu des combats. »

47. *Palais de Scaurus*, p. 253.

48. Mazois, *O.C.*, 2ᵉ partie, p. 47, et pl. X, fig. II ; Gau-

Phase, aux amphores plongées dans des urnes pleines de neige et au vase myrrhin que tient Arria, ils font partie des accessoires du festin de Scaurus [49].

Sur bien d'autres points encore, des rapprochements pourraient se faire entre les textes et les planches de Mazois et le conte de Gautier ; ceux qui précèdent nous ont semblé néanmoins largement suffisants pour établir notre hypothèse d'une utilisation de Mazois par Gautier pour *Arria Marcella* aussi importante que celle qu'il fit de Feydeau pour *le Roman de la momie*. Les raisons du recours à Mazois sont celles qui ont commandé le recours à Feydeau : le besoin d'une documentation sérieuse et de matériaux exacts — or Mazois se fondait à la fois sur des documents matériels authentiques et sur les textes anciens qui les confirmaient et les éclairaient [50], le désir d'émouvoir son imagination suffisamment pour qu'elle puisse reconstituer le cadre antique dans sa réalité vivante — l'abondante iconographie de Mazois, et surtout les très nombreux dessins qui présentaient les monuments reconstitués, fournissaient un aliment de choix

---

tier, *O.C.*, p. 138 ; le rapport avec le tableau de Gérôme a été signalé par Miss Dillingham, *O.C.*, p. 115.

49. *Palais de Scaurus*, p. 259-260 : « des paons étalant leur riche plumage, et que l'insatiable sensualité des Romains est allée chercher au-delà du Phase... » (des dessins de paons couchés dans leurs plumes, comme dit Gautier, se rencontrent dans des fresques reproduites par Mazois dans les *Ruines*) ; p. 263 : « ces vins parfumés étaient rafraîchis (.) avec de la neige » ; p. 265 : la coupe de Scaurus était « faite de murrhin, matière aussi inconnue à ceux qui s'en servent que les régions d'où ce vase fut rapporté » — cette merveilleuse rareté ne pouvait que séduire Gautier !

50. Les *Ruines* comme *le Palais de Scaurus* fourmillent de références aux auteurs anciens.

à cette imagination qui gardait en elle-même un souvenir sans doute déjà transformé de la réalité et elle favorisait ce « sens de l'exotique [51], cette nostalgie d'une époque et d'un pays desquels le poète se sent exilé, qui sont la véritable source de l'inspiration des romans antiques.

P. LAUBRIET.

---

51. Mot de Gautier rapporté par E. de Goncourt dans la préface au *Théophile Gautier* d'E. Bergerat, Paris, Charpentier, 1879.

DE LA *PHILOSOPHIE DE L'ART*
AUX *MAITRES D'AUTREFOIS*
OU L'ECOLE DES SENSATIONS

« Non pas seul, a écrit Fromentin de Théodore Rousseau, mais pour la plus grande part, il contribua à créer une école qu'on pourrait appeler l'*école des sensations*[1]. » Fromentin n'adopterait pas ce mot pour lui-même pour sa propre peinture, ni même pour son goût et son instinct d'artiste. Mais il constate, à la suite de Taine et comme dans le sillage de sa *Philosophie de l'art*[2]. Taine, lui non plus, ne se fait pas le théoricien de cette école, mais il veut en être le témoin. Chez lui, comme chez les Parnassiens de son temps, la nostalgie de la beauté antique et de sa simplicité est déclaration de décadence : les sens modernes ont perdu les qualités d'un grand art aboli : « ils ont réuni, dit-il des Grecs, deux qualités qui semblaient

---

1. *Les Maîtres d'Autrefois. Hollande*, IX. C'est Fromentin qui souligne ; mais dans la suite de ces pages les mots en italiques sont soulignés par nous.
2. *Ibid., Belgique*, VIII.

s'exclure : l'extrême richesse et l'extrême sobriété. Nos sens modernes n'y atteignent point [3].

Nos sens modernes : voilà le mot-clef. En vain l'homme du Second Empire essaie-t-il de s'évader du Second Empire : un siècle d'événements n'a pu passer sur lui sans lui former des sens auxquels il ne saurait renoncer. Et c'est le moment où le thème de la Modernité devient, plus que jamais, obsédant et impérieux. Il ne serait que de s'adresser à Baudelaire pour en avoir l'assurance. Après Baudelaire, Taine nous donne, dans la *Philosophie de l'Art en Grèce,* un portrait de l'homme moderne : « Rassasié et dispersé comme il est, il demande à l'art des *sensations imprévues et fortes,* des effets nouveaux de couleurs, de physionomies et de sites, etc. » Ce renouvellement de la sensation, ces effets inédits demandés au monde extérieur, Flaubert et Verlaine en donnent des exemples la même année, l'un dans l'*Education sentimentale,* l'autre, dans les *Fêtes Galantes.* Si différents qu'ils soient entre eux, ces trois interprètes de la sensibilité qui se prépare pour les années fin-de-siècle en témoignent de façon analogue. C'est une sensibilité stylisée et impressionniste tout à la fois : ce qui peut paraître contradictoire.

Le monde d'un Verlaine est celui d'une époque artiste qui regarde les paysages et les figures à travers les paysages et les portraits des peintres. Le goût de la matière d'art qui s'ouvrage et se dispose, de la substance riche, du luxe chatoyant, marque les *Fêtes Galantes* comme, naguère, la poésie de Gautier, de Banville, de Baudelaire, comme le style artiste des Goncourt. A la poursuite d'une vision des Pays-

---

3. *Philosophie de l'art en Grèce,* 1869, p. 70.

Bas qui soit à la ressemblance de celle des musées, il est naturel que Taine fasse, comme eux, reluire, dans son cours de *Philosophie de l'art dans les Pays-Bas*, tout le luxe orfévré qu'il a vu sur les toiles de la grande école de ces pays : « Les maisons des grands, au temps de l'apogée de la peinture flamande, deviennent somptueuses ; chez les principaux bourgeois on trouve des tapisseries, des tableaux de prix, de la vaisselle d'or et d'argent. »

Six ans plus tard, Fromentin peindra une Flandre semblable à celle de Taine, et en s'inspirant souvent de Taine [4], pénétré de l'esthétique de son prédécesseur, et notamment de sa théorie de la faculté maîtresse, qu'il appelle « la faculté dominatrice [5] » ou précisément comme Taine, « faculté maîtresse [6] ». Mais lui en homme du métier, avec les mots de l'atelier, en parlant « en terme d'atelier [7] ». Et ses chapitres sur la Belgique et la Hollande débordent du goût de la peinture orfévrée. Celle du temps de Van Eyck, par exemple : « C'est un écrin, un reliquaire, un recueil d'orfévreries peintes, où l'on sent la main du nielleur, du verrier, du graveur et de l'enlumineur de psautier [8]. » La pâte même dont ces œuvres sont faites est d'une « qualité rayonnante », elle a un « miroitement de métal et de pierres précieuses [9] ». Chez un **Cuyp**, ce ne sont que « matières riches, épaisses, abondantes [10] » ; chez Rembrandt, art d'exprimer par le ton

---

4. *Les Maîtres d'autrefois. Belgique*, VIII.
5. *Ibid., Hollande*, XIII.
6. *Ibid.*
7. *Ibid.*
8. *Ibid., Belgique*, I.
9. *Ibid., Hollande*, II.
10. *Ibid.*, VIII.

le luxe et le prix des choses [11] ». Et ce que traduisent ces pâtes opulentes est, en soi-même, richesse. C'est Bruges au temps de Van Eyck, avec « l'or des chasubles, l'or des armures, l'or des tuniques, les pierreries, les perles, les diamants ». Regardé par l'extérieur de leur art, Van Eyck et Memling s'appliquent de la même façon « à des choses augustes » en les rendant « avec ce qu'il y a de plus précieux » : « Riches tissus, perles et or, velours et soies, marbres et métaux ciselés, la main n'est occupée qu'à faire sentir le luxe et la beauté des matières, par le luxe et la beauté du travail. » En cela, ajoute Fromentin, « la peinture est encore bien près de ses origines car elles entend lutter de ressources avec l'art des orfèvres, des graveurs et des émailleurs [12] ». Mais loin de ses origines elle ne met pas moins de faste dans le rendu des étoffes, des cuirs, des travaux de l'aiguille, et c'est avec la dentelière, le tisseur, le corroyeur qu'elle rivalise. Chez Franz Hals, « le noir des velours, des soies, des satins », et encore « les guipures » qui « sont plates, les dentelles légères, miroitantes, les soieries mates, les velours *absorbants* [13] ». Un personnage de Rembrandt est « en pourpoint, une collerette de guipures aux jarretières, larges cocardes de guipures sur les souliers noirs. Il a le bras gauche plié et la main cachée sous un manteau noir, galonné de satin noir ; de la main droite écartée et jetée en avant il tient un gant de daim [14] »... Ce ne sont que galons, ce ne sont que guipures.

---

11. *Ibid.*, XIV.
12. *Ibid.*
13. *Ibid., Hollande*, XI.
14. *Ibid.*, XIV. — Dans *Le Chef d'œuvre inconnu*, Balzac nous place dans la même atmosphère d'art coloré et, si

Le paysage réel, tel que le voit Taine au long de l'Escaut, devient aussi matière précieuse : « Du côté du couchant (les nuages) s'empourprent, et leur masse ventrue, toute *treillissée* d'or, rappelle les chapes damasquinées dont Jordaëns et Rubens enveloppent leurs martyrs sanglants... [15]. » Un site vu directement dans la nature se transfigure en images de musée, comme dans l'*Effet de nuit* des *Poèmes saturniens*, lorsque Taine regarde ces nuages monter au-dessus de ces quais : « Sur le cercle de l'horizon, les nuages montent incessamment et leur pâle *couleur de plomb,* leur file immobile, font penser à une armée de spectres : ce sont les spectres de la contrée humide, fantômes toujours renouvelés qui apportent la pluie éternelle. »

Cette stylisation perpétuelle paraît incompatible avec l'impressionnisme ; en fait, elle s'y associe, elle concourt à une traduction du monde en simples notes d'artiste, non rédigées, non ordonnées en vue d'une copie de la réalité objective. Reflets immédiats du fugitif, du choc des choses sur les sens : tel est l'impres-

---

l'on ose ainsi parler, « cossu » : « Un vitrage ouvert dans la voûte éclairait l'atelier de maître Porbus. Concentré sur une toile accrochée au chevalet, et qui n'était encore touchée que de trois ou quatre traits blancs, le jour n'atteignait pas jusqu'aux noires profondeurs des angles de cette vaste pièce ; mais quelques reflets égarés allumaient dans cette ombre rousse une paillette argentée au ventre d'une cuirasse de reître suspendue à la muraille, rayaient d'un brusque sillon de lumière la corniche sculptée et cirée d'un antique dressoir chargé de vaisselles curieuses, ou piquaient de points éclatants la trame grenue de quelques vieux rideaux de brocart d'or aux grands plis cassés, jetés là comme modèles. On connaît, sur cette œuvre capitale l'importante étude de M. Pierre Laubriet : *Le Chef d'œuvre inconnu*, de Balzac, 1961.
15. *Philosophie de l'art dans les Pays-Bas*, p. 59.

sionnisme que définira, dans ses *Mélanges* posthumes, Jules Laforgue, ancien auditeur des cours de Taine : « L'œuvre ne sera jamais l'équivalent de la réalité fugitive, mais le compte rendu d'une certaine sensibilité optique sans identique chez cet individu sous l'excitation d'un paysage à un moment de sa vie lumineuse qui n'aura plus l'état identique de ce moment. » On ne pourrait mieux définir les paysages de Verlaine, avec les points lumineux, les taches de couleur qui émergent d'un fond vague et sombre. Telle est aussi la leçon qu'un critique d'art du Second Empire rencontre chez les peintres de son temps et qu'eux-même ont reçue de Rembrandt : « Il a compris et suivi dans toutes ses conséquences, dit Taine de Rembrandt, cette vérité que pour l'œil toute l'essence d'une chose visible est dans la tache... Le principal personnage d'un tableau est l'air coloré, *vibrant*, interposé, dans lequel les figures sont plongées... [16]. Il arrive, chez le grand maître hollandais, que la vision se réduise à un point de lumière « Tout son tableau, *sauf un point*, est dans l'ombre [17] ». Cette « subordination de la ligne à la tache [18] », cette qualité vibratoire de la sensation et de l'art qui la traduit, est la grande découverte de la sensibilité moderne, et la peinture hollandaise y a concouru : « En cela consiste la dernière des grandes inventions pittoresques ; c'est par elle qu'aujourd'hui la peinture parle le mieux à l'âme moderne, et tel est le coloris que la lumière de la Hollande a fourni au génie de Rembrandt [19].

---

16. *Ibid.*, p. 162.
17. *Ibid.*, p. 66.
18. *Ibid.*, p. 57-58.
19. *Ibid.*, p. 67.

Sur les pas de Taine, Fromentin va demander à l'art flamand et hollandais le même enseignement : faire participer le spectateur au choc, à l'impression [20]. Chez Franz Hals, par exemple, c'est « l'art d'être précis sans trop expliquer, de tout faire comprendre à demi mots, de ne rien omettre, mais en sous entendant l'inutile ; la touche expéditive, prompte et rigoureuse ; le mot juste et rien que le mot juste, trouvé du premier coup et jamais fatigué par les surcharges... [21]. » Une question vient à l'esprit, devant la *Ronde de nuit* de Rembrandt : « Sait-il, en quelques touches sommaires, et mesurant sa peine à la valeur des choses, indiquer une dentelle, faire croire à des orfèvreries, à des broderies riches ? » En un mot sait-il *frapper* la toile ? Car voilà le mot aussi juste qu'expressif, et qui répond à une subtile correspondance des sens, au heurt et au son qui sortent de la palette et de la brosse. « Il avait, dit Fromentin de Van Noort, maître de Rubens, comme une façon de *frapper* la toile et d'y poser un ton plutôt qu'une forme, qui la faisait *retentir* sous la brosse... Tout ce qui pouvait briller brillait, le front, les tempes, les moustaches, l'émail des yeux, le bord des paupières [22] ». Cet art du point lumineux, le vieux maître l'a transmis à son élève, à telle *Assomption* de Rubens, « improvisation

---

20. Dans l'*Introduction à la peinture hollandaise* de *L'Œil écoute*, Claudel, devant *la Ronde de Nuit*, a peine à se remettre « du choc moëlleux de cet or thésaurisé et condensé dans les retraites de l'esprit ».
21. *Les Maîtres d'autrefois*, Hollande, XI. — Cf. dans *le Chef-d'œuvre inconnu* : « Ici deux coups de pinceau, là un seul, mais toujours si à propos qu'on aurait dit une nouvelle peinture, mais une peinture trempée de lumière... »
22. *Ibid.*, Belgique, II.

de taches heureuses [23] ». Qu'est-ce que la mer, pour le peintre d'Anvers ? « Quelques étincelles, quelques reflets posés d'une brosse fine [24]. » « Concentrer la lumière du monde solaire en un rayon », c'est à quoi parvient Rembrandt, « cette nature de phalène qui va à ce qui brille [25] » : « Son idéal, comme dans un rêve poursuivi les yeux fermés, c'est la lumière : le nimbe autour des objets, la phosphorescence sur un fond noir. C'est fugitif, incertain, formé de linéaments insensibles, tout prêts à se dissoudre avant qu'on ne les fixe, éphémère et éblouissant. » *Ephémère :* le mot de Jules Laforgue, le mot d'un temps tout de nerfs et de vibrations. Au reste, l'image vibratoire de Taine revient chez Fromentin, et, cette fois, à propos d'un tableau de Rubens à Malines : « Le panneau à base blanche, à surface lisse, donne aux colorations franchement posées dessus cette *vibration* propre à toute teinture appliquée sur une surface claire. »

Le monde des formes et des couleurs déjà cède la place au monde des suggestions qui sera le monde fin de siècle : celui des transparences : Verlaine dira : « Pas la couleur... » Traduit en critique d'art ou en philosophie de l'art, le vers de l'*Art poétique* devient l'opposition de deux musées imaginaires, le passage des coloristes vénitiens à l'école flamande, surtout à l'école hollandaise où la couleur se fond dans la masse. C'est toute une leçon d'arts comparés que propose Taine : « Suivez dans un musée l'école vénitienne puis l'école flamande ; passez de Canaletto et Guardi à Ruysdaël, Paul Potter, Hobbema... et **con-**

---

23. *Ibid.*, III.
24. *Ibid.*, IV.
25. *Ibid.*, *Hollande*, XVI.

sultez la sensation de vos yeux... La chair prend une blancheur de lait ou de neige ; la pourpre intense des draperies s'éclaircit... Le brun intense qui imprégnait vaguement les feuillages, les puissantes rougeurs qui doraient les lointains ensoleillés... s'alanguissent pour faire place aux blancheurs mates des vapeurs épandues, aux clartés *bleuâtres* du crépuscule,... à l'air grisâtre des intérieurs... [26] ».

Cette sorte de pâlissement, que d'autres demandent à des effets de neige, ou de lune, ou de cygnes sur les eaux mortes, ou d'automne, qui règne sur la poésie de Verlaine, et sur l'art, pittoresque ou musical qui suivra, Taine la trouve jusque dans le plus rutilant des peintres flamands, un Rubens, dans les carnations du nord où, auprès des splendeurs charnelles et de la vitalité sanguine, sont des teintes alanguies et translucides [27], plus encore dans la tonalité de Rembrandt, définie en des termes que Verlaine aurait pu appliquer à son ami le peintre Eugène Carrière : « décrivant à la lumière de son pays, lumière débile et jaunâtre, comme celle d'une lampe dans une cave », il a senti — ajoutait la *Philosophie de l'art dans les Pays-Bas* [28] — « le douloureux combat qu'elle livre à l'ombre, la défaillance des rayons plus rares qui vont mourir dans les profondeurs, les tremblotements des reflets qui s'accrochent en vain aux parois luisantes, et toute cette population des ténèbres... » Et cette impression conduit à celle d'un monde sous-marin et glauque, si fréquente dans la sensibilité esthétique de la fin du XIXe siècle, par exemple chez Jules Laforgue :

---

26. *Philosophie de l'art dans les Pays-Bas,* p. 64.
27. *Ibid.,* p. 136.
28. P. 163.

« population des demi-ténèbres, poursuit Taine, qui, invisible au regard ordinaire, semble dans ses tableaux et ses estampes un monde sous-marin entrevu à travers l'abîme des eaux ». Il dit encore la lumière blafarde de la Hollande, terre, presque nulle, les objets sortant péniblement de l'ombre, se confondant presque avec leurs alentours : « Ils s'effacent et ne sont que des noirceurs plus intenses dans la noirceur universelle. » Pourtant Fromentin définit Rembrandt un « luminariste » ; mais ce qu'il appelle sa lumière ne se distingue guère de ce que Taine appelle son ombre [29].

Le monde des peintres, le déterminisme géographique de Taine le rapporte à leur pays, à son climat. Ce sont les canaux, les fleuves, la terre abreuvée qui font cette « vapeur » *bleuâtre* » et composent « autour des objets une gaze moite [30] ; que l'on regarde les paysages de Van der Meer: de vastes fleuves paresseux y dorment vautrés dans leurs lits : « On les sent qui vont déborder ; de leur dos transpire une vapeur incessante, et la nuit, sous la lune, le brouillard épaissi enveloppe toute la campagne de son humidité bleuâtre [31]. » Tels sont les paysages blêmes chers à Verlaine.

---

29. On se rappelle le poème de Verlaine daté d'Amsterdam : « *Cette Ronde de nuit* qui du reste est de jour,/ De quel jour de mystère avec quelle ombre autour ?/ Crépuscule du soir ou du matin... » (*Epigrammes*, 1894.) Dans *L'Œil écoute*, Claudel évoque « cette atmosphère toute spéciale qui s'exhale des tableaux et de la gravure de Rembrandt, celle du songe, quelque chose s'assoupi, de confiné et de taciturne, une espèce de corruption de la nuit... »
30. *Philosophie de l'art dans les Pays-Bas*, p. 58.
31. *Ibid.*, p. 24-25.

Plus encore que des teintes, règnent sur cette époque de la sensibilité des reflets, des miroitements, des moirures. C'est chez Verlaine, un cœur mirant son tronc plié d'aune au tain violent de l'eau des Regrets ; une étoile du berger qui tremblote dans l'eau. Taine est allé chercher aux Pays-Bas des paysages verlainiens : « la *moire* luisante des canaux et des fleuves », l'image de cheminées et de faîtes « *se lustrant* dans un canal », « les papillotements de la lumière arrêtée dans la vapeur qui s'envole [32] ».

Cette sensibilité esthétique s'enrichit encore, au-delà même des sensations distinctes, du rapport des accords qui s'établissent entre elles. Entre les *Correspondances* de Baudelaire et les *Voyelles* de Rimbaud, l'année même où Verlaine parle à Clymène de la vision de sa voix, de la candeur de son odeur, de l'arôme de sa pâleur, et laisse son cœur s'induire « en ces correspondances », Taine a le sentiment, dans les musées des Pays-Bas, d'être au centre d'une explosion de sensualité qui a pris la forme de la peinture, mais qui participe d'une fureur générale de vivre [33]. L'art de ces gens-là répond à leur gourmandise [34] ; et il est une gourmandise de l'œil : « L'œil est un gourmet comme la bouche, et la peinture est un festin exquis qu'on lui sert. » Fromentin de même, à propos d'un Rubens, *le Mariage de sainte Catherine* : « La *nacre* des chairs qui n'est plus la *pulpe* de Corrèze, quoiqu'elle en ait la *saveur*... [35]. » De la nacre à la saveur en passant par la pulpe qui autorise la transition, toute la gamme des sens est parcourue.

---

32. *Ibid.*, p. 60-62.
33. *Ibid.*, p. 47.
34. *Ibid.*, p. 46.
35. *Les Maîtres d'autrefois, Belgique*, II.

Correspondance des sens équivaut à transposition des arts. Dans ces tableaux d'Hubert et Jean Van Eyck, de Rogier Van der Weyden, de Memling, de Quentin Metsys, « l'étalage des jupes chamarrées de noir, la puissante lumière qui échauffe et brunit toute la scène » aboutit à un concert où chaque instrument donne toujours tout le son dont il est capable, d'autant plus juste qu'il est plus éclatant [36]. » L'œil écoute comme dira Claudel. Celui de Taine, de cet Hippolyte Taine qui n'inspire à Claudel qu'antipathie, entend, comme une fanfare assourdissante, les tons des Flamands qui ont subi, trop vivement, l'influence des vénitiens : « Ils *vibrent* ensemble comme une sonnerie de clairons [37]. » Tout le tableau d'un peintre hollandais « sauf un point est dans l'ombre ; le concert qu'il nous donne est une *sourdine* continue, où parfois se fait un *éclat* [38] ». Alliance qui ne se limite pas à la peinture. L'auteur de la *Philosophie de l'art en Grèce,* en cette même année 1869 [39], éprouvait devant l'architecture grecque une impression de « délicatesse d'exécution », de « puretés de son », de « plénitude d'accords »...

Un peintre comme Fromentin apporte un témoignage d'autant plus significatif qu'on pouvait attendre qu'il fît plus d'appels à la peinture pure, à l'autonomie de son art. Mais, comme Taine, il fait ses délices de références à la musique. Voici, pour les débuts de Rubens : « Il commença par faire un peu mince, un peu lisse, un peu vif. La couleur à surfa-

---

36. *Philosophie de l'art dans les Pays-Bas,* p. 92.
37. *Ibid.,* p. 65.
38. *Ibid.,* p. 66.
39. P. 70.

ces nacrées résistait plus, résonnait moins [40]. » Dans son *Martyre de Saint-Liévin*, un « délicieux concert des gris, des azurs, des argents clairs ou sombres [41] » ; chez Rubens encore : « une sonorité extrême avec un petit nombre d'instruments, un clavier dont il néglige à peu près les trois quarts [42], mais qu'il parcourt en sautant beaucoup de notes et qu'il touche, quand il le faut, à ses deux extrémités... Il y a... dans Rubens, pendant l'exécution de ses œuvres, le bâton d'ébène qui commande, conduit, surveille [43]. » Dans sa *Mise en croix* d'Anvers on entend « le grondement un peu sourd de ses harmonies orageuses » ; et la symétrie de cette composition illustre avec la *Descente de Croix* produit des effets d'échos et comme un élargissement de son « rythme sonore et progressif » : « A la distance où les deux tableaux sont placés l'un de l'autre on en aperçoit les taches principales, on en saisit la tonalité dominante, je dirais qu'on en entend le bruit [44]. » Il est vrai que « Rubens est lyrique et le plus lyrique de tous les peintres [45] ». Mais les graves hollandais n'échappent pas à l'appel de ces prestiges : dans la *Vue d'une rivière*, Ruysdaël est « d'une extrême sonorité dans le registre le plus bas [46] ». « Du

---

40. *Les Maîtres d'autrefois, Belgique*, III.
41. *Ibid.*
42. Cf. Balzac, *Le Chef-d'œuvre inconnu* : « Il trempait avec une vivacité fébrile la pointe de la brosse dans les différents tas de couleurs, dont il parcourait quelquefois la gamme entière plus rapidement qu'un organiste de cathédrale ne parcourt l'étendue de son clavier à l'*O filii* de Pâques ».
43. *Ibid.*, IV.
44. *Ibid.*
45. *Ibid.*, V.
46. *Ibid.*, *Hollande*, VII.

noir, du gris, du blanc teinté de bitume, que de chefs-d'œuvre n'a-t-on pas exécuté avec ces quelques notes un peu sourdes [47] ! »

Il ne faudrait pas se méprendre à ces analogies de Taine et de Fromentin, et encore de Verlaine, à ces apparentes transpositions d'art. Elles ne répondent pas au même besoin chez le philosophe de l'art, chez l'artiste en voyage, chez le poète. Chez Verlaine il s'agit, profondément, d'une vibration de la sensibilité ; chez Taine, d'une idée qui tient à son système même de l'art expression de la vie : derrière les diverses formes d'art ou de littérature, il voit l'homme ; l'art n'est que l'expression de réalités vécues. Peinture, musique, sculpture, poésie se ressemblent dans la mesure où elles ressemblent à l'homme auquel elles s'adressent. C'est ainsi que l'on ira chercher les véritables correspondances à l'art de Jordaëns dans les Flandres ou la Bourgogne avant Jordaëns [48]. On a vécu du Jordaëns avant d'en peindre.

Quand, à son tour, Fromentin aborde le même sujet, c'est avec une sensibilité d'artiste et le sens des rapports entre le monde visible et le monde invisible : « L'art de peindre, écrit-il dans son préambule, n'est que l'art d'exprimer l'invisible par le visible. » Certes

---

47. Dans *L'Œil écoute*. Claudel dit de *l'Orage* de Rembrandt : « La batterie, timbales, cymbales, tambour, caisse, les trombones aussi et le tuba auront titre tout à l'heure à quelque fulguration, mais la parole qui, pour le moment, n'est qu'un épaississement du silence est à l'orgue. L'artiste s'adresse tout doucement aux gros tuyaux. *Fa, fa !* Un grondement sourd. » Il recommande aux visiteurs de ces musées d'avoir l'oreille aussi éveillée que les yeux car la vue est l'organe de l'approbation active, de la conquête intellectuelle, tandis que l'ouïe est celui de la réceptivité.
48. *Philosophie de l'art dans les Pays-Bas*, p. 77.

il lie aussi l'histoire de l'art à celle de la société : à la belle époque de l'art flamand, il voit naître conjointement l'art moderne et la société moderne ; à ses yeux, Rubens voit « dans leurs rapports définitifs et désormais liés l'un à l'autre deux mondes nouveaux, une société moderne et un art moderne [49] ». Mais cette traduction ou cette vision moderne du monde n'est pas attachée par une nécessité déterministe à une forme de société : elle est aussi bien chez Rembrandt que chez Rubens. Il y a, par une sorte d'évolution biologique plus encore que sociale, un œil moderne.

« L'œil, dit-il, devint plus curieux et plus précieux, la sensibilité sans être plus vive devint plus nerveuse, le dessin fouilla davantage les observations se multiplièrent, la nature, étudiée de plus près, fourmilla de détails, d'incidents, d'effets, de nuances... [50] » Il voit les peintres, de salons en salons, se convertir à une peinture qui a pour but « de *frapper* les yeux par des images *saillantes*... On hésite, on a bien quelques scrupules, et finalement on s'y lance. Regardez d'année en année les conversions qui s'opèrent, et, sans examiner jusqu'au fond, ne considérez que la couleur des tableaux : si de sombre elle devient claire, si de noire elle devient blanche, si de profonde elle remonte aux surfaces [51]... vous en avez assez vu pour apprendre qu'il y a là un esprit qui a changé de milieu et

---

49. *Les Maîtres d'autrefois, Belgique*, IX.
50. *Ibid., Hollande*, IX.
51. Cf. Frenhofer dans *Le Chef-d'œuvre inconnu* : « J'ai analysé et soulevé couche par couche les tableaux de Titien, ce roi de la lumière ; j'ai comme ce peintre souverain, ébauché ma figure dans un ton clair avec une pâte souple et nourrie — car l'ombre n'est qu'un accident, retiens cela, petit ! »

un atelier qui s'est ouvert au jour de la rue [52]. » Ainsi se transforment par degrés la sensation des artistes, et celle des romanciers, des poètes, de ceux qui imposent aux autres hommes leur propre vision du monde et les ébranlements particuliers de leur système nerveux.

Lorsque, soixante ans après Fromentin, Paul Claudel viendra confronter ses propres ébranlements et sa propre vision aux maîtres des mêmes musées [53], il suivra délibérément les traces de ce « délicieux écrivain » ; il sera obsédé par « la lecture tantalisante » des *Maîtres d'autrefois* [54]. Et cependant on sentira entre eux une distance qui est celle des temps, et des sensations successives de ces temps. Que s'est-il passé dans l'intervalle ? Peut-être le passage de Marcel Proust, subi et même accepté en maugréant. Pour l'auteur de *L'Œil écoute*, les sensations d'où est sortie la peinture de Rembrandt sont toutes chargées de cette mémoire affective qui est le palimpseste du Temps perdu : « La sensation a éveillé le souvenir et le souvenir, à son tour, atteint, ébranle successivement les couches superposées de la mémoire, convoque autour de lui d'autres images. » Aux mots des impressionnistes — taches, chocs, vibrations — sont venus se substituer ou se joindre le sens des résurgences et les profondeurs du subconscient ; à l'esthétique de l'éphémère, celle du Temps retrouvé.

Pierre M<small>OREAU</small>.

---

52. *Les Maîtres d'autrefois, Hollande*, IX.
53. *Introduction à la peinture hollandaise*, 1935, dans *l'Œil écoute*, 1946.
54. A la différence de Léon Daudet, commentateur de *La Ronde de nuit* (1928) qui est venu entre temps.

ESPACE ET FUGUE
DANS LES *ROMANCES SANS PAROLES*

Comparé aux *Fêtes galantes* et à *la Bonne Chanson*, qui le précèdent, le recueil des *Romances sans paroles* semble manquer d'unité. Cette impression, que détruira une étude plus attentive, tient à la diversité des tons et au fait que le sujet, si l'on peut dire, est dissimulé. Imaginons un lecteur qui ignorerait la biographie de l'auteur ; il n'hésiterait pas sur *la Bonne Chanson*, qui raconte clairement, fièrement, les joies des fiançailles ; dans les *Romances sans paroles*, ce lecteur ignorant et curieux s'inquiéterait du rapport à établir entre les confidences claires, fournies par *la Mauvaise Chanson*, c'est-à-dire *Birds in the night*, et par *Child Wife*, et les autres poèmes, infiniment moins précis ou étrangers au drame conjugal étalé dans les deux poèmes clairs. Ces deux pièces, où Verlaine s'explique sur sa rupture avec sa femme, relèvent de la poétique de *la Bonne Chanson* : c'est l'expression franche et simple de la vie quotidienne : naguère, la robe de la fiancée, « grise et verte, avec des ruches » ; maintenant, la robe de la « petite épouse », « blanche et jaune avec des fleurs de rideaux » ; les joies les plus simples, naguère, les misères les plus plates, maintenant, avec les récriminations du mari et l'épouse outragée retournant chez sa mère, dans *Child Wife*. Ces deux pièces nous offrent, en quelque sorte, une poésie parlée, qui contraste avec le reste d'un recueil qui se veut musique sans paroles. Les autres poèmes appartiennent, en effet, pour la plupart, à une poétique nouvelle, annoncée par quelques *Paysages tristes* des *Poëmes saturniens* et parente de celle que pratique alors Rimbaud : le « sujet » s'efface et ce que dit la romance ne peut plus se traduire en paroles de prose. Pourtant, elle dit la même réalité que les poèmes clairs, mais, vécue à un niveau plus profond, cette réalité exige d'être traduite autrement. Les poèmes clairs disent le désarroi et le désespoir furieux de l'époux trahi, en rejetant la faute sur l'épouse tout en se gardant de préciser la nature de sa « trahison ». Fausse clarté et mensonge trop clair ? Verlaine, certes, s'est arrangé pour dissimuler ses torts et accabler l'aimée devenue l'ennemie ; il ne pouvait, on le conçoit, faire l'aveu de ses amours avec Rimbaud. Mais il existe à ce mélange de clarté — un peu truquée ou partielle — et d'obscurité, une raison plus profonde.

Ce n'est point seulement le calcul et la honte qui empêchent le poète d'être plus clair sur les raisons de sa rupture avec sa femme. C'est que, comme l'étude attentive de la biographie verlainienne le révèle de mieux en mieux, Verlaine n'a jamais durablement voulu ni cru rompre avec Mathilde. De l'arrivée de Rimbaud à Paris, en septembre 1871, au coup de revolver du 10 juillet 1873, à Bruxelles, il ne cesse d'aller de Mathilde à Rimbaud, de Rimbaud à Mathilde, et, ce qui est fort significatif, chaque fois — le 7 juillet 1872, quand il s'enfuit de Paris pour Bruxelles, avec Rimbaud, rencontré par hasard dans la rue, le 22 du même mois, quand, à la frontière, il quitte sa femme et sa mère, venues le chercher à Bruxelles, pour retourner auprès de son ami, plus tard, en juillet 1873, quand il abandonnera Rimbaud à Londres, sans ressources — chaque fois, Verlaine agit brusquement, sous le coup d'une impulsion soudaine, à la fois imprévue et irrésistible. L'incohérence d'une telle conduite révèle une situation conflictuelle profonde : entre Mathilde et Rimbaud, Verlaine n'a jamais voulu choisir ; le vouloir et le non-vouloir (fuir Mathilde, rester avec elle, revenir auprès d'elle, ne pas perdre Rimbaud) se mêlent et se neutralisent ; la seule issue est, alors, la fuite, la fugue. Or, si le fait de la mésentente conjugale peut se dire dans des poèmes clairs, la situation conflictuelle, dans toute sa force, dans son essence même, est indicible en termes clairs et distincts : distinguer, opposer nettement les termes du conflit, ce serait déjà le résoudre ; il faudrait, pour être capable d'énoncer clairement la situation pathologique, être guéri. La solution, la fugue, n'est pas davantage susceptible d'une explication claire, de la part du fugueur : sinon, la fugue apparaîtrait au fugueur ce qu'elle est, une simple folie qui ne résout rien ; dans la mesure même où il se sent délivré par la fugue, le fugueur n'en peut rien dire que le dynamisme pur. Dès lors, les poèmes clairs des *Romances sans paroles* fournissent — sans confidence superflue — la référence biographique nécessaire : dispute et mésentente entre un homme et une femme ; ils aident à placer dans la perspective correcte les poèmes sans sujet évident, qui disent la même réalité, mais à un niveau plus profond et dans sa vérité insoutenable : une poésie qui évite la clarté distincte de la prose exprime le conflit en soi et la solution folle qui s'offre à le dénouer : la fugue.

Nous sommes donc d'accord avec Eléonore M. Zimmermann, quand elle écrit que « la structure des *Romances sans paroles* reflète dans son ensemble comme dans ses détails le conflit entre deux amours et deux mondes » ; il est vrai encore que les « forces » entre lesquelles s'établit la « tension » sont « si près d'être équivalentes qu'il en résulte un état statique », alors que *Cellulairement,* « conçu selon un principe dynamique », décrit un « cheminement spirituel », qui conduit de l'enfer rimbaldien aux sonnets du Christ[1]. Mais s'il est exact que la fugue ne mène nulle part, la poésie des *Romances sans paroles* n'est rien moins que statique. Le fugueur trouve la solution à son angoisse dans l'espace, et, pendant ou avant même la fugue, c'est à travers le sentiment contrasté de l'espace que s'expriment et le conflit indicible et la fuite insensée qui sont l'âme trouble de ces poèmes.

La structure du recueil est d'un dessin très net. On ne peut qu'être frappé par le soin qu'a pris Verlaine d'en situer et dater les parties et les poèmes. Il nous impose un calendrier et un itinéraire, qu'il nous faut suivre, dans l'ordre de la succession chronologique, de mai 1872 au 4 avril 1873. Après les *Ariettes oubliées,* qui, en mai-juin 1872, se présentent comme le prélude à la fugue, juillet et août nous font voyager parmi les *Paysages belges* ; ici, chaque pièce a, non sans intention, reçu pour titre le nom d'une ville de

---

1. Eléonore M. Zimmermann, *Notes sur l'architecture des « Romances sans paroles » et de « Cellulairement »*, Revue des Sciences humaines, avril-juin 1965.

Belgique. Puis, *Birds in the night* assure, en septembre-octobre, le passage de Bruxelles à Londres. Avec les titres anglais de chacun de ses poèmes, la dernière partie, *Aquarelle*, répond aux *Paysages belges*[2] et, semblablement, précise les lieux : c'était l'estaminet du Jeune Renard et le champ de foire de Saint-Gilles, à Bruxelles ; ce sont les quartiers de Londres, Soho, Paddington ; le dernier poème, enfin, *Beams*, est daté de « Douvres-Ostende, à bord de la *Comtesse-de-Flandre*, 4 avril 1873 » : les deux vagabonds rentrent en Belgique, où, après un nouveau séjour à Londres, cette errance éperdue s'achèvera par la catastrophe que l'on sait.

Belgique, Angleterre, Belgique, la fuite n'est que va-et-vient, et l'espace de la fugue n'a fait qu'élargir l'espace du *sur-place*, qui est, nous allons le voir, l'espace propre au conflit, où s'enferment les *Ariettes oubliées*. Celles-ci font, en effet, partie intégrante de ce compte rendu poétique de l'aventure. Verlaine a tenu à les situer avant le départ pour la Belgique, en leur attribuant, comme Hugo l'avait fait dans *les Contemplations* et comme il le fera lui-même dans *Cellulairement*, une date qui, parfois, pour la seconde pièces, par exemple, achevée, pense-t-on, à Londres, en

---

2. Si la ligne générale du recueil, qui seule nous importe ici, est simple, la structure est plus compliquée. Par exemple, la dernière partie correspond aussi à la première, les deux titres d'*Aquarelles* et d'*Ariettes oubliées* indiquant qu'il s'agit, chaque fois, d'une *transposition d'art* et, chaque fois, d'un art « mineur » ; est-ce hasard si, en même temps, l'une et l'autre sections sont plus complexes que les deux parties centrales ? Encadrant la partie dominée exclusivement par Rimbaud et la partie consacrée à la seule Mathilde, la première et la dernière partie seraient vouées à la complexité du conflit...

septembre, serait peut-être fictive[3], mais qui revêt une signification particulière, dans le recueil. Quel est donc le sens de cette datation « psychologique » ? Le moment des *Ariettes* est le premier, celui de la contradiction impossible à supporter et à dénouer.

Il n'appartient pas à la poétique des *Ariettes oubliées* de préciser les termes de ce conflit qui déchire le poète. La pièce IV confesse que deux « âmes sœurs » ont à se « pardonner » des « choses » ; dans l'ariette VII, l'âme est triste, « à cause d'une femme ». Que cette femme soit Mathilde, on n'en doute pas ; que les « âmes sœurs » soient Verlaine et Mathilde ou bien Rimbaud, on en discute ; il n'importe pas. Il suffit que cette poésie suggère une situation *impossible*.

Car les *Ariettes* sont les poèmes de l'incertitude, du désarroi, de l'angoisse, quand l'âme s'interroge et ne sait quoi répondre. Les deux âmes de l'ariette I en forment-elles bien une seule, qui lamente à deux voix ? Le poète voudrait s'en persuader :

>   C'est la nôtre, n'est-ce pas ?
>   La mienne, dis, et la tienne...

Les questions se multiplient : deux points d'interrogation dans la dernière strophe de l'ariette I, deux dans les seize vers de l'ariette III, un « n'est-ce pas ? », encore, qui cherche à se rassurer, dans l'ariette IV, trois points d'interrogation dans les six derniers vers de l'ariette V, deux autres vers la fin de l'ariette VII.

---

3. Mais J. Robichez, dans sa récente et belle édition des *Œuvres poétiques* de Verlaine (Garnier, 1969), pense que mai-juin est bien la date « réelle » de la composition des *Ariettes*.

Or ces questions restent toutes sans réponse : aux questions de l'ariette III sur ce cœur où il pleure, nulle réponse ne saurait être donnée ; inexplicable à lui-même, le poète se dédouble, le cœur interroge l'âme, dans l'ariette VI, et l'âme, à la question du cœur, répond par la question :

>   ... Sais-je
> Moi-même que nous veut ce piège... ?

Ce piège, c'est le conflit le plus intime, la contradiction essentielle. Dans la plus mystérieuse des ariettes, la seconde, l'âme et le cœur

> Ne sont plus qu'une espèce d'œil double ;

cette dualité débouche sur une totalité inquiétante, celle de

> L'ariette, hélas, de toutes lyres,

avant que ne soit évoquée la « mort seulette » : dualité, totalité, solitude ; étranger à lui-même, perdu, le poète souhaite la mort, qui est l'escarpolette

> Balançant jeunes et vieilles heures !

Jeunesse et vieillesse, fin et commencement se rejoignent dans ce mouvement de va-et-vient, qui, échappant au temps de la succession, abolit les contradictions.

Plus exactement, ce temps, qui est celui de la mort, fugue suprême hors de la réalité trop contraignante, fixe les contradictions, les immobilise et les engourdit, plutôt qu'il ne les supprime. De même, l'espace, dans les *Ariettes*, n'est point l'espace ouvert où l'on s'évade, mais un espace, si l'on peut dire, incertain : aussi bien cette première partie est-elle la seule où l'on ne trouve, à la fin, au bas des poèmes, aucune indication de lieu. Espace extérieur et espace intérieur se confondent et, par exemple, dans l'ariette I, on ne distingue jamais si l'on est dehors, dans la plaine, vers les bois, comme le suggèrent les vers 3-12, ou si les frissons et les murmures d'un couple dans l'acte d'amour suscitent un espace tout analogique, comme invitent à le croire les deux premiers vers, ou si tout se passe à l'intérieur, dans l'espace mental que créent les deux âmes qui se plaignent dans la strophe terminale. Le dehors et le dedans s'équivalent puisque, s' « il pleut sur la ville », « il pleure dans mon cœur », l'emploi très insolite de l'impersonnel pour un verbe comme *pleurer* renforçant le parallélisme entre la ville sur laquelle il pleut et le cœur, espace intime *dans* lequel *il pleure*. Incertain, l'espace devient, dans l'ariette VII, le lieu même de la contradiction. Dans la fuite sentimentale, quand le cœur et l'âme fuient « loin de cette femme », dans cet espace fou, l'exil est présence, le *loin* équivaut au *près* ; qui fuit se raproche ; le cœur malade est là et n'est pas là, et l'âme ne sait pas ce que c'est que

> ...ce piège
> D'être présents bien qu'exilés,
> Encore que loin en allés...

Tel est le paradoxe de l'espace au moment du conflit intolérable. Espace de la folie où je ne suis ni parti ni revenu, ni près ni loin, ni évadé ni prisonnier, mais tout cela simultanément. La dernière ariette nous propose un paysage vertical, pourvu d'un bas et d'un haut, organisé symétriquement : des arbres au bord d'une rivière ; en bas, leur reflet, dans les eaux ; en haut, « les ramures réelles », où « se plaignent les tourterelles ». Echappons-nous à l'espace incertain et fou ? Le réel et l'irréel (ou le reflet), pour une fois, sont bien distincts : le réel se situe en haut. Mais, dans la deuxième strophe, les « espérances noyées » du voyageur blême pleurent « dans les hautes feuillées » : l'espace s'est renversé, le haut a basculé dans la zone des reflets, et, dans ce mouvement, derechef, réel et irréel, intérieur et extérieur, se confondent ; comme le rossignol au sommet de l'arbre, qui craint de se noyer, je ne sais où me situer, si je suis en haut ou en bas, dans les ramures réelles ou dans les feuillées noyées ; pour finir, l'espace réel a plongé dans les incertitudes troubles des reflets, de la noyade... Ainsi, dans les *Ariettes oubliées*, on ne bouge guère, bien qu'on remue. Si l'ariette VII décrit un paysage, la vaste plaine ne s'étend pas, ne file pas vers l'horizon, mais s'immobilise dans un « interminable ennui ». Le paysage vertical de l'ariette IX pivote sur lui-même. L'air de piano qui volette dans le boudoir de l'ariette V meurt au moment de franchir la fenêtre, cependant qu'un « berceau » « dorlotte lentement » le pauvre être qui écoute ou se souvient. Ce bercement constitue un mouvement semblable au balancement de l'escarpolette dans l'ariette II : le temps s'immobilise dans ce va-et-vient, l'espace est celui du *surplace*.

En opposition avec cet espace de la contradiction sans issue, l'espace des *Paysages belges* est celui de la fugue : le malheureux qui se paralysait dans les *Ariettes* s'est enfui. L' « interminable ennui » de la plaine, dans *Walcourt*, se peuple d' « aubaines » pour les deux vagabonds, ces « juifs errants » qui, assurés de leur innocence, se disent « bons » et trouvent leur bonheur dans les « gares prochaines » et les « gais chemins grands ». Verlaine a fait l'aveu de cette allégresse folle, de ce vertige, quand, à la date même du poème, en juillet 1872, il écrit à Lepelletier : « Je *voillage* vertigineusement... psitt ! psitt ! — Messieurs, en wagon ! » Et dans *Charleroi*, les « gares tonnent » ; la brise incertaine de l'ariette I cède la place à un vent qui, « profond », traverse l'étendue et dont la force fait qu'

> Un buisson gifle
> L'œil au passant.

Le poème est parcouru par une violence assez inquiétante, que corrige vite le dynamisme joyeux des *Chevaux de bois* : au son des hautbois, du piston, des tambours, leurs « cent » et « mille » tours donnent un ravissement qui « soûle » et fait « du bien ». Vertige qui ne va pas sans moments d'arrêt et de dépression ; alors tel poème prolonge jusqu'à Bruxelles les langueurs des *Ariettes :* dans la première des *Simples Fresques*, le paysage est aperçu dans une « fuite » qui l'efface, cependant que, pour finir, le rêveur est repris, une fois encore, par le mouvement monotone du bercement. Mais, dans le poème final, *Malines*, la prise de possession de l'espace amène le fugueur jusqu'à la sérénité. Espace ouvert à l'infini, paysage même de l'étendue, avec des « prés sans fin », une « plaine immense », dans ces « sites apaisés », toute angoisse se dissipe ; cet espace qui s'offre, le voyageur le parcourt d'un mouvement rapide et sans effort ni secousses ; le train « glisse sans un murmure » et

Les wagons filent en silence ;

l'âme trouve la paix dans un espace sans limites et sans obstacles.

Le bonheur est de courte durée ; au poème paisible de *Malines* succèdent les plaintes de *Birds in the night*, avec les images finales du damné, du martyr à « l'extase rouge » et du navire

Qui court démâté parmi la tempête.

Puis, vient la seconde étape de la fugue, en Angleterre, où — des preuves nous en assurent — Verlaine, auprès de Rimbaud, ne cesse de songer à Mathilde ; de fait, la partie anglaise des *Romances sans paroles* est dépourvue de la gaieté, de l'allégresse de la partie belge. Elle s'ouvre, avec *Green,* par « le plus délicat des appels à la réconciliation [4] » ; mais, dans *Spleen et Streets I,* l'espoir fait place à l'anxiété et à la nostalgie ; enfin, la colère éclate, avec *Child Wife.* Les deux derniers poèmes, nous le verrons, dénouent la crise.

De *Green* à *Child Wife,* l'espace joue un rôle secondaire. Aussi bien le poème initial est-il celui du retour, non de la fuite ; il suppose, certes, l'espace que l'amant vient de parcourir, pour revenir chargé « des fruits, des fleurs, des feuilles et des branches », mais il se situe au moment du retour au foyer et du repos : apaisement, sommeil ; *Green* oppose à la fugue belge et rimbaldienne le rêve sédentaire, « mathildien »,

---

[4]. Voir A. Saffrey et H. de Bouillane de Lacoste, *Verlaine et les « Romances sans paroles »*, Mercure de France, 1er août 1956.

qu'exaltait *La Bonne Chanson*[5]. Spleen, qui s'adresse peut-être à Rimbaud, dit encore ce besoin de calme, d'immobilité :

> Chère, pour peu que tu bouges,
> Renaissent tous mes désespoirs.

Streets I est remarquable par la juxtaposition de la gigue, avec ses mouvements endiablés, et de la rêverie nostalgique, qu'ils entrecoupent ; ainsi se traduit l'opposition entre le passé précieux et un présent qui l'attaque à coups répétés, le rêveur étant lui-même partagé entre la vie et sa violence, à Soho et maintenant, et l'amour perdu, là-bas et jadis, ou naguère... La vision de *Streets II* nous montre bien « la rivière dans la rue », roulant son onde

> Par les faubourgs pacifiés ;

mais cette eau est « jaune comme une morte » et le mouvement « ample » qui l'anime la fait dévaler sans fin et « sans nuls espoirs ». La crise culmine avec *Child Wife*, qui, poème de la rupture, réplique à *Green*, poème de la réconciliation. La pièce qui suit, *A poor young shepherd*, suspend la crise ; on dirait d'une « fête galante » naïve, où le poète s'imagine dans l'attitude du fiancé timide, le jour de la Saint-Valentin : rêve-refuge, qui permet au rêveur de se détourner de lui-même et de son malheur, l'humour indiquant le recul pris. Enfin, *Beams* apporte le dénouement, grâce à un nouveau départ ; et c'est, une fois encore, le « délice » de la fuite, de l'évasion, de

---

5. Dans les *Paysages belges eux-mêmes*, le thème de l'asile, du *nid*, est présent, dans *Walcourt* et *Simples Fresques II*.

la « belle folie ». Avec plus d'ampleur, cette pièce terminale correspond au dernier poème des *Paysages belges* : au mouvement glissant et silencieux du train répond, ici, la souple démarche du navire, cette *Comtesse-de-Flandre*, dont *Beams* parle comme d'une femme : son pas est

> ... plus calme encor
> Que le déroulement des vagues...

De grands varechs *filent* en longues branches ; le navire étant une femme, les voyageurs, ses passagers, sont comme des hommes suivant une belle [6] et leurs pieds *glissent* « d'un pur et large mouvement ». Le vent, le « chemin amer », le ciel, des oiseaux qui volent « alentour mollement », des voiles « au loin », composent le paysage de la liberté ; comme dans *Malines*, où la plaine ressemble à la mer, dans *Beams*, échappant au spleen et aux colères, les vagabonds reprennent possession de l'espace.

On n'en doute pas, cette démarche glissante et souverainement facile est illusion : c'est ainsi que l'on avance, que l'on plane ou glisse à la surface des choses, dans certains rêves heureux. Le réveil devait être une catastrophe — mais ceci est une autre histoire, et l'affaire de *Sagesse*. C'est une folie que

---

6. Nous adoptons l'interprétation que Claude Cuénot a donnée de ce poème (*Le Style de Paul Verlaine*, Paris, C.D.U., 1963) ; d'autres ont cru à une femme réelle ou à une transposition de Rimbaud ; Verlaine a voulu l'équivoque et s'est arrangé pour suggérer quelque aventure amoureuse ; ce qui nous importe, c'est que la bonne fortune est, ici, inséparable du mouvement et de l'espace : femme ou navire ou ange mauvais, le personnage désigné par « elle » est en marche et entraîne ceux qui sont « ses préférés », dans la joie du départ et vers le large...

racontent les *Romances sans paroles*. Quand il n'est plus tolérable de demeurer dans l'espace contradictoire où s'engourdit, se paralyse et meurt le malheureux qui chante les *Ariettes oubliées,* l'espace de la fuite propose son vertige, à travers les chemins, les gares, la vaste plaine plate de Belgique, si aisée à parcourir et si apaisante. Quand, dans le contradictoire exil en Angleterre, loin et près de celle qu'il a quittée et qu'il dit l'avoir quitté, le poète a perdu tout espoir, à nouveau le départ offre l'illusion de la liberté, le délice de la dilatation dans l'espace ouvert où l'on avance sans effort, en glissant. Engourdissement dans le temps-escarpolette et l'espace du sur-place, mouvements violents, qui libèrent ou menacent, aisance de rêve dans l'espace de la plaine ou de la mer et le mouvement du train ou du navire, chronologie associée à un itinéraire, comme si le temps se déployait dans l'espace, les *Romances sans paroles* sont le chef-d'œuvre d'un *fugueur*.

Pierre A<small>LBOUY</small>.

LE CAPITAINE HURLURET
TYPE COURTELINESQUE

Au début de février 1895, Georges Courteline est très occupé à faire répéter sa cinquième pièce : après avoir débuté au théâtre grâce à Antoine, qui lui a demandé un petit acte militaire pour son septième spectacle, les 8 et 9 juin 1891, *Lidoire*, dont le sujet très simple, rehaussé par le jeu des acteurs, a obtenu un vif succès, il s'est lancé dans la revue à grand spectacle, et signe avec son ami Catulle Mendès *Les Joyeuses Commères de Paris*, jouée le 16 avril 1892. L'année suivante Antoine obtient qu'il développe la nouvelle *Boubouroche* : devenue « vaudeville » en deux actes, elle est créée, de nouveau au Théâtre Libre, les 27 et 28 avril 1893. Encouragé par ce nouveau succès, qui le consacre comme auteur dramatique, Courteline lance au Théâtre d'Application une comédie, *La Peur des coups*, le 14 décembre 1894, tout en travaillant à une « revue militaire en trois actes et neuf tableaux » qu'il est en train de tirer avec son camarade Edouard Norès de ses nouvelles militaires et du *Train de 8 h 47* : le titre ? Simplement, comme son premier recueil publié il y a neuf ans chez Marpon et Flammarion : *Les Gaietés de l'Escadron*.

Le principal auteur est très soucieux des fâcheuses réactions de la censure à la lecture d'une pièce qui passe pour antimilitariste, et c'est la première fois qu'il met en scène une série aussi importante de « tableaux » : il fait activement répéter ses acteurs sur le plateau du Théâtre de l'Ambigu-Comique. Seule la scène est éclairée, pauvrement, au gaz, et la salle est plongée dans l'obscurité.

Soudain une voix venue du noir, une voix qu'il connaît sans pouvoir distinguer la personne, crie :

« Il paraît que tu t'es foutu de moi dans ta pièce ; je voudrais bien voir ça ; si c'est vrai, je te botterai le c... »

Suffoqué, Courteline demande à l'interrupteur de monter sur la scène, et reconnaît alors son ancien capitaine du 13e chasseurs à cheval à Bar-le-Duc ; il le calme et lui offre deux billets pour la générale, qui aura lieu le 18, espère-t-il. Mauranchon, car tel est le vrai nom du capitaine, maintenant en retraite après trente-cinq ans de service, s'en va, et les souvenirs remontent à la mémoire de Georges Moineau [1].

*
* *

Il se revoit en juin 1879 à la mairie du dixième arrondissement (il habitait avec ses parents 137, rue Lafayette) tirant un « mauvais numéro », le 301, qui le forcera à faire cinq ans de service militaire alors que les « bons numéros » resteront de six mois à un an seulement à la caserne. Le 4 novembre, il est incor-

---

[1]. Tel est le vrai nom de la famille, transformé par son père en Moinaux.

poré à Bar-le-Duc, petite ville de quinze mille habitants, à deux cent trente et un kilomètres à l'est de Paris, et chef-lieu du département de la Meuse. Il est versé au dépôt du 13ᵉ Régiment de Chasseurs à cheval, dont la « portion principale » se trouve à Lunéville sous les ordres du colonel Collignon d'Ancy ; à Bar l'escadron est placé sous le capitaine-commandant Henri Mauranchon.

Né le 3 octobre 1834 à Nîmes, il était le fils d'un professeur au Collège Royal de cette ville, âgé de quarante ans, et de Vincente Laroche, son épouse, âgée de trente-trois ans ; engagé volontaire au 11ᵉ Régiment de Chasseurs, le 3 mars 1852, brigadier en 1853, maréchal des logis trois ans plus tard, adjudant en 1859, il passe enfin sous-lieutenant en 1860, et fait la campagne d'Algérie de 1861 à 1865. Nommé lieutenant à son retour en France, il se conduit brillamment pendant la guerre de 1870, ce qui lui vaut d'être promu capitaine instructeur au 13ᵉ Régiment de Chasseurs, le 27 février 1871, de mériter la Légion d'Honneur en 1875. Son dernier poste au bout d'une carrière particulièrement lente est celui de capitaine-commandant, auquel il venait d'être nommé le 25 août 1879, peu avant que Georges Moineau n'arrive à Bar-le-Duc. Ce devait être son bâton de maréchal, car ses supérieurs signalaient dans leurs rapports de graves défauts tels que l'excessive indulgence envers les cavaliers et un amour exagéré de l'absinthe. Il sera immortalisé par le cavalier Moineau, devenu Courteline, sous le nom d'Hurluret.

Seul dans sa triste vie de chasseur à cheval, Mauranchon paraît humain au numéro matricule 595 : les camarades sont des paysans et des ouvriers, bons mais frustes, résignés à leur sort, à cette existence ponctuée par des sonneries et entièrement consacrée au cheval de six heures du matin à six heures du soir. Les sous-officiers, sortis du rang et formés dans la rude armée du Second Empire, ne pensent qu'à faire appliquer un règlement absurde et draconien, sanctionné par le *Code de justice militaire* de 1857, d'une sévérité impitoyable.

Les officiers viennent en général de l'Ecole Spéciale Militaire de Saint-Cyr et font dès lors une carrière rapide ; souvent les aristocrates choisissent l'arme noble par excellence : la cavalerie, mais, s'ils s'intéressent à leurs chevaux, ils ne se préoccupent guère de leurs hommes, et un article anonyme, qui fera scandale lors de sa parution en 1891 dans la *Revue des Deux Mondes* signalera l'abîme séparant officiers et hommes de troupe :

> Nous pourrions citer nombre de jeunes officiers qui se piquent de connaître à fond les trente-cinq chevaux dont ils ont la charge, les moindres particularités de leur nature, de leur tempérament, de leur origine, de leur caractère, mais semblent tout fiers d'ajouter ensuite : « Quant à mes hommes, je ne peux même pas retenir leurs noms ; c'est un genre de mémoire qui me manque ».

Cet article traitant du « rôle social de l'armée » et qui deviendra célèbre, était d'un certain capitaine Lyautey... [2].

Henri Mauranchon, lui, n'est pas « saint-cyrien », c'est un « sorti du rang », qui fut simple soldat puis sous-officier avant d'accéder à son grade actuel ; lui se

---

2. *Revue des Deux-Mondes* du 15 mars 1891, p. 443-459.

sent plus proche de ses soldats, il a connu leur vie et se montre plus compréhensif et plus humain, et pour lui l'homme compte autant que sa monture: de là vient que le cavalier Moineau, doué tout jeune d'une vive sensibilité, ait compris en même temps la tristesse résignée de ses frères les chasseurs à cheval, sans argent, sans ami, soumis à une discipline féroce, et la bonté dissimulée sous des apparences rugueuses du capitaine-commandant Mauranchon.

*
* *

Et pourtant la première évocation de son ancien chef n'est guère flatteuse : le chasseur à cheval devenu le journaliste Georges Courteline, chroniqueur aux *Petites Nouvelles Quotidiennes,* et qui s'est par hasard lancé dans les *Souvenirs de l'Escadron* un jour où l'actualité chômait, le 19 juin 1884, avec *La Soupe,* va continuer la série des nouvelles militaires, encouragé par le directeur, Martin-Saint-Léon. Le capitaine Hurluret est né dès la sixième, le 26 août, avec *Jusqu'à la gauche,* se précise avec *Des Femmes,* les 30 et 31 octobre, et se continue avec *Un Début,* du 18 au 22 avril 1885.

Quel est donc le but du chroniqueur dans ces récits ? Divertir le public en se tenant à égale distance du naturalisme et de la bouffonnerie, comme il le précisera dans l'*Avant-propos* des *Gaietés de l'Escadron,* quatrième volume de l'édition Bernouard, en 1925 :

> C'était le temps où battait son plein la formule naturaliste. Un peu antérieure à *Sous-Offs* de Descaves et au *Cavalier Miserey* d'Abel Hermant, la *Soupe,* — c'était l'intitulé du petit récit de Courteline... — ne laissa pas que de divertir un public

surtout initié à l'atmosphère des casernes par l'observation... relative du *101ᵉ Régiment* et la lourde bouffonnerie du *Colonel Ramollot*[3].

Ces lignes écrites par l'auteur lui-même à la troisième personne, expriment bien le « juste milieu » et le souci de vérité qui lui est cher : d'un côté ce qu'on appellera le « comique troupier » : Jules Noriac, dans *Le 101ᵉ Régiment,* publié sous le Second Empire, en 1858, et réédité par la suite, s'amusait par exemple à cataloguer les officiers avec un esprit affecté et la volonté de faire rire :

>L'officier de fortune est celui qui n'en a pas.
>L'officier qui a du chic est celui qui serre son ceinturon de manière à ressembler à une gourde.
>L'officier insouciant est heureux sans savoir de quoi...

Quant à Charles Leroy, il avait imaginé son *Colonel Ramollot* seulement l'année précédant *La Soupe,* et il l'avait poussé si loin vers le grotesque et la « lourde bouffonnerie » que cette peinture de l'armée n'offrait rien de vraisemblable ni d'attachant ; voici par exemple l'arrivée des recrues à la caserne de Clermont-Ferrant, sous la conduite du sergent Roupoil :

>— Dites donc, sergent ! c'que c'est qu'ces imbéciles-là ?
>— Mon colonel, c'est les recrues que je viens de prendre livraison à la gare.
>— Et... d'où c'qui viennent, ces hommes-là ?
>— Mais... mon colonel, ils viennent un peu... de partout.

---

3. Charles Leroy, *Le colonel Ramollot* (1883).

— D'partout ! c'ment ça d'partout ! on vient d'quèque part, s'crongnieugnieu ! on n'vient pas d'partout. J'ai bien envie de j'vous f... d'dans, tendez-vous bien c'que j'vous parle, sergent ?...

A l'opposé le roman naturaliste, avec Abel Hermant et son *Cavalier Miserey*, en 1887, puis Lucien Descaves, dans *Sous-Offs*, paru deux ans plus tard, montre, en les poussant au noir, les tristesses de la vie militaire, en étale les bassesses et les misères, décrit l'existence de la caserne dans sa réalité implacable.

Mais Courteline n'hésite pas à rappeler les méfaits de l'adjudant Flick, sans l'outrance naturaliste, et son point de vue réaliste est consigné dans *Tas de Rosses*, second récit paru dès le 21 juin 1884 :

Tout cela est scrupuleusement exact.
J'ai d'autres chats à peigner que d'inventer à plaisir des histoires de croquemitaines. Aussi ne dis-je que ce que j'ai vu, et, partant, que ce qui est vrai [4].

« Ce qui est vrai » ? Est-ce bien sûr ?... Il est étrange de remarquer que, des autres nouvelles ayant pour héros le capitaine Hurluret, une seule a gardé, dans l'édition Bernouard, les faveurs de l'auteur : *L'Arrivée des Bleus* ; deux sont « reniées » par lui, ce sont *Jusqu'à la gauche* et *Un Début*, et la quatrième, *Des Femmes*, qui avait pour principal personnage Hurluret, est devenue *Les Sans-Chenil*, d'ailleurs également reniée par l'auteur, et c'est « le colonel » qui remplace le capitaine. Or nous savons que « le

---

4. *Au Chose* : IV, 192 (Edition Bernouard).

colonel » ne résidait pas à Bar-le-Duc, mais à Lunéville, et ne pouvait donc surveiller les écuries où se réfugient les malheureuses prostituées de la ville.

Et les traits de la biographie évoqués par Courteline dans *Jusqu'à la gauche* sont faux, visiblement : d'abord ses déboires matrimoniaux, inventés :

> C'était un homme très malheureux, n'ayant ni amis, ni famille. Il vivait séparé de sa femme, une créature assez malpropre, qu'il avait enlevée un jour de saoulerie, et stupidement épousée — honneur dont elle l'avait remercié en le trompant successivement avec chacun de ses collègues.

Comment a-t-il été amené à cette séparation ?

> Un jour, rentrant à l'improviste, il la trouva couchée avec son brosseur. Comme, cette fois-là, il avait bu, il la poussa telle quelle dans la rue, avec ses bas et sa chemise, et flanqua huit jours de salle de police à son brosseur, motivés sur ce que cet homme n'était pas de retour au Quartier à une heure où il eût dû y être.

Puis ses déboires professionnels : c'est pour lui la solitude complète, l'ostracisme :

> A part ses lieutenants et ses sous-lieutenants qui, par déférence pour son grade, échangeaient trois mots avec lui quand l'occasion s'en présentait, les officiers le traitaient en paria et ne lui adressaient la parole que pour les affaires de service.

Par contre les qualités du capitaine semblent vraisemblables :

> A jeun, il était doux et humble, parlait peu et à demi-voix, se montrait timide et presque craintif

avec ses hommes. Quand il pénétrait dans la chambre, avant même que le brigadier ait lancé son commandement de « Fixe » il avait déjà dit « Repos », avec un petit geste de la main indulgent et paternel.

Il s'intéresse à ses hommes :

> Là-dessus, il faisait sa tournée à pas lents, questionnait les uns et les autres...

Aime-t-il punir, comme les sous-officiers ? Point :

> Parfois il lui arrivait de dire : « Sacristi, mon pauvre garçon, voilà une charge qui est bien mal installée. Il faut faire attention, que diable ! vous feriez consigner votre brigadier de peloton. »

Hélas, Hurluret est affligé d'un vice qui le rend odieux, l'ivrognerie :

> ... le capitaine Hurluret était l'homme le plus inoffensif du monde, les jours où il n'avait pas bu. Le malheur est qu'il était gris neuf jours sur dix, d'une ivresse bruyante, tapageuse, dont les éclats révolutionnaient le Quartier, emplissaient les chambrées, les escaliers, les cours...

Le capitaine n'est plus le même :

> Il entrait comme un coup de vent, le feu aux joues, le képi de travers, et, tout de suite, du pet !...
> — En voilà une chambrée ! Quelle bauge ! Je n'ai que des cochons dans mon escadron ! Nom de Dieu, il faut en finir ; tout le peloton couchera à la malle ce soir !

Comment passe-t-il d'ailleurs son temps hors de la caserne ?

... au café de la Cathédrale où il avait sa table à lui, sa place marquée. Il restait là des heures entières, le dos collé à la mousseline du rideau, ne parlant à personne, ne lisant pas et ne jouant à rien, buvant seulement de grandes verrées d'absinthe, dans lesquelles il vidait des topettes de cognac, invention qu'il avait pêchée on ne sait où.

Mais il n'oublie jamais qu'il est officier et qu'il se doit de sauver les apparences :

Ivre à rouler, il restait digne, marchait droit et vite dans les rues, rendait le salut à ses hommes, conservait jusqu'au bout le respect de son métier, de son uniforme et de sa croix [5].

Tel un monomane à automatisme psychologique de Molière ou de Voltaire, Hurluret a son « mot de nature » : « jusqu'à la gauche » :

C'était son mot, ce « jusqu'à la gauche », une expression qui ne signifiait pas grand'chose mais impliquait évidemment, personnifiait l'éternité en son imagination vague de vieil ivrogne [6].

Or un jour qu'il avait trop bu, il visite l'écurie où « un bleu nommé Lefourcher » était de garde, et lui reproche de mal la tenir, car « c'était sa manie, quand il avait bu, de voir la malpropreté partout ».
Comme l'officier fait une plaisanterie, le cavalier se met à rire, ce qui achève de mettre en fureur le capitaine, qui ordonne au sous-officier de semaine :

Mar'challogis, dit le capitaine, vous voyez bien cet homme-là, n'est-ce pas ? Eh bien, c'est le plus

---

5. IV, 208.
6. IV, 207.

grand cochon du régiment. Alors, voilà, à partir d'aujourd'hui, il ne bougera plus de l'écurie...
Le sous-officier salua.
— Garde d'écurie permanent ? Parfaitement, mon capitaine.

Or la garde d'écurie ne se donne que pour une nuit au maximum, tant elle comporte de soucis et de fatigues pour le malheureux qui en est chargé : impossible de dormir, les chevaux s'agitant continuellement, s'embarrant, c'est-à-dire passant leur patte par-dessus la barre qui les sépare de leur voisin, se mordant souvent :

> Pendant trente-cinq jours d'affilée, Lefourcher conserva la garde, ne mettant plus le pied à la chambre que pour s'y aller couper des tartines de pain, attrapant de ci de là une heure de sommeil dans la paille, passant les trois quarts de ses nuits à se promener mélancoliquement d'un bout à l'autre de son écurie et à rétablir le bon ordre parmi les chevaux du peloton, à coups de bâton sur le nez et à coups de sabot dans le ventre.

Hurluret ne se souvient évidemment plus de l'ordre lancé un jour d'ivrognerie, et il n'y aurait aucune raison pour que la situation change si Lefourcher, « le matin du trente-sixième jour », n'était sorti « du coffre à avoine qui était sa chambre à coucher, avec l'idée bien arrêtée de ne pas y rentrer le soir ». Il vient se placer devant le capitaine et lui demande de lever sa punition ; l'officier est suffoqué :

> Hein ? Quoi ?... Garde écurie... jusqu'à la gauche... trente-cinq jours... Ce n'est pas possible, Bon Dieu !...

Et tout ces mots se battaient confusément dans sa tête de vieux pochard.

Il ordonne au garde d'écurie de se faire porter malade et de réclamer une permission de huit jours ; mais comme il ne veut pas avoir l'air d'être responsable d'une punition aussi absurde, il intime au maréchal des logis de « descendre à la boîte » (la salle de police) et d'y rester « jusqu'à la gauche [7] ».

Lorsqu'il a trop bu, le capitaine devient méchant : le huitième *Souvenir de l'Escadron,* intitulé *Des Femmes !* montre Hurluret promettant que « tout l'escadron sera privé de permissions et consigné jusqu'à la gauche » si quatre pauvres femmes à soldats venues la nuit se réfugier dans les écuries ne sont pas « bouclées » : par crainte les cavaliers obéissent à leur supérieur, qui, tout réjoui, arrivant « ce matin-là garni déjà d'une topette d'eau-de-vie », fait « sonner les quatre appels » et réunir tous ses soldats.

Une idée grandiose d'ivrogne venait de lui passer par l'esprit.

— Ah, reprit-il d'un air farceur, ah mes petites chattes, vous aimez tant que ça les chevaux et les écuries. Et bien je vais vous en donner une si belle indigestion que le diable en prendra les armes.

Et il donne l'ordre à chacune des prostituées arrêtées de panser vingt-huit chevaux : « A quatre heures de l'après-midi les malheureuses y étaient encore, brisées, crevées, l'estomac vide, pleurant de rage et de fatigue...

— Bon, dit Hurluret, ça va bien. Faites-leur don-

---

7. IV, 212.

ner une gamelle à chacune. Elles ne l'ont pas volé, les rosses [8].

Un dernier acte de méchanceté pure précise le portrait du capitaine Hurluret : *Un Début* met en scène l'officier présidant à l'appel de l'escadron, « saoul comme un âne, selon sa louable habitude » ; à ce moment se présente un jeune engagé volontaire, « vêtu à la dernière mode, d'une jaquette qui le moulait comme un maillot de danseuse et d'un pantalon assez court pour laisser voir un bout de chaussette au-dessus du soulier découvert », Adalbert de la Valmonbrée.

Celui-ci commet l'imprudence de tendre au capitaine « une lettre couleur vert d'eau » le recommandant à sa bienveillance, et signée d'un certain Gueswiller, qualifié de « filou » par Hurluret qui lance aussitôt :

— Mon cher garçon... vous saurez qu'au régiment il n'y a pas de recommandation; chacun pour soi et Dieu pour tous ! Est-ce que vous croyez naïvement que les autres feront le pansage à votre place et qu'ils coucheront à la boîte pour vous ?

Envoyé au pansage sans même avoir reçu d'habit militaire, obligé de s'occuper de *Macadam*, le cheval le plus méchant de l'escadron, le bleu est ridiculisé par Hurluret, dont nous apprenons un trait de caractère peu sympathique : « Il adorait faire l'homme d'esprit et donner la comédie à ses soldats. »

Ce n'est pas tout : faute de lit disponible, Adalbert doit coucher dans le « pieu » du cavalier Faës, puni de salle de police, et qui vient de cacher sous sa cou-

---

8. IV, 353-358.

verture un « fromage de tête de cochon » volé à la cantine : Hurluret vient rendre une dernière « visite d'amitié au protégé de Gueswiller » et découvre par hasard le fromage, l'accuse, sans faire d'enquête : « Vous êtes un goinfre et un porc, qui cachez vos provisions dans un lit qui n'est même pas le vôtre, pour les dévorer sournoisement, à l'insu de vos camarades ! »

Et il pousse les soldats à passer le jeune homme « en couverte », c'est-à-dire « précipité, la tête la première, dans une couverture tendue et dont quatre gaillards tenaient les coins ».

Pour finir, le capitaine punit Adalbert de « huit jours de salle de police pour avoir sali les draps [9] ».

Ainsi le lecteur sort de ces récits avec une piètre idée du capitaine Hurluret, qu'il plaint pour son infortune, mais blâme pour son ivrognerie, sa méchanceté gratuite et son besoin de se mettre en valeur devant ses soldats : ce personnage, finalement peu sympathique, est assez loin du bon capitaine de *L'Arrivée des Bleus*, du *Train de 8 h 47* et des *Gaietés de l'Escadron*.

**
* **

L'Arrivée des Bleus, récit paru dans *Les Petites Nouvelles Quotidiennes* les 6, 7 et 8 juin 1885, présente Hurluret sous l'aspect connu d'un ivrogne aimant « faire l'intéressant », mais « sans méchanceté » et qui, « convié à recevoir les recrues... s'était senti pénétré de l'importance de sa tâche ». Il aime les soldats et veut leur faire sentir aussitôt ce que doit être pour eux le régiment :

---

9. IV, 278-292.

> — Le régiment... n'est pas ce qu'un vain peuple
> pense. Il y en a qui se le représentent sous les cou-
> leurs les plus noires. C'est de la blague... Le régi-
> ment est une grande famille ; les soldats en sont
> les rameaux, les officiers en sont les pères ; c'est
> vous dire qu'ils en ont à la fois les sévérités et les
> bienveillances. Le soldat respectueux de ses
> devoirs n'a rien à redouter de ses chefs, et j'ose
> dire que, sous l'égide de leur protection, plus d'un
> retrouvera à la caserne un peu des douceurs mater-
> nelles auxquelles il a dû s'arracher, un peu de l'in-
> timité charmante du foyer qui a abrité ses jeunes
> ans [10].

Discours plein de nobles pensées et de belles pro-
messes, que fera vite oublier la réalité... mais les
intentions du capitaine sont bonnes, et cette absence
de méchanceté se retrouvera dans le *Le Train de
8 h 47*, publié en 1888-1889 dans *La Vie moderne*.

Nous sommes maintenant à Commercy, et le capitaine est devenu différent du premier Hurluret dessiné en 1884 :

> Hurluret, à la vérité, était bien l'homme du
> monde dont il y eût le moins à craindre : très fort
> pour le chambardement, ayant le coup de gueule
> facile et à la rigueur, le coup de botte, mais en fin
> de compte un bon soûlard, incapable d'une méchan-
> ceté, et empli pour ses hommes d'une grosse ten-
> dresse brutale...

Simple, il boit l'absinthe avec le maréchal des logis
Favret, envoie à Saint-Mihiel La Guillaumette accom-
pagné de Croquebol chercher quatre chevaux partis
par erreur dans cette ville, et donne même « cent
sous » au brigadier pour « courir la gueuse ».

---

10. IV, 129-132.

Et, pour compléter le portrait tracé dans *Jusqu'à la gauche,* Courteline raconte la vie du capitaine depuis son enfance :

> Enfant de troupe, soldat, officier, il se para, à son corps défendant, de galons noblement gagnés ; au fond, vieux gamin de caserne, il regrettait la chambrée, l'odeur violente de ses cuirs, le bel arrangement de ses paquetages et ses batailles à coups de traversins.

Il n'est plus comme avant en butte à l'ostracisme des autres officiers, puisqu'il est invité chez le colonel, où il s'ennuie d'ailleurs, et il préfère la conversation de son brosseur ; s'il éprouve un « amour passionné de ses hommes, où se sentait un fond de vieille tendresse fraternelle », il a horreur des remerciements et « engueule » le brigadier qui a osé lui dire : « Vous êtes bien bon, mon capitaine [11]. »

L'on connaît la suite du roman : les soldats oubliant de changer à Lérouville, descendant à Bar-le-Duc, errant sous la pluie battante dans la ville endormie, faisant une rapide escale à la « maison close », puis, ayant perdu leur argent et leurs billets de chemin de fer, interpellés par un lieutenant et ramenés à Commercy entre deux gendarmes.

Quelle va être la réaction du capitaine ? En apparence il « ne décolérait plus ». Ici se note un nouveau trait de caractère :

> La vérité, c'est qu'il nageait dans le ravissement de son âme, ayant pour les tire-au-cul, les rossards et les fortes têtes, le vieux faible d'un père pochard auquel les hauts faits d'un fils non moins ivrogne arrachent des pleurs d'attendrissement.

---

11. I, 1, 35, 47, 149.

Mais il éclate devant Favret, et prend une grande décision : suppression totale des permissions ; seulement Hurluret est bon, incapable de refuser une faveur à un de ses cavaliers qu'il aime tant ; et à peine vient-il de prendre cette mesure que l'aide de cantine Joussiaume vient solliciter une permission de huit jours pour assister au mariage de sa sœur. Il faut donc à l'officier un prétexte à se tromper lui-même, « en fait il cherchait sa transition, son biais, dans son horreur systématique de l'action de grâce, de la voix qu'attendrit un sanglot de gratitude, de l'œil que baigne une douce larme ». Aussi, feignant une énorme colère, il accorde, non pas huit, mais quinze jours : « ... quel débarras, cré nom de Dieu [12] ! »

Enfin il venge les pauvres « permissionnaires » revenus entre deux gendarmes et condamnés à soixante jours de prison, en outre poursuivis jour et nuit par la hargne de Flick : un jour le sous-officier était « en train de faire le bel esprit » en surveillant le maniement d'armes de La Guillaumette et de Croquebol, « une cigarette aux lèvres,... déployait des trésors d'ironie, pinçait la corde de l'allusion, parlait de missions et de missionnaires ».

Furieux, Hurluret accuse Flick de fumer dans le service, ce qui est interdit par le règlement, et lui « flanque » huit jours de salle de police, provoquant chez les cavaliers punis « une jubilation énorme » : le capitaine vient de révéler un aspect inconnu de son caractère, le désir de « rosser le gendarme », de jouer le rôle de la Justice immanente. L'officier est sympathique aux lecteurs dans la mesure où il représente

---

12. I, 1, 152-154.

un habile dosage de brave homme et de baderne, sorti du peuple, antidote de la « gueule de vache » représentée par l'adjudant détesté, un être à la fois grotesque et attendrissant, ceci rachetant cela, et dont le vice, l'ivrognerie, soit le plus excusable aux yeux des Français, le peuple le plus porté sur le vin et l'alcool.

Tel est fixé Hurluret, tel il restera dans la pièce tirée par Courteline des *Gaietés de l'Escadron* avec l'aide de son camarade Norès, et jouée le 18 février 1895 au théâtre de l'Ambigu-Comique.

Ces neuf *tableaux de la vie de caserne* sont reliés par le fil ténu d'une vague intrigue, la crainte que La Guillaumette et Croquebol, partis en permission et non revenus à la caserne dans les délais réglementaires, ne soient déclarés déserteurs, et l'anxiété que provoque l'inspection trimestrielle du Général.

Hurluret joue un rôle essentiel et fait rire plus encore que dans les récits militaires : car il est, au centre du tableau, un type à part : ce n'est ni le soldat, incarné par Potiron, amusant et faiseur de farces, ou par Joberlin, le rouspéteur, ou par un des malheureux voués sans défense à la dureté des sous-officiers ; ni l'adjudant Flick, la brute galonnée, odieux d'un bout à l'autre de la pièce, la terreur des cavaliers ; ni le freluquet sorti récemment de Saint-Cyr, le sous-lieutenant Mousseret, « gros comme deux liards de beurre (et qui) fait du pet comme trente-six » ; ni le général, officier « dans l'acception la plus large et la plus noble du terme », qu'il n'est pas question de ridiculiser devant une France vaincue remâchant sa défaite, préparant sa revanche et regardant vers « la ligne bleue des Vosges », une France cocardière, qui ne saurait tolérer d'offense à la dignité de l'armée, et qui applaudit les mélodrames patriotiques comme *Pour le drapeau* ou *Sabre au clair*[13].

Le capitaine est, dès le début, un monomane à automatisme psychologique (tel que nous l'avons aperçu dans *Jusqu'à la gauche*) rappelant Orgon et son « Et Tartuffe ?... Le pauvre homme ! » :

> La porte s'ouvre, entre le capitaine Hurluret.
> PEPLAT (le scribe) : Fixe !
> HURLURET : Repos !... Rien de nouveau ?
> FAVRET (maréchal-des-logis chef) : Non, mon capitaine.
> HURLURET : Les deux lascars ?
> FAVRET : Toujours manquants.
> HURLURET : Chameaux ! *(Il sort)* [14].

A mesure que la pièce se déroule, se précise le caractère du capitaine, doué par les auteurs de traits mieux dessinés, « une noblesse de caractère et une générosité d'âme de nature à lui mériter de sympathiques applaudissements [15] ».

Suivant Favret, Hurluret est « un gars sorti du rang, dont toute la vie s'est écoulée entre les quatre murs du quartier et qui a les soldats dans le sang comme on a une femme dans la peau ».

Son excessive bonté lui fait « envoyer en permission deux rossards, qui, en trois ans, n'ont pas... couché vingt fois dans leurs pieux ».

Une singulière clairvoyance quand il s'agit du Général-Inspecteur, qu'il connaît bien pour avoir servi sous

---

13. Antoine, *Le Théâtre*, Editions de France (1932), p. 322.
14. Premier tableau : scène première, début de la pièce.
15. Cité par Dubeux, *La Curieuse vie de G. Courteline* : Horay (1958), p. 85. Lettre au directeur des spectacles.

ses ordres et avoir combattu avec lui pendant la Guerre de 1870, ajoute un sentiment très élevé de la hiérarchie et du respect aux chefs, un manque d'illusion total sur son avenir, qu'il sait compromis par son absence d'autorité : aspects nouveaux de la psychologie du capitaine. En voici d'autres...

Faiblesse avec « les tire-au-cul, les rossards et les fortes têtes », déjà vue dans *Le Train de 8 h 47*, et qui le pousse à retarder sans cesse le moment de déclarer déserteurs La Guillaumette et Croquebol, comme à protéger les incorrigibles Laplotte et Fricot, uniquement parce qu'ils sont, à juste titre d'ailleurs, persécutés par Flick.

Sens du devoir, que nous ne connaissions pas encore : lorsque Mousseret se prépare à faire dormir les réservistes dans les écuries, Hurluret l'arrête d'un sec « non » ; pourquoi ? s'étonne le sous-lieutenant :

> Parce que je suis responsable de la santé des hommes confiés à mes soins et non de l'incapacité des gradés placés sous mes ordres.

Tendresse exagérée pour les « fricoteurs » et faiblesse pardonnable parce qu'elle lutte contre la sévérité excessive du Code de justice militaire hérité du Second Empire : Laplotte et Fricot ont volé un fromage de tête de cochon, et la cantinière menace de les dénoncer au colonel : Hurluret, qui a été vingt ans auparavant l'amant de Mme Bijou à Lunéville, paiera la moitié du fromage...

Il va même jusqu'à barbouiller d'encre la feuille du « cahier de décisions » où est portée la permission accordée à La Guillaumette et à Croquebol ; dégoûté de sa propre faiblesse, il se demande devant Favret s'il ne doit pas se mettre lui-même aux arrêts ; pour la première fois nous le voyons faire un aveu qui risque de lui coûter cher.

Même faiblesse avec Vergisson, auquel il accorde quinze jours de permission juste après avoir juré qu'il n'en donnera plus aucune.

Mais Courteline nous le rend plus sympathique, car il ne le montre plus jamais ivre, seulement buvant une fois, au septième tableau, avec ses subordonnés, juste au moment où arrive le Général. A partir de là les ennuis vont pleuvoir sur le capitaine : il boit dans le service, le cahier de décisions est couvert d'encre, Potiron a sauté le mur, un tas de fumier tombé de la brouette de Laplotte est resté par terre, la prison est mal tenue, et pour couronner le tout, à l'instant où Hurluret vient d'affirmer qu'aucun soldat ne se trouve en bordée, La Guillaumette et Croquebol entrent dans la cour de la caserne, entre deux gendarmes...

Obligé de s'excuser auprès du Général, qui professe pour lui « une estime toute particulière », le capitaine confesse ses « torts » et résume sa vie et ses opinions sur les soldats dans une profession de foi qui nous fait découvrir un dernier aspect de son caractère, son cœur meurtri, sa sensibilité froissée par tous les manquements à sa dignité d'officier, mais son sens du cœur avant celui du respect, de la bonté avant la discipline, de la mélancolie qui le prend à la pensée de la retraite prochaine :

> ... je me soucie peu de n'occuper qu'une mince place dans le respect... (il montre ses soldats) de mes camarades, si j'ai su me faire un petit coin dans leurs cœurs et dans leur souvenir. J'ai cinquante ans ; j'ai depuis longtemps, je vous le répète, renoncé à toute ambition ; je ne vois donc pas sans épouvante venir la minute prochaine, où

ma vie, déjà sur son déclin, s'en ira sombrer je ne sais où, dans la tristesse et dans la solitude, loin des chambrées qui me furent si familières, et des soldats que j'ai tant aimés.

Et il se console en songeant que peut-être un de ses hommes dira de lui :

C'était un braillard, un brouillon, mais ce n'était pas un méchant homme.

Dernier trait qui le rend cette fois hautement respectable : son sens patriotique : comme le Général lui fait remarquer que « ce n'est pas avec ce système-là qu'un officier mène ses hommes », le capitaine lui répond :

Je mènerai les miens à la mort quand je voudrai ; ils y marcheront derrière moi comme à une partie de plaisir, et c'est déjà quelque chose [16].

Qui a dit que Courteline était antimilitariste ? Cette tirade qui porte en filigrane le mot « revanche », n'est-elle pas d'un écrivain aimant l'armée, et qui a voulu dessiner le type d'un officier, certes pas un saint, mais chérissant ses soldats, veillant sur leur confort, s'efforçant de rendre moins dure la vie à la caserne, humain et bon tout en étant un entraîneur d'hommes ? Hurluret restera, parmi la galerie des « fantoches » courtelinesques, un des plus sympathiques et un des plus humains.

*
**

---

16. Neuvième tableau, fin.

Ce 18 février 1895 le rideau vient de tomber sur le neuvième tableau des *Gaietés de l'Escadron :* que fait donc Mauranchon ? Va-t-il se lever pour « botter le c... » de son ancien cavalier au 13ᵉ chasseurs à cheval ?

Non, tassé dans son fauteuil, il pleurait doucement.

Pierre Bornecque.

DEUX ALCMENES :
DE MOLIERE A GIRAUDOUX

On n'a jamais pu constituer la liste des trente-sept *Amphitryons* qui auraient précédé *Amphitryon 38*. Et pour cause. Que les pédants enquêtent à travers les littératures pour grouper savamment les titres, dans le vain espoir de n'en omettre aucun ! Giraudoux, spirituellement, se joue des gravités ingénues : sans toutefois s'écarter de l'essentiel. Des *Amphitryons*, il en est trente-six. Mais un trente-septième compte seul pour lui, celui de Molière, auquel il enchaîne le sien. Ce qui incite à confronter les deux œuvres, si dissemblables qu'elles paraissent, dans leur esprit et leur logique profonde.

Encore faut-il qu'elles aient l'une et l'autre un sens. Pour d'aucuns, l'*Amphitryon* de Molière se réduirait à des variations agréables mais superficielles, dans le genre mythologique alors mis à la mode par les ballets de cour. Et après cette suprême virtuosité, qui avait utilisé le meilleur des devanciers, on pouvait tenir le sujet pour épuisé. Il ne restait plus qu'à glaner. C'est, a-t-on souvent dit, ce qu'aurait fait Giraudoux : **avec cette fantaisie brillante, poétique mais trop précieuse** et littéraire qui consacrerait son originalité en marquant ses limites, qui se divertirait à fleur de la réalité sans vouloir s'engager trop avant. Mousse légère, sans consistance. Accepterons-nous ces verdicts ?

Une évidence ressort aujourd'hui : l'*Amphitryon* de Molière est une pièce à clef. On l'a nié, mais le doute ne se peut plus. L'allégorie mythologique transpose la comédie beaucoup moins anodine qui se jouait entre Louis XIV, Mme de Montespan et, dans un rôle qu'il ne fallait pas trop ridiculiser, M. de Montespan. Nous ne grouperons pas ici le faisceau de convergences qui impose la conclusion [1]. Bornons-nous à rappeler que lors de la « première », en janvier 1668, la nouvelle liaison royale datait de sept mois. Nul à la cour ne pouvait l'ignorer, Molière moins que personne. Et soyons assurés qu'il n'aurait pu traiter un sujet si scabreux, Condé accepter une dédicace aussi aisément compromettante, sans accord préalable avec les desiderata royaux. C'est ce jeu d'allusions qui commande la pièce et en fait ressortir ce qu'il faut bien appeler la « leçon » : toute-puissance du caprice royal, soumission nécessaire des maris gênants, silence imposé à l'opinion. « Sur de telles affaires, le meilleur est de ne rien dire » : le conseil de Sosie va loin. Giraudoux n'a sans doute pas toujours saisi le vif de ces allusions, mais la gravité des problèmes et l'ampleur des conflits ne lui ont certainement pas échappé.

Or la psychologie d'Alcmène se trouve commandée, elle aussi, par les intentions qui doivent se préciser en se dérobant : jeu hardi et pourtant enveloppé que

---

1. Nous avons résumé les principaux arguments dans notre récent *Molière* (Hatier, 1969).

permet avec toutes ses finesses la mythologie de cour. Par là se renouvelait de façon piquante le thème éternel, celui de la mortelle aimée d'un dieu : entendons implicitement, bien que le merveilleux ne se dépouille pas de ses prestiges, celui de la femme aimée d'un roi, du roi des rois, du Roi-Soleil. Comment Alcmène doit-elle se comporter ?

On pense bien — on n'ose dire : c'est une vérité d'expérience — qu'un dieu surpasse dans l'amour le commun des hommes, et qu'un roi, lorsqu'il daigne jeter son dévolu sur une dame de sa cour, se pare d'irrésistibles séductions. Donc Alcmène doit être subjuguée. En outre, le devoir ne prescrit-il pas d'obéir au souverain ? Il serait téméraire, sinon sacrilège, de lui résister : en une monarchie de droit divin le roi tient du Ciel l'autorité suprême. Et comment croire que l'élue puisse goûter en de tels bras les mêmes plaisirs qu'avec son mari ? En l'espèce, la nouvelle favorite ne devait-elle pas établir la hiérarchie nécessaire entre l'aimable, un peu hurluberlu Montespan, et le royal amant qui la comblait ?

Pourtant Alcmène est sage, fidèle à son époux : comme l'avait été Mme de Montespan, qui avait conquis la confiance de la reine et de la précédente favorite avant de les trahir toutes les deux. Les trahir ? Mais est-ce forfaire à l'honneur que de céder aux instances d'un être divin ? Il s'agit de conjonctures exceptionnelles où ne jouent plus les règles de la morale courante. « Il n'est pas une dame de qualité », relatait Primi Visconti, « dont l'ambition ne soit de devenir la maîtresse du roi. Nombre de femmes, mariées ou non, m'ont déclaré que ce n'était offenser ni son mari, ni son père, ni Dieu même, que d'arriver à être aimée de son prince (...) Le pis est que les familles, les pères et les mères, et même certains maris, en tireraient vanité[1] ». Hélas ; profit aussi. Donc il doit bien être entendu qu'Alcmène reste une épouse modèle, que pour aimer Jupiter elle ne se ravale pas au rang des adultères, mieux, que cet amour, loin de la dégrader, l'auréole et parachève sa grâce. Les augustes caresses ne portent pas atteinte à sa vertu : vérité officielle, dont on serait mal venu à douter.

N'était-ce pas un défi à l'opinion ? Avec une incomparable adresse, à la faveur du merveilleux, l'allégorie lève les difficultés. Elle concilie les inconciliables. Au moment même où se consume l'adultère, le déguisement de Jupiter sauvegarde et garantit l'honnêteté d'Alcmène. Comment trahirait-elle ses devoirs quand il se présente à elle sous les traits d'Amphitryon, et qu'en l'accueillant elle peut avoir la légitime impression d'accueillir son mari ?

Elle *peut* : justement, tout le problème est là. Si honnête et de bonne foi qu'elle soit, ne perçoit-elle pas une différence ? Et cette différence, ne sied-il pas qu'elle l'établisse ? Plus ou moins confusément le faux mari doit laisser reconnaître le dieu. Tel est en effet le vif de la situation. Bien entendu, nous qui tenons les fils de l'intrigue, nous savons qu'une secrète intuition ne la trompe pas, qu'en fait elle aime le dieu comme tel, et que tout aussitôt les liens se relâchent avec son mari. Encore sied-il qu'elle ne mesure pas trop lucidement l'écart, qu'aux yeux du monde et à ses propres yeux elle ne paraisse pas s'abandonner de son plein gré à une coupable passion. Se donner au dieu par une impulsion irrésistible mais sans

---

1. *Mémoires*, éd. Lemoine, p. 57.

contrevenir à une fidélité conjugale qu'au fond d'elle-même elle répudie, voilà bien la contradiction où, malgré les facilités de la mythologie, toute héroïne moins subtile s'empêtrerait, à laquelle pourtant échappe Alcmène à force de grâce et d'exquise finesse.

On ne peut s'y tromper. Après la nuit mémorable, chaque fois qu'elle se trouve en présence de son mari, elle se sent désaccordée, vite blessée et blessante. A l'opposé, chaque fois que reparaît Jupiter, elle reconnaît l'élu de son cœur, et elle ne lui reproche ses prétendues incartades que pour mieux se laisser reconquérir tout entière. Nous ne pouvons suivre ici le détail de ces scènes si riches de suggestions. Déjà s'y affine un marivaudage, plus leste et sensuel certes, mais qui offre le plus profond de Marivaux : ces affinités de deux âmes qui sous les déguisements, à travers les malentendus, se cherchent et se trouvent pour une indissoluble union. Nous n'insisterons que sur le dernier acte, parce que c'est celui où le secret d'Alcmène semble se dérober le plus, celui en fait où il achève de se révéler et de la façon la plus imprévue : par son silence. Mais la virtuosité de Molière est telle que, comme chez Racine, en vertu du principe mis en lumière par la dramaturgie de notre temps, l'inexprimé peut autant et plus que les mots se charger de sens. Aussi bien Alcmène paraît-elle peu au cours de la pièce : en trois grandes scènes seulement, où elle donne, il est vrai, toute sa mesure. Mais sa présence n'en est pas moins constante, même lorsqu'elle n'est pas en scène. On la voit par les yeux de ceux dont elle centre les pensées, qui offrent d'elle une gamme d'images contrastées. Elle a même son repoussoir : la femme de Sosie, cette Cléanthis plaisamment prosaïque, déjà sur le retour, acariâtre, mal aimée.

Donc elle ne paraît pas à l'acte IV. On ne la revoit plus. Mais on sait qu'elle goûte avec Jupiter « les douceurs d'un aimable entretien », qu'ils ont ensemble de « douces privautés ». On s'en doutait bien ! Toute à ce bonheur, elle ne s'inquiète guère du tumulte qu'Amphitryon vient susciter devant la maison. Certes, la modestie lui interdit de se montrer à la fenêtre, surtout, disons, dans le négligé où elle doit se trouver, au milieu des agréables occupations d'où elle est brusquement tirée. Mais croyons bien qu'elle ne se soucie pas d'intervenir. A aucun moment elle n'avait soufflé mot sur les conjonctures singulières où elle se trouve impliquée. Elle ne s'est montrée sensible qu'à la divergence croissante entre les deux Amphitryons, écartant l'un pour retenir l'autre, sans apparemment vouloir éclaircir le mystère. Conçoit-elle quelque soupçon ? Il est bien difficile de ne pas le croire. Elle est fine. Elle a ses intuitions d'amoureuse. Elle a goûté certainement une ivresse jusqu'alors inconnue. Mais la décence lui interdit le moindre doute, à plus forte raison de confirmer quoi que ce soit.

Dès lors, on peut penser que les révélations finales ne la surprennent pas trop. Elle était la mieux placée pour deviner la vérité. Si au fond d'elle-même elle hésitait encore, elle pourrait soupirer, avec le même soulagement que Sylvia dans *Le jeu de l'amour et du hasard* : « Ah ! je vois clair dans mon cœur. J'avais bien besoin que ce fût là Jupiter ». Mais elle ne peut rien dire. Avouer sa passion pour le dieu serait inconvenant. Protester de sa bonne foi aggraverait le scandale. Revenir de tout cœur à son mari serait condamner la merveilleuse aventure et peu flatter le dieu. Mais peut-elle rentrer sans regrets dans la vie conjugale ? Un monde de sentiments doit l'assaillir, sur lequel il serait gênant d'apporter des précisions. Voilà pourquoi nous ne la revoyons plus. Mais nous disposons de toutes les données : à nous de les accorder selon nos goûts et nos rêves.

Et voilà, justement, où le sujet pouvait être repris. Ce sont ces éléments inexprimés, proches et pourtant dérobés, gardant encore une part de secret sinon d'énigme, qu'avec une admirable pénétration a ressaisi Giraudoux. Cette Alcmène que ne pouvait parachever Molière, non pas esquivée mais réservée avec tant de tact et de profondeur, il la tire en pleine lumière sans manquer lui-même à la délicatesse la plus rare ; avec cette fantaisie bien à lui qui déconcerte la pesante raison, cet art de renouveler les thèmes éternels au moment même où il semble les fuir le plus, à la faveur d'un impressionnisme apparemment capricieux qui mue en féerie les joies vives mais aussi les pensées amères.

Venons donc à son Alcmène. Et comme elle se révèle plus subtile encore, distinguons plusieurs cycles de vérités, à travers lesquels s'élargissent les problèmes.

D'abord — c'est l'élément le plus simple et le plus accessible — s'accuse l'apparent retournement du thème. On retrouve ce piment de paradoxe dont aime toujours à se relever la pensée de Giraudoux, ne serait-ce que par fantaisie d'artiste et dédain quelque peu aristocratique pour les idées reçues. L'attrait souverain du dieu ? Non, les dieux ne sont pas plus aimables que les hommes. Sous un déguisement qui les gêne, ils ont même chance de l'être moins. Alcmène aime Jupiter non parce qu'il est dieu, mais parce qu'il prend la forme d'Amphitryon et dans la mesure où il parvient à jouer ce rôle d'emprunt. Du moins elle le donne à entendre, pour autant que son étrange situation lui permet de s'expliquer sur ses sentiments. Réversion facile, dira-t-on, et qui prête à des effets un peu gros. On rejoint cette irrévérence qui faisait la joie de nos grands-pères dans *La belle Hélène*. Giraudoux ne se prive pas toujours de ces effets. Parce que par eux il a plus de prise sur son public, dont il est si mal compris ; parce qu'il sait qu'en dépit de leurs snobismes modernistes les petits-fils ne diffèrent pas tellement de leurs grands-pères et qu'ils s'égaieront de ce comique plus appuyé ; mais surtout parce qu'en poète il se plaît aussi à la fantaisie copieuse, aux touches volontiers plus grasses, et à ce qu'en langue normalienne on appelle canular. Ajoutons qu'avec lui cette irrévérence peut aller loin, et, avec plus de grâce attendrie, se relier aux ironies voltairiennes.

Donc, est-il bien souligné, Alcmène aime son mari et non pas Jupiter. C'est le dieu qui cette fois se trouve empêtré de sa toute-puissance, au point de faire assez penaude figure. Il voudrait être aimé pour lui-même, se faire connaître, soulever le voile des mystères éternels pour prendre devant Alcmène une attitude avantageuse. Mercure l'avait prévu. « Sûrement il tiendra comme avec toutes ses amies, dans les propos de saut de lit, à révéler à Alcmène qu'il est Jupiter, pour jouir de sa surprise et de sa fierté. » Il n'y manque pas. « Ecoutez bien, chère Alcmène (...) Je vois que vous pouvez comprendre les mystères du monde. Il faut que je vous parle... » Mais Alcmène l'interrompt aussitôt : « Non, non, Amphitryon chéri. » Et elle le remet gentiment à sa place : comme il se doit celle de mari :

Cette satire des dieux tend plus haut : elle fait ressortir le prix inestimable de tout ce qui est l'homme et qui, en raison de sa faiblesse même, prend un caractère émouvant, attendrissant. Par elle se mesure la grandeur de cette précarité. Au moment où il ajuste son corps d'Amphitryon, Jupiter se trouble soudain : « Voilà que je sens mon cœur battre, mes artères se gonfler, mes veines s'affaisser (...) Je me sens devenir un filtre, un sablier de sang (...) L'heure humaine bat en moi à me meurtrir... » A la souveraineté des dieux, à l'immensité de l'univers s'oppose ainsi la merveille de tout ce que l'homme a créé, aménagé dans son minuscule canton. « Quelle belle chambre ! » ne peut s'empêcher d'admirer Jupiter en s'éveillant. « Comme les hommes sont habiles ! Par ce système de pierres transparentes et de fenêtres ils arrivent, sur une planète relativement si peu éclairée, à voir plus clair dans leurs maisons qu'aucun être au monde. » Et c'est sa divinité à lui qui paraît encombrante, pédantesque, un peu ridicule.

Surtout cette humanité s'incarne par excellence dans l'être le plus désarmé, le plus « homme » qui soit, donc en une femme, et qui prétend n'être que cela : blonde et grasse à point (*bionda e grassotta*), conjugale à souhait, n'aspirant qu'à être aimée de son mari, apparemment sans inquiétude métaphysique et religieuse. Telle qu'elle se présente à Jupiter, Alcmène ne se pose aucune question qui dépasse le plaisir, délicatement goûté, de vivre en épouse fidèle, amoureuse, attachée au foyer, docile à la supériorité — toute relative — de son mari, un peu autoritaire à l'occasion et spirituellement désinvolte dans l'administration de son ménage. Qualités bien féminines, domestiques mais charmantes, relevées d'humour, et qui ne vont pas sans passion sincère, absolue : elle préférerait la mort, assure-t-elle, à l'infidélité.

C'est cette grâce vive et tendre qui donne toute sa poésie à cette satire des dieux. Dans la confrontation entre l'humain et le divin, à l'opposé du thème attendu l'humain paraît bien l'emporter, avec quelle émotion contenue ! Ainsi lorsque Jupiter s'exclame « quelle nuit divine », et qu'Alcmène juge faible vraiment l'épithète.

J. — Alors la plus agréable de toutes nos nuits, n'est-ce pas, de beaucoup ?
A. — C'est à savoir.
J. — Comment, c'est à savoir ?
A. — As-tu oublié, cher mari, notre nuit de noces, le faible fardeau que j'étais dans tes bras, et cette trouvaille que nous fîmes de nos deux cœurs, au milieu des ténèbres qui nous enveloppaient pour la première fois ensemble dans leur ombre ? Voilà notre plus belle nuit.
J. — Notre plus belle nuit, soit. Mais la plus agréable, c'est bien celle-ci.
A. — Crois-tu ? Et la nuit où un grand incendie se déclara dans Thèbes, d'où tu revins dans l'aurore, doré par elle et tout chaud comme un pain ? Voilà notre nuit la plus agréable, et pas une autre.
J. — Alors la plus étonnante, si tu veux ?
A. — Pourquoi étonnante ? Oui, celle d'avant-hier, quand tu sauvas de la mer cet enfant que le courant déportait, et que tu revins, luisant de varech et de lune, tout salé par les dieux et me sauvant toute la nuit à bras le corps dans ton sommeil... Cela était assez étonnant ! ... Non, si je voulais donner un adjectif à cette nuit, mon chéri, je dirais qu'elle fut conjugale. Il y avait en elle une sécurité qui m'égayait. Jamais je n'avais été aussi certaine de te retrouver au matin, bien rose, bien

vivant, avide de ton petit déjeuner, et il me manquait cette appréhension divine, que je ressens pourtant toutes les fois, de te voir chaque minute mourir dans mes bras.
J. — Je vois que les femmes aussi emploient le mot divine ?...
A. — Après le mot appréhension, toujours.

Mais c'est là, déjà, glisser à un autre ordre de vérité. Ce refus du mot-clef, cet émoi qui le retrouve de lui-même ne suggèrent-ils pas beaucoup plus ?

On pouvait s'en douter. En un conflit qui, fût-ce par fantaisie poétique, engageait la condition humaine, Giraudoux ne pouvait se tenir à de trop simples solutions. Retourner le thème traditionnel pour atteindre la vérité partielle inséparable de tout paradoxe ? Ecartés les préjugés conformistes, il fallait se risquer plus avant. La hardiesse extrême est ici que cette femme, si spécifiquement humaine, ose engager la lutte contre le dieu. Elle s'insurge. Elle refuse de se laisser subjuguer. Bien sûr, d'avance on la sait battue. Les hommes ne triomphent ni des dieux, ni du destin. En ce sens, la pensée de Giraudoux n'est pas consolante : même dans la volonté d'optimisme et de gaieté légère s'accuse déjà le pessimisme qui s'assombrira jusqu'à la pièce la plus désespérée de toutes, *Sodome et Gomorrhe*. De fait, en cette jonction de l'humain et du divin, comme en toute intervention miraculeuse les événements se déroulent suivant la volonté du dieu : scénario inéluctable, sur lequel les hommes établiront une version à leur mesure. C'est le sujet même de *Judith*, en germe tout entier dans *Amphitryon*. Mais les cheminements de Judith seront autres. Alcmène prétend résister au grand jour. Elle joue à

fond son jeu. Devant l'irrévocable une chance, ou une
apparence de chance, reste à la liberté des hommes.
Ils le croient du moins, et c'est la foi qui les soutient.
Même livrée en un imbroglio fantaisiste, pour un
enjeu assez leste, la lutte prend tout son sens.

Alcmène engage donc cette lutte. Et celle-ci se
déroule en plusieurs temps, on pourrait dire en plusieurs manches. Dès la première, elle succombe. Avant
même de se préparer à l'assaut, de fourbir ses armes,
elle a cédé au faux Amphitryon. Les dieux l'emportent. Les destins sont accomplis. Pourtant, même
abusée elle atténue sa défaite, gagne même une victoire
relative. Elle dépouille Jupiter de tout ce qu'il prétendait garder de divin. Elle ne l'admet que dans la
mesure où il se trouve répudier sa nature de Dieu.
C'est son mari qu'elle aime. Et nous avons constaté
que le matin, quand Jupiter veut se faire admirer
dans toute sa gloire, elle le réduit aussi exactement
qu'il se peut aux dimensions humaines. Les destins
peuvent être accomplis, la défaite n'est pas totale.
Avec un instinct très sûr, Alcmène a maintenu contre
son vainqueur les droits de l'humain.

Vient la seconde manche. Alcmène, jusque là,
n'était pas explicitement avertie du danger. L'indiscrétion voulue de Mercure fait que la lutte va se
poursuivre ouvertement. Sans doute, lorsqu'il lui
signifie les intentions de Jupiter (il ne lui dit pas
qu'elles sont déjà réalisées), elle reçoit un choc. Mais
elle se domine, organise sa défense, repousse l'ultimatum. Léda vient la voir, la féliciter en amie, on n'ose
dire en collègue. Chance inespérée ! Toutes deux
s'accordent. Léda, qui garde un excellent souvenir du
cygne divin, prendra la place d'Alcmène et recevra
dans une chambre obscure Jupiter, qui va venir. Un

Amphitryon magnifique arrive : le faux sans aucun doute, Jupiter. La substitution s'opère. Alcmène gagne la seconde manche. Elle la gagne ? Non : c'était le véritable Amphitryon, c'était son mari qu'elle a mis dans les bras de Léda. On ne leurre pas si aisément les dieux. Alors commence la troisième manche, la suprême bataille. Le vrai Jupiter va venir. Les deux époux l'attendent, échangeant des propos cocassement désolés. Il vient. Amphitryon engage la discussion : il est vit hors de jeu. Seule une femme peut discuter avec un dieu. Alors Alcmène, restée seule avec Jupiter, lui suggère le moyen de tout concilier, de l'aimer sans qu'elle soit infidèle à son mari : elle lui offre l'amitié qui est tendre elle aussi, qui lui permettra de penser à lui sans remords, de le sentir constamment proche, de le chérir, qui même lui permet à présent de l'embrasser, et de tout cœur. Jupiter surpris, charmé, accepte. Il découvre un monde de sentiments qui lui était inconnu. Tous deux peuvent affectueusement dialoguer et se quitter dans un baiser, tandis que la voix publique, informée de ce baiser, célèbre leur union : la version officielle est maintenant consacrée. Jupiter n'a pas eu sa deuxième nuit. L'humain a le dernier mot.

Le dernier ? Ici intervient une suprême complexité, qui, par un extraordinaire enrichissement, nous oblige à reconsidérer toute la conduite d'Alcmène. Ce n'est pas seulement que la première victoire du dieu reste acquise, qu'Alcmène doit donner naissance à Hercule, et que la vérité officielle, erronée dans le détail, se confirme juste pour une large part. Le problème n'est pas là : il est dans la nature des sentiments vrais d'Alcmène pour Jupiter. Prenons garde à la qualité de cette amitié qu'elle lui offre : plus fervente, plus profonde, assure-t-elle, que l'amour. Prenons garde à la façon dont elle tressaille au mot « amant », dont elle questionne Jupiter, dont elle s'interroge elle-même, prise d'inquiétude et de doute : « Cette journée, certes, je veux bien croire que tout s'y est déroulé correctement et loyalement de la part de tous ; mais il plane sur elle quelque chose de louche qui m'oppresse. » Et elle ne peut s'empêcher de sentir qu'une attirance irrésistible la porte vers Jupiter. C'est elle qui lui demande de la prendre dans ses bras. D'elle-même elle l'appelle « Jupiter chéri ». « Pourquoi, justement, l'ai-je dit de moi-même ? (...) Et cet agrément, cette confiance que ressent pour vous mon corps, d'où viennent-ils ? Je me sens à l'aise avec vous comme si cette aise venait de vous (...) Nos corps sont encore aimantés l'un vers l'autre, comme ceux des gymnastes après leur exercice... »

Remontons plus haut. Prenons garde à la façon dont elle scrute le visage du faux « faux Amphitryon », donc du vrai, avant de le céder à Léda : plaisante scène, puisqu'elle découvre en son mari un front plus grand, un regard plus profond, des cheveux plus brillants. Mais n'est-ce pas aussi qu'elle cherche et retrouve en lui le reflet du dieu ? Remontons plus haut encore. Lorsqu'elle interroge Léda en cette rencontre d'un comique apparemment facile, en réalité si riche de sens, ne quête-t-elle pas un rappel, ah ! si bien confirmé, de ce qu'elle a ressenti, de ce vers quoi elle aspire encore ? « Léda, c'était vrai, ce que la légende raconte, il était un vrai cygne, de vrai duvet ? Chantait-il ? Parlait-il ? Est-ce exact que les articulations de ses ailes palpitaient harmonieusement ? (...) Vous avez été bousculée ? surprise ?... »

Et voici la réponse tant désirée : « Assaillie, doucement assaillie (...) prise dans un mouvement qui n'était plus celui de la terre, mais celui des astres, dans un roulis éternel... ». « Bref, un beau voyage », conclut la positive Léda.

Il faut remonter plus haut encore. Après la première nuit, en ce dialogue délicieux que nous avons rappelé, ne remet-elle pas Jupiter si bien à la place de son mari, ne contre-t-elle pas avec tant d'adresse le divin, parce qu'elle veut, justement, se défendre d'une irrésistible emprise ? Même avant la nuit merveilleuse, ne lui arrivait-il pas de céder à de mystérieux appels ? Mercure le lui signifie crûment. « Ne vous faites pas plus ingénue que vous ne l'êtes. Nous connaissons vos rêves. — Mes rêves ? — Nous savons ce que vous rêvez. Les femmes fidèles rêvent parfois, et qu'elles ne sont pas dans les bras de leur maris. — Elles ne sont dans les bras de personne. — Il arrive à ces épouses d'appeler leur mari Jupiter. Nous vous avons entendue. — Mon mari peut être pour moi Jupiter. Jupiter ne peut être mon mari. » Et voici, enfin, qui ne permet plus aucun doute : « Nous avons pu voir que certains spectacles dans la nature, que certains parfums, que certaines formes vous irritent tendrement dans votre âme et dans votre corps, et que souvent, même au bras d'Amphitryon, il naît en vous vis-à-vis d'objets et d'êtres une tumultueuse appréhension. » Qu'est-ce à dire, sinon que depuis longtemps Alcmène subit l'invincible attirance de l'invisible, de l'au-delà ? que si conjugale qu'elle se veuille, une grâce l'a touchée ?

On reconnaît le thème : celui, au sens que Giraudoux lui confère, de l' « élue », qui se développera sous tant de formes dans les œuvres ultérieures, et

sur lesquelles fera toute lumière *Choix des Elues*.
Pour Giraudoux, contrebalançant la lourdeur trop
élémentaire de la raison, il est des êtres privilégiés, le
plus souvent des femmes, dont l'intuition va plus loin,
dont la fantaisie, candide en apparence, en fait poétique
et profonde, pénètre plus avant les grands mystères.
Sur elles passent les effluves de l'inconnu [3]. Plus
ou moins consciemment, avec une sensualité mystique,
elles cèdent à une vocation divine. Alcmène est
de ces élues. Elle s'en défend parce que le divin risque
d'exclure l'humain, et parce qu'elle aime son mari.
Mais elle ne peut se dérober à sa mission. A force
d'héroïque féminité, elle n'harmonise les inconciliables
qu'en un accord exquis mais précaire, et peut-
être illusoire. Jupiter, certes, renonce à la seconde
nuit qu'il eût souhaitée. Mais se doit-il de faire sa part
à l'effort humain, coopération paradoxale et pourtant
efficace des œuvres et de grâce ? Ou, non sans bienveillants
ménagements puisqu'il pouvait à son gré
disposer des conjonctures, n'en avait-il pas d'avance
ainsi décidé ?

Alcmène peut donc s'alarmer. Voilà pourquoi, sentant
que tout n'est pas clair dans son aventure, et plus
encore, pour avoir la force de vivre après la visite du
dieu, elle demande à Jupiter l'oubli de ce qui s'est
passé. Oubli pour son mari. Oubli pour elle. Jupiter
consent. Elle peut être remise aux mains d'Amphitryon.
Que s'accrédite la version officielle ! Mais le
baiser d'adieu que lui a donné Jupiter se situe hors de

---

3. Est-il besoin de souligner le lien avec les « confuses
paroles » selon les correspondances baudelairiennes ou
les frissons du « songeur » selon Hugo, et plus généralement
avec les traditions symbolistes ?

l'oubli. Rendue à sa destinée humaine, proclamée fidèle épouse, elle gardera l'éternelle nostalgie du dieu et transmettra l'insigne héritage. On ne pouvait revenir à travers plus d'élargissements au thème traditionnel, et par conséquent à Molière qui n'avait jamais été perdu de vue.

René JASINSKI.

TABLE DES MATIERES

Emile Bouvier, Pierre Jourda 7
Pierre Jourda, Bibliographie 19
C.A. Mayer, La Tierce Epistre de l'Amand verd de Jean Lemaire de Belges 27
Harold W. Lawton, Térence et le théâtre néo-latin .. 37
Marcel Raymond, Sur les amour d'Eurymedon et de Calliree 59
Fernand Desonay, A propos de Ronsard : Un dernier mot sur la question de l'autocorrection 75
V.L. Saulnier, Marguerite de Navarre et le baron de Jarnac, d'après une correspondance inédite de la reine 93
Henri Weber, Structure et langage dans les Avantures du Baron de Faeneste 111
Maurice Piron, « En forme de pasquils » 131
Arnaldo Pizzorusso, Sur une scène des Amours tragiques de Pyrame et Thisbé 157
Enea Balmas, La bibliothèque du duc de La Rochefoucauld 179
Bernard Chedozeau, Morale conventionnelle et éthique romanesque dans la Princesse de Clèves 203
Jacques Proust, Remarques sur la disposition par livres des Fables de La Fontaine 227
Raymond Lebègue, Maucroix mémorialiste ou conteur ? 249
Carlo Pellegrini, Note sur Benjamin Constant : I Mémoires sur les Cent-Jours 255
Léon Cellier, Rires, sourires et larmes dans le Rouge et le Noir 277
Henri-François Imbert, Un héros stendhalien d'Irlande 299
V. del Litto, Lucien Pinvert et Adolphe Paupe : Correspondance stendhalienne inédite 315
P. Laubriet, Un informateur de Gautier : François Mazois (à propos d'Arria Marcella) 343
Pierre Moreau, De la Philosophie de l'Art aux Maîtres d'autrefois ou l'école des sensations 359
Pierre Albouy, Espace et fugue dans les Romances sans paroles 375
Pierre Bornecque, Le capitaine Hurluret, type courtelinesque 389
René Jasinski, Deux Alcmènes : de Molière à Giraudoux 413

ACHEVÉ D'IMPRIMER LE
19 DÉCEMBRE 1970
SUR LES PRESSES DES
IMPRIMERIES RÉUNIES
22, RUE DE NEMOURS
——— RENNES ———

Dépôt légal : 4ᵉ trimestre 1970

De Jean LEMAIRE de BELGES à Jean GIRAUDOUX

Mélanges d'histoire et de critique littéraire
offerts à
PIERRE JOURDA
Doyen honoraire de la Faculté des Lettres
et des Sciences Humaines de Montpellier
par ses collègues, ses élèves et ses amis

PARIS
EDITIONS A.-G. NIZET
1970